_________________________ 님께

부자되세요!

_________________________ 드림

1인기업 실무지침서

은 종 성 저

창조경제시대 삶의 방식

1인 기업 실무지침서

발행일 / 1판1쇄 2014년 2월 20일
저　자 / 은 종 성
발행인 / 이 병 덕
발행처 / 도서출판 정 일
기　획 / ㈜엔터스코리아 작가세상
인　쇄 / 남양문화
등록날짜 / 2001년 11월 20일
등록번호 / 제 8-349호
주소 / 경기도 고양시 일산서구 강선로 49
　　　　일산비스타 913호
전화 / 031) 908-9152
팩스 / 031) 908-9153
http://www.jungilbooks.co.kr

isbn / 978-89-5666-194-0
잘못된 책은 구입하신 서점이나 본사에서 교환해 드립니다.

창조경제시대를 살아가는 1인 기업을 응원하며

아직도 많은 사람들이 평생직장의 환상을 버리지 못하고 있다. 누군가는 공무원이 되기 위해 노량진에서 오랜 시간을 허비하고, 누군가는 대기업과 은행 등에 입사원서를 제출하고 있다. 그러나 평생직장의 개념은 붕괴되고 있다. 이제는 직장인으로서의 '나'가 아니라, 직업인으로서의 '나'를 찾아야 한다. 회사가 자신의 일자리를 언제까지나 보장해줄 것이라는 생각은 과거의 사고이다. 공무원이나 선생님처럼 철밥통을 보장해주는 곳도 60세까지일 뿐이다. 의료 기술의 발달로 죽을래야 죽을 수도 없는 시대, 100세를 사는 시대인데 말이다.

20대를 만나면 "들어갈 직장이 없다"고 하고, 30대를 만나면 "이 길이 나의 길이 아니다"라고 하고, 40대를 만나면 "직장 다닐 날이 며칠 안 남았다"고 하고, 50대는 "아직 더 일할 수 있다"고 한다. 모두 다 '일'에 대해서 이야기 하면서 정작 무슨 일을 하고 싶은지에 대해서는 이야기 하지 않는다. 자신이 하고 싶은 일을 해야 더 재미있게 할 수 있고, 더 좋은 성과가 나올 수 있음에도 '일'에 대한 본질적인 질문은 애써 외면한다. 평생직장이 사라지고 대규모 고용은 발생하지 않는 상황에서 자신이 좋아하는 일을 하면서 자신만의 브랜드를 가지지 못한다면 이런 상황은 10년 후, 20년 후에도 지속될 것이다. 일속에서 자신을 브랜딩하는 것은 현대를 살아가는 핵심이 되고 있다.

자신을 브랜드화 하기 위해 당장 회사를 떠나라는 것이 아니다. '기획하면 ○○○ 이지', '제품 개발은 ○○○에게 맡겨야 돼'와 같이 특정 업무에서 최고가 된다면 그 자체로 브랜드가 될 수 있다. 삼성, 현대, LG 등의 직장 개념으로 자기를 바라보는 것이 아니라, 브랜드마케팅전문가, 커뮤니케이션전문가, IT 전문가와 같이 직업인 으로서 자신을 바라봐야 한다. 직장이 아닌 직업인으로서 일을 해석하면 회사를 퇴 직한 후에도 자신의 이름만으로 비즈니스를 시작할 수 있다. 나의 이름으로 산다는 것, 퍼스널 브랜드를 가진다는 것은 시간의 차이는 있지만 결국 모든 사람들이 맞닥 뜨린 현실이다.

단순업무보다 창조성을 중요시하는 사회로 접어들고, 조직에 속해 있지 않으면서 도 일할 수 있는 환경들이 조성되면서 1인 기업은 큰 폭으로 증가하고 있다. 이제는 KBS, MBC가 아니어도 유튜브로 자신만의 방송을 할 수 있으며, 대형 출판사가 아 니어도 e-book을 만들어 판매할 수 있고, 앱스토어에서 자신의 재능을 뽐낼 수도 있다. 블로그를 중심으로 한 소셜 미디어는 더 많은 사람들을 더 손쉽게 만날 수 있 도록 해주면서 네트워크에 대한 문제도 해결해주고 있다.

자신의 이름으로 살아가는 1인 기업은 일정한 소속 없이 자유계약으로 서비스를 제공하는 프리랜서와 유사하나, 단순 하청이 아닌 스스로의 이름으로 시장을 창출 할 수 있다는 점에서 큰 차이점이 있다. 1인 기업은 수익성이 낮은 일을 대신해주는 '아웃소싱 회사'라기 보다는, 동등한 입장에서 목표를 달성하기 위해 노력하는 '파트 너'인 것이다. 외형적 규모보다 내실 있는 비즈니스를 한다는 점도 큰 특징이다. 전 통적 관점에서 기업을 평가하던 기준은 종업원 수, 매출액, 자본, 부동산 등이었다. 하지만 이러한 평가 기준들은 의미를 잃고 있다. 규모가 크다는 것은 그만큼 무겁다 는 것이고, 이것은 소비자들의 요구사항을 신속하게 반영하기 어렵다는 것과 같다. 종업원이 많고, 매출액이 높고, 사무실이 크다고 해서 더 행복해지는 것도 아니다. 규모를 키우고 넓은 사무실 등을 얻으면 남들에게 좀 더 그럴싸하게 보일 수는 있지만 그것을 유지하기 위해 더 많은 일을 해야 하고, 그 만큼 신경 써야 하는 일도 많아지게 된다. 사람들은 규모의 경제를 이야기 하지만, 그 속에 숨어 있는 규모의 비경제를 간과해서는 안 된다.

1인 기업은 사업규모가 일반기업에 비해 작을 뿐이지 지향하는 목표까지 작지는 않다. 사업규모를 키우고 안 키우고는 개인의 선택이며, 실력이 모자라서 1인 기업을 하고 있는 것도 아니다. 1인 기업이 일반기업과 다른 점은 양적인 삶보다는 질적인 삶을 추구한다는 점이다. 매출액, 직원 수, 사무실 크기 등 외형적인 것보다는 자유, 부, 명성, 행복 등을 추구한다. 이런 것들을 얻기 위해 사업규모를 크게 할 필요는 없다. 역으로 말하면 사업규모가 크지 않아야 얻을 수 있는 것들이다.

앞으로는 화폐 가치가 만들어내는 경제 환경 이외에도 '관심'이라는 비화폐 자산이 중요한 경제적 가치가 된다. 스마트 기기를 활용해서 언제 어디서나 콘텐츠를 만들어 내고, 이렇게 만든 콘텐츠를 SNS를 활용하여 유통하게 되면 콘텐츠는 다양한 네트워크를 통해 다른 사람들에게 링크되기도 하고, SNS에서 공유되기도 한다. 콘텐츠에 만족한 사람은 검색 등을 통해 블로그나 SNS에 추가로 방문을 하게 되고, 이를 통해 1인 기업은 자신의 이름과 서비스를 자연스럽게 알릴 수 있게 되는 것이다. 초기에는 그 효과가 미약하지만 시간이 지나고 다양한 사람과 연결되면서 효과는 기하급수적으로 증가하게 된다. 이처럼 사람들은 1인 기업의 콘텐츠를 이용하면서 '관심'을 지불하고, 1인 기업은 그 '관심'을 바탕으로 전문가로 인정받게 된다.

이 책은 자신의 전문성을 바탕으로 1인 기업의 길을 걷고자 하는 사람들을 위한 지침서이다. 저자의 이야기이기도 하며 1인 기업의 길을 걷고 있는 주변사람들의 이야기이기도 하다. 시장에 안정적으로 안착하는데는 부단한 노력과 몇 년의 시간을 필요로 하겠지만 방향은 분명히 맞다. 자신의 이름과 자신의 기업을 위해 오늘도 고군분투하는 사람들을 응원한다.

(주)비즈웹코리아 대표이사 은종성

1인 기업, 새로운 시대의 새로운 생존법

'나'라는 브랜드로 살아간다 · 13

다시 시작하고 싶다면 가슴속의 열정을 깨워라!　13

1인 기업의 허와 실　19

1인 기업은 작아야 행복하다　22

점프! 산업사회에서 지식사회로　26

일하는 방식이 바뀌었다 · 26

당신은 지식근로자인가?　30

경쟁 방식이 바뀐다, 살아남는 방식도 바뀐다!　33

당신은 어떤 1인 기업인가? · 37

강사는 기업이고 강의는 산업이 되어가고 있다　37

컨설팅을 통해 돈을 버는 1인 기업　43

'관심'이라는 비화폐 자산으로 돈을 버는 1인 기업　51

모바일에서 기회를 찾는 1인 기업　58

인터넷 쇼핑몰로 수익을 창출하는 사람들　61

퍼스널 브랜드가 되어야 한다　66

성공하는 1인 기업의 조건 · 66

　　퍼스널 브랜드로 수익을 창출하는 사람들　71

　　자신만의 콘텐츠가 있어야 한다　74

　　물리적인 장소에서 자유로워져라!　77

퍼스널 브랜딩, 1인 기업이 가야 할 길

지금은 퍼스널 브랜드 시대 · 85

　　가장 중요한 흐름, 퍼스널 브랜딩!　85

　　내가 누구인지를 먼저 알아야 한다　90

　　꿈★은 이뤄진다! 꿈과 목표의 중요성　97

　　목표는 출발점이자 나침반이다　100

　　행동은 가장 근본적인 힘이다　109

　　취미 삼아 하는 일로는 전문가가 되지 못한다　112

　　강점과 가치관에 근거한 퍼스널 브랜딩 활동　117

　　글쓰기는 더욱 중요해진다　121

　　시간을 어떻게 구분해서 사용할 것인가?　126

　　태도가 1인 기업의 성과를 결정한다　132

퍼스널 브랜드를 완성하는 네 가지 비법 · · · · · · · · · · · · · · · · · · · 132

　　보이지 않는 힘 '비즈니스 매너'　138

　　당신의 모든 것은 외모로 판단된다　146

　　몰입하는 사람이 천재를 이긴다　149

 Chapter 3

소셜 미디어, 1인 기업이 가진 숨겨진 무기

소셜 미디어가 없으면 1인 기업 시대도 없다 · · · · · · · · · · · · · · 159

소셜 미디어를 활용하여 퍼스널 브랜드를 만들 수 있다　159

콘텐츠만 있다면 틈새시장을 활용하는 것도 방법이다　161

비즈니스는 '아는 사람'으로부터 시작된다　164

소셜 미디어가 마케팅적으로 가치가 높은 이유　168

검색은 앞으로도 중요할 것이다　171

소셜 미디어는 양질의 콘텐츠가 정답이다!　175

소셜 네트워크상의 이름과 닉네임 결정 방법　182

SNS 다루기 실전 전략! · 182

가입형 블로그와 설치형 블로그의 차이　186

블로그는 콘텐츠 허브다　189

블로그 주제 선정과 독한 마음가짐　194

유튜브를 활용하면 '싸이'처럼 될 수 있다　198

페이스북은 인간적인 교감이 중요하다!　207

특성에 맞는 서비스 활용　213

트위터로 콘텐츠를 확산시키자　218

소셜 미디어, 1인 기업에 얼마나 효과적일까? · · · · · · · · · · · 223

1인 기업의 퍼스널 브랜딩과 온라인 평판 관리　223

사람들은 여전히 오프라인에서 살고 있다　228

소셜 미디어를 통한 퍼스널 브랜딩 효과 측정　233

1인 기업, 새로운 시대의 새로운 생존법

'나'라는 브랜드로 살아간다

다시 시작하고 싶다면 가슴속의 열정을 깨워라!

안정적인 직장에서 도전적인 창업으로

성철 씨가 더 나은 미래를 위해 '스펙'을 쌓기 시작한 것은 대학 2학년 때부터다. 수도권에 있는 대학에 다니면서 스스로 학비를 벌어가며 상위권의 성적을 유지했고, 학과 전공과 관련된 대부분의 자격증을 취득했다. 컴퓨터 문외한이었지만 우연히 접한 컴퓨터에 미쳐 3학년 때는 홈페이지 경진대회에서 수상을 하기도 했다.

남들에 비해 뒤지지 않는 스펙을 갖췄다고 생각했지만 그때나 지금이나 취업의 문이 좁은 것은 마찬가지였다. 수도권에 있는 대학을 졸업했지만 남들이 알아주는 좋은 조건의 회사에 입사하기는 하늘의 별따기로 여겨졌다. '좋은 조건의 회사'란 안정적이면서 연봉을 많이 주는 곳이다. 간절히 이루고 싶은 꿈이 없었던 성철 씨로서는 안정적이면서 연봉을 많이 주는 곳이 생각할 수 있는 미래의 전부였다.

취업해서 직장을 다니면서도 성철 씨는 '일'에 대한 본질적인 고민은 없었다. 안정적이라면 월급이 조금 적어도 괜찮다고 생각했고, 연봉을 많이 준다면 하기 싫은 일도 할 수 있다고 생각했다. 가슴속으로는 더 나은 삶을 꿈꾸었지만, 매일매일 현실과 타협하면서 주변 사람들이 살아가는 것처럼 살아왔다. 직장 생활 10년차. 그동안 성철 씨는 몇 곳의 회사의 옮겨 다녔고 몇 가지의 업무를 배웠다. 회사 생활을 성실히 하면서도 더 나은 미래를 위해 외국어 공부도 꾸준히 해왔고 업무와 관련된 다양한 자격증도 취득했다.

그러던 중 우연히 경영학 책을 한 권 읽게 되었다. 어떤 책인지는 기억나지 않지만 공학을 전공했던 성철 씨에게 경영학은 흥미롭게 다가왔다. 그 이후 경영·경제 서적을 미친 듯이 읽기 시작했고 마음속 깊이 '나도 창업하고 싶다'라는 열망이 생기기 시작했다. 지금의 직장 생활도 나쁘지는 않았으나 조금 더 도전적인 일들을 해보고 싶어진 것이다. 내성적인 성격으로 안정적인 삶만을 꿈꾸었던 그에게 새로운 마음이 생기기 시작한 것이다.

창업에 관심이 생기면서 경영학 석사 과정에 진학했고 그곳에서 경영에 필요한 다양한 것을 배웠다. 할 줄 아는 것은 없었으나 미래에 대한 갈망으로 열심히 배우고자 했고 주변의 만류를 뿌리치고 다니던 회사도 정리하고 창업을 했다. 돌이켜보면 '무식해서 용감한 순간'이었다.

성철 씨가 창업을 결심한 것은 돈을 많이 벌고 싶다는 욕망도 있었으나, 그것보다는 매일매일 반복되는 일상이 싫었고, 그가 생각하는 능력보다 낮게 주어지는 일들이 싫었다. 먹고 사는 것에는 문제가 없었으나 '나'에 대한, 그리고 '일'에 대한 본질적인 열망이 직장 생활로써는 해소되지 않았던 것이다.

무식해서 용감하게 창업을 했으나 창업이라는 것이 생각보

다 쉽지는 않았다. 수백 권의 경영·경제 서적을 읽고, 경영과 관련된 공부를 했지만 책과 학교에서 가르쳐주지 않은 것이 너무 많았다. 힘겹게 프로그램 개발 일을

해주었으나 돈을 못 받기가 일쑤였고, 일이 없어 몇 달 동안 수입이 없었던 순간도 많았다. 그렇게 초기 3년을 가진 돈을 다 까먹어 가면서 힘겹게 보냈다. 그래도 자신에 대한 확신이 있었기에 다시 과거로 돌아가고 싶지는 않았다.

성철 씨는 자신이 할 줄 아는 홈페이지 제작 대행으로 창업을 했으나 경쟁이 치열하고 수익이 높지 않아 2년차에 직접 인터넷 쇼핑몰을 운영하는 형태로 사업 모델을 변경했다. 더 이상 물러설 곳이 없었던 성철 씨는 밤낮으로 쇼핑몰에 매달렸고, 이를 통해 인터넷 마케팅에 대한 많은 것을 배우게 되었다. 어느 정도의 안정을 찾은 성철 씨는 자신의 노하우를 정리해서 인터넷 마케팅에 대한 책을 출간하게 된다. 다행히 책의 반응이 좋아 운영 중인 쇼핑몰이 홍보되기도 하고, 여러 곳에서 강의와 컨설팅 의뢰를 받기 시작한다.

이때까지만 해도 강의와 컨설팅에 대한 명확한 비전과 목표가 없었던 성철 씨는 강의와 컨설팅을 하면 할수록 자신과 잘 맞는다는 생각을 하게 된다. 사업은 규모가 커지면 커질수록 이를 관리하는 데 시간과 비용이 많이 들어가는 반면, 강의와 컨설팅은 성철 씨 혼자서 할 수 있고 훨씬 자유로웠다. 또한 자신이 알고 있는 지식과 노하우로 다른 사람을 도와주고 개선시킬 수 있다는 것도 매력적이었다. 무엇보다 성철 씨가 가지고 있는 지식을 소진해 가면서 일을 하는 것이 아니라, 강의와 컨설팅은 매일매일 새로운 것을 배워가는 과정이어서 좋았다. 이렇게 성철 씨는 직장에서 자연스럽게 1인 기업가로서의 삶을 시작하게 되었다.

1인 기업 시대가 열리다!

1인 기업은 자신의 전문 지식을 바탕으로 일정한 소속 없이 자유 계약으로 서비스를 제공하는 소규모 기업으로 프리랜서와 유사하나, 단순 하청이 아닌 스스로의 이름으로 시장을 창출할 수 있다는 점에서 큰 차이점이 있다. 1인 기업은 수익성이 낮은 일을 대신해주는 '아웃소싱 회사'라기보다는, 동등한 입장에서 목표를 달성하기 위해 노력하는 '파트너'인 것이다.

피터 드러커Peter F. Drucker, 톰 피터스Tom Peters, 제레미 리프킨Jeremy Rifkin, 공병호, 구본형 등 많은 사람이 1인 기업의 시대를 이야기해 왔다. 그러나 바람과는 달리 1인 기업으로 실제 시장에서 의미 있는 수익을 창출하는 사람은 소수에 지나지 않았으며, 유명세를 탄 대부분은 KBS, MBC 같은 방송이나 조선일보, 동아일보와 같은 신문에 의한 경우가 많았다. 개념적으로는 1인 기업 시대가 왔음에도 많은 사람이 기존 방식을 답습할 수밖에 없었다.

그러다 애플, 구글, 아마존과 같은 콘텐츠 유통 플랫폼과 블로그, 페이스북, 유튜브 같은 소셜 미디어가 등장하면서 1인 기업 시장이 본격적으로 열리기 시작했다. 이제는 KBS, MBC가 아니어도 유튜브로 자신만의 방송을 할 수 있으며, 대형 출판사가 아니어도 e-book을 만들어 판매할 수 있고, 앱스토어에서 자신의 재능을 뽐낼 수도 있다. 전 세계 20억 대 이상의 스마트 기기로 소비자는 자신이 원하는 것을 스스로 찾아서 이용하고 있다.

'그렇다면 어떻게 1인 기업을 시작할 것인가?' 대답은 쉽지 않다. 분명 1인 기업과 퍼스널 브랜드 시대가 열리고 있음에도, 그 구체적인 지침은 아무도 알려주지 않기 때문이다. 때로는 실체가 불분명한 한때의 유행처럼 느껴지기도 할 것이다. 하지만 우리는 1인 기업으로 성공한 사람들도 많다는 사실에 주목해야 한다. 혼란과 역경 속에서 홀로 일어선 그들은 과연 어떤 가능성을 보았던 걸까.

1인 기업으로 열정을 깨워라!

직장인을 '새장 속의 새', 자신의 이름으로 살아가는 사람을 '새장 밖의 새'라고 비유할 수 있다. 새장 속에 있으면 외부의 환경에 크게 영향을 받지 않으면서 살아갈 수 있다. 때가 되면 월급이 나오고, 보너스가 나오는 것과 같다. 새장이라는 '안정'을 추구하는 대신 '자유로움'은 포기한 것이다. 이에 비해 새장 밖에서 '자기 일을 하는 사람'은 거센 비바람을 혼자서 헤쳐 나가야 하며, 때로는 굶을 수도 있고, 심지어는 독수리에게 잡아먹힐 수도 있다. 새장 밖의 새는 '자유로움'을 선택했지만 '안정'은 포기한 것이다.

"직장 생활이 나은가, 아니면 자기 사업을 하는 쪽이 좋은가?" 하고 질문을 한다면 쉽게 대답하기 어렵다. 모두 다 장단점이 있기 때문이다. 그러나 한 가지 분명한 사실은, 현재의 직장이 평생 고용을 보장해주지는 못한다는 것이다. 공무원이나 선생님처럼 철밥통 보장을 해준다고 할지라도 60세까지일 뿐이다. 의료 기술의 발달로 죽을래야 죽을 수도 없는 시대, 100세를 사는 시대인데 말이다. 퇴직 후 40년 간 우리는 무엇을 해야 할까?

'창업'을 이야기하면 많은 사람이 거부감을 갖는다. 실패에 따른 손실이 너무 크다고 생각하기 때문이다. 그러나 자신의 경험과 전문 서비스를 바탕으로 하는 사업이라면 이야기는 달라질 수 있다. 모든 업종에 해당되지는 않지만 강사, 컨설턴트, 웹 디자이너, 프로그래머, 작가, 인터넷 쇼핑몰 등은 실패해도 상대적으로 손실이 적다.

과거에는 한 사람이 1~2개의 직종으로 살아갔지만, 앞으로는 이보다 훨씬 많은 직종에 종사하면서 살아가게 될 것이다. 제레미 리프킨은 그의 저서 〈노동의 종말〉에서 "앞으로 20여 년 후에는 지금 인류가 쓰고 있는 모든 제품을 생산하는 데 필요한 인력은 현재 노동력의 10%만 있으면 된다."라고 했으며, 리처드 샘슨Richard Samson 에라노바 연구소장은 10~15년 후에는 한 사람이 평균 29~40개의 직종을 선택하며 살게 될 것이라고 했다. 오래지 않아 정치인이나 경찰 등은 사회복지사로 전환하게 될 것이며, 대기업은 거의 사라지고 프리랜서나 1인(또는 극소수) 기업이 대부분을 차지할 것이라고 한다.

실제 자신의 전문 지식을 바탕으로 창의적으로 일하는 사람과 작은 사무실에서 소규모로 영업하는 1인 기업이 늘어나고 있다. 소규모 사업자를 위해 사무실 등을 임대해주는 사업이 요즘 뜨고 있다. 이제 아이디어만 있으면 생산은 물론 자본, 판매, 회계, 기획 부문을 모두 외부 하청에 맡겨 종업원이 없는 1인 기업을 운영할 수 있다.

모든 사람은 자신만의 포트폴리오를 가지고 평생 학습 계획에 따라 자신만의 비즈니스 모델을 만들 수 있어야 한다. 아직까지 직장을 버리지 못하는 이유는 월급이 주는 편안함 때문이다. 그런 독자들에게는 〈가슴 뛰는 삶의 이력서로 다시 써라!〉에서 잠시 몇 문단을 빌려와 들려주고 싶다.

사람들은 대부분 위험을 기피하려고 한다. 새로운 일을 하거나 새로운 곳에 정착하는 것은 항상 위험과 직결되어 있으며, 기존의 직장과 생활이 주는 '안정'을 포기해야 하기 때문이다. 그러나 간과해서 안 되는 사실은 한자리에 계속 머무는 것 역시 굉장히 위험하다는 것이다. 특히 지금과 같이 빠른 속도로 변하는 시기에는 더욱 그러하다. 사생활이나 직장 생활에서 편안하게 안주해 있는 사람에게 날카로운 변화의 바람의 더욱 차게 느껴질 것이다. 아무것도 시도하지 않는 사람은 아무것도 얻지 못한다. 자신의 나이가 어리거나 혹은 너무 많다는 것은 핑계일 뿐이다.

1인 기업의 허와 실

1인 기업의 CEO가 누릴 수 있는 것들

대기업 9년차 직장인 기민호 씨는 연봉 4,500만 원을 받으며 근무하고 있다. 과장 2년차, 가끔 보너스가 제대로 터지면 연봉이 8,000만 원에 가까워진다지만 아직 그런 일은 없었다. 이런저런 보너스를 합치면 평균 5,500만 원의 연봉을 받는 셈.

남들은 대기업에 다닌다고, 연봉이 높다고 부러워하지만 실상 민호 씨는 요즘 마음이 어지럽다. 두 아이는 점점 커가서 한 달 학원비만 해도 허리가 휜다. 사놓은 집은 점점 가격이 떨어지고, 아직 대출금도 다 못 갚았다. 이런저런 상황 때문에 저축보다는 지출에 더 신경을 쓰는 형편이다.

"언제 차장 달어?"

아내는 그런 민호 씨 속을 아는지 모르는지, 슬슬 차장 타령을 한다. 차장 달려면 한참 남았다고 말해도 소용없다. 만약 차장이 된다 해도, 그 이상 진급을 할 수 있을지는 미지수다. 휴가도 제대로 쓰지 못하고 앞만 보고 달려온 세월이 벌써 9년. 몸도 마음도 다 지쳤고 더 이상 옛날만큼 일에 대한 열정도 생겨나지 않는다. 차라리 몇 년 후 퇴직하고 퇴직금으로 자영업을 해볼까 하는 생각도 든다.

기민호 씨의 경우처럼, 아무리 좋은 기업에 다니는 직장인이라 해도 퇴사에 대한 고민을 끊임없이 하게 된다. 그래서인지 대기업 직장인 평균 근속 연수는 10년을 조금 넘을 뿐이다. 연봉도 많고 안정적인 직장을 적성이 맞지 않아서, 혹은 경쟁 환경에서 살아남지 못해서 그만두게 되는 것이다. 영원할 것 같던 갑甲으로서의 삶도 오래가지 못한다.

기민호 씨에 비해 입사 동기 최범수 씨는 요즘 열정이 넘친다. 그는 3년 전 회사에 사표를 내고 1인 기업의 CEO로 나섰다. 그리고 해외에서 품질을 검증받은 유기농 세제를 국내로 들여와 온라인상에서 판매하고 있다. 처음에는 아들이 심하게 아토피와 천식을 앓아서 유기농 세제에 관심을 가지게 됐는데, 자신과 같은 고민을 하는 부모들이 많다는 것을 알고 앞으로 시장성이 있겠다고 판단했던 것이다.

범수 씨는 집 근처 오피스텔에 작은 사무실을 마련해, 9시에 출근해서 9시에 퇴근한다. 때로는 그보다 빨리 출퇴근을 하기도 하고, 어느 날은 아예 사무실에 가지 않고 업무를 하기도 한다. 휴가는 아이 방학 기간에 꼭 두 번씩 떠난다.

1인 기업의 가장 큰 장점은 자신의 미래를 자신이 관리한다는 것이다. 조직의 방향에 따라, 승진에 따라 삶의 방향도 같아지는 사람들과 달리, 1인 기업의 CEO는 자신이 일하고 싶은 시간, 장소, 업무 영역 등을 스스로 결정할 수 있다. 러시아워rush hour 시간대에 출퇴근을 하지 않아도 되며, 일하는 장소가 굳이 사무실일 필요도 없다. 현재 하고 있는 일과 미래에 하고 싶은 일을 스스로 결정할 수 있고, 휴가도 굳이 정해진 기간을 따를 필요가 없다.

1인 기업은 자신만의 방식으로 사업을 전개할 수 있다는 장점도 있다. 최신 트렌드에 발맞춰 자신의 사업을 발전시킬 수도 있고, 자신만의 개성을 살려 보수적으로 사업을 운영할 수도 있다. 조직의 논리에 따라 개인의 개성을 바꾸지 않아도 된다. 따라서 더 창의적으로, 더 열정적으로 일할 수 있는 바탕이 마련된다.

1인 기업으로 누릴 수 있는 또 다른 장점은 자신이 하고 싶은 일을 한다는 것이다. 자신이 하고 싶은 일, 즉 좋아하는 일을 하게 되면 일이 즐거워지고, 일이 즐거워지면 열정이 생긴다. 자신이 좋아하는 일을 한다는 것은 자기 분야를 깊이 있게 파헤칠 수 있다는 것이다. 제너럴리스트generalist가 아니라 스페셜리스트specialist가 될 수 있음을 의미한다. 궁극적으로는 일을 통해 수익도 창출하게 되는 것이다.

1인 창조 기업의 CEO가 감수해야 하는 것들

물론 1인 기업 CEO 최범수 씨에게도 고민은 있다.

'화장실 청소를 할 때가 됐는데……'

대기업에서 일할 때와는 달리, 그는 작은 사무실에서 홀로 일하며 모든 업무와 잔일을 도맡아야 했던 것이다. 그는 CEO의 핵심 업무를 처리하면서도 경리 회계를 보고, 유기농 세제 홈페이지와 블로그도 관리하며, 사무실 청소도 직접 한다.

1인 기업으로서 가장 힘든 것 중 하나는 '혼자'라는 것이다. 조직에 속해 있을 때는 각자에게 주어진 일만 성실히 수행하면 목표한 바를 달성할 수 있었지만, 1인 기업은 자신의 핵심 업무 외에도 우편물 확인, 전화 응답, 복사, 팩스 발송, 4대 보험 신고, 사무실 청소와 같은 부수적인 일도 직접 수행해야 한다. 부수적인 일은 때로는 1인 기업을 지치게 만드는 원인이기도 하다.

게다가 1인 기업은 혼자이기 때문에 외롭기도 하다. 조직에 속해 있을 때처럼 자판기 앞에 모여 잡담을 할 수도 없고, 누군가에게 격려를 받을 수도 없다. 마음에 맞는 사람들과 사무실을 같이 사용하는 것도 좋은 방법이지만, 마음에 맞는 사람을 찾는 것 또한 쉬운 일은 아니다.

1인 기업은 근무 강도도 매우 세다. 조직에 속해 있을 때는 근무 시간과 휴일이 정해져 있어 규칙적인 생활이 가능했지만, 1인 기업은 외부적으로 통제할 수 있는 장치가 없어서 오랜 시간을 일과 함께 하게 된다. '월화수목금금금'을 사는 것이 1인 기업의 현실이다. 특히 1인 기업을 시작하는 사업 초창기, 즉 수익이 안정화되지 않은 시기에는 조직에 속해 있을 때보다 더 많은 시간을 일과 함께 하게 된다. 범수 씨

역시 이틀 밤을 새서 업무를 마쳐야 하는 때가 한 달에 한 번꼴로 있다. 초기에는 해외 유기농 세제의 독점 라이선스를 따내느라 이리 뛰고 저리 뛰는 통에 몇 달 간 집에도 들어가지 못했다. 사무를 보다가 기절하듯이 잠들어 키보드 위로 얼굴을 박은 적도 수십 번이었다.

이처럼 높은 근무 강도를 이겨내기 위해서는 꾸준한 운동과 자기 관리가 필요하다. 에너지를 방전만 하고 충전하지 않는다면 오래 가지 못하고 지쳐버릴 것이다.

1인 기업은 작아야 행복하다

컨설팅 회사를 운영하는 김철수 대표는 사업의 규모를 키우지 않는 것을 원칙으로 하고 있다. 종업원이 많고, 매출액이 높고, 사무실이 크다고 해서 더 행복하다고 생각하지 않기 때문이다. 회사의 규모를 키우고 넓은 사무실 등을 얻으면 남들에게 좀 더 그럴싸하게 보일 수는 있지만 그것을 유지하기 위해 더 많은 일을 해야 하고, 그만큼 신경 써야 하는 일도 많아지게 된다. 사람들은 규모의 경제를 이야기하지만, 그 속에 숨어 있는 규모의 비경제를 간과해서는 안 된다는 것이 김철수 대표의 일관된 생각이다.

외형적인 규모를 키우지 않아도 김철수 씨가 안정적으로 사업 활동을 할 수 있는 까닭은 무엇일까. 그것은 보편성보다는 개개인의 개성이 중요해지는 세상이 되었기 때문이다. 전통적 관점에서 기업을 평가하던 기준은 종업원 수, 매출액, 자본, 부동산 등이었다. 하지만 이러한 평가 기준들은 의미를 잃고 있다. 규모가 크다는 것은 그만큼 무겁다는 것이고, 이것은 소비자들의 요구 사항을 신속하게 반영하기 어렵다는 것과 같다.

1인 기업은 기존 기업과 같은 방식으로 종업원 수를 늘리거나 매출액을 늘리는 데 사업의 초점을 두어서는 안 된다. 크기와 규모의 함정에 빠지는 순간 1인 기업의 핵심인 '유동성과 유연성'을 잃어버리기 때문이다. 유동성과 유연성을 잃으면 기존 기업과 똑같은 시장에서 똑같은 방법으로 경쟁할 수밖에 없다. 활용할 수 있는 시간과 돈이 부족한 1인 기업에는 매우 불리한 형세가 된다.

양적인 성장보다는 질적인 삶을 추구

규모의 경제가 가능했던 산업화 시대에는 많은 회사가 대기업이 되기 위해 노력했다. 그러나 사업의 규모가 커지면 조직에는 '비효율'이라는 문제가 발생하기 시작한다. 사업 자체보다는 조직원 간 커뮤니케이션에 시간을 빼앗기게 되며, 고객보다는 내부 정서에 관심을 가지게 된다.

1인 기업은 사업 규모가 일반 기업에 비해 작을 뿐이지 지향하는 목표까지 작지는 않다. 사업 규모를 키우고 안 키우고는 개인의 선택이며, 실력이 모자라서 1인 기업을 하고 있는 것도 아니다. 1인 기업이 일반 기업과 다른 점은 양적인 삶보다는 질적인 삶을 추구한다는 점이다. 매출액, 직원 수, 사무실 크기 등 외형적인 것보다는 자유, 부富, 명성, 행복 등을 추구한다. 이런 것들을 얻기 위해 사업 규모를 크게 할 필요는 없다. 역으로 말하면 사업 규모가 크지 않아야 얻을 수 있는 것들이다. 그러나 많은 사람이 규모가 큰 회사가 되어야 자유와 행복을 더 얻을 수 있다고 생각한다. 아래의 바닷가 어부 사례를 한 번 생각해 보자.

한 증권가 애널리스트가 작은 섬에 휴가를 갔다. 그는 마을의 어부가 잡은 크고 싱싱한 물고기를 보고 감탄했다.

"그걸 잡는 데 얼마나 걸리나요?"

"그리 오래 걸리진 않아요."

"왜 좀 더 시간을 들여 더 많은 물고기를 잡지 않나요? 당신의 기술이라면 더 많이 잡을 수 있을 텐데."

어부는 적은 양의 물고기로도 자신과 가족에게는 충분하다고 했다.

"그럼 남은 시간에는 무얼 하지요?"

"늦잠 자고, 낚시질 잠깐 하고, 애들이랑 놀고, 오후에는 낮잠 자고, 밤에는 마을에 가서 친구들이랑 술 한 잔 합니다. 기타 치고 노래하고, 아주 바쁘지요."

"저는 증권가 애널리스트입니다. 당신이 좀 더 일을 하면 더 많은 물고기를 잡을 수 있을 거예요. 그러면 더 많은 수입이 생기고 더 큰 배를 살 수 있겠지요, 그러면 더 많은 물고기를 잡을 거고 더 많은 수입과 더 많은 배를 얻을 수 있을 것입니다. 그리고 당신은 이 작은 어촌을 떠나 도시의 큰 빌딩과 집들을 소유할 수 있을 거예요. 필요하다면 제가 도와드리겠습니다."

"그렇게 되려면 얼마나 걸리죠?"

"20년, 혹은 25년 정도면 가능합니다."

"그 다음에는요?"

"아마, 당신은 백만장자가 되어 있을 겁니다. 생각해 봐요, 아주 흥미진진하지 않습니까?"

"백만장자라, 그 다음에는요?"

"은퇴해서 바닷가 작은 마을에서 살면서 늦잠도 자고, 아이들이랑 놀고, 또 남는 시간에는 친구들과 술 마시며 놀면 되는 겁니다."

"저는 벌써 그렇게 하고 있는 걸요."

1인 기업을 하다 보면 크기의 함정에 빠질 수 있다. '사람들을 몇 명 더 충원하면 사업이 시스템화되고, 그럼 돈을 더 많이 벌어서 가족들과 함께 행복한 시간을 보낼 수 있지 않을까'라고 생각하는 것이다. 생각해 보면 절대 그럴 수 없다. 기업이 크면 관리해야 할 것들도 늘어나고, 대표는 총관리자로서 더 많은 업무를 해내야 한다. 또 사업 규모, 매출액, 종업원 수 등 성공을 양적인 시각에서 바라보면 크기의 함정에 빠지기 쉽다. 그러나 앞서 말했듯이 양적인 성장이 질적인 성장을 담보하지는 않는다.

물론 사업 규모가 큰 것이 나쁜 것도 아니다. 사업을 크게 하는 것도 충분히 의미가 있다. 우리나라만 봐도 대기업이 전체 경제에서 차지하는 역할은 매우 크다. 다만 규모가 큰 것을 성공이라고 생각해서는 안 된다는 것이다. 크기만 크고 부실한 기업이 얼마나 많던가. 자신의 전문 지식이나 서비스를 제공하는 1인 기업은 끊임없는 자기계발과 자기혁신을 통해 경쟁력을 향상한다. 1인 기업은 기존 경쟁자들이 형성해 놓은 시장에 들어가지 않았을 때, 즉 대기업이 되려고 하지 않을 때 1인 기업다울 수 있으며 자유, 부, 명성, 행복 등을 얻을 수 있다.

1인 기업이 성장에 이르는 길은 여러 가지가 있다. 어떤 것이 나의 삶의 질을 더 향상시킬 수 있고, 주변 사람들과 더 행복하게 지낼 수 있는 길인지 생각해 봐야 한다. 사업 규모가 크다고 해서 돈을 많이 버는 것도 아니고, 돈의 크기만큼 행복이 주어지는 것도 아니다.

일하는 방식이 바뀌었다

김철수 씨의 할아버지는 평생 동안 농사를 지으셨다. 가질 수 있는 직업이 많지 않았던 시대에 '땅은 정직하다'라는 믿음으로 성실한 농부로 일생을 보내셨다. 김철수 씨의 아버지는 평생을 중소기업에서 근무하다 퇴직하셨다. 일이 적성에는 맞지 않았지만 가족의 생계를 위해 성실하게 평생을 일하셨다.

김철수 씨의 할아버지와 아버지처럼 정착은 한편으로 안정된 여건을 제공하지만, 다른 한편으로는 강요와 종속이라는 두 개의 얼굴을 가지고 있다. 농경사회에서의 농부들은 자신과 가족을 먹여 살리는 땅에 묶여 있었다. 산업화사회에서의 노동자들은 봉급을 받기 위해 공장과 사무실에 묶여 있었다. 농부들은 자연의 순환으로부터 자유롭지 못했고, 노동자들은 대량 생산이라는 바퀴로부터 벗어나지 못했다.

김철수 씨는 할아버지와 아버지와는 다른 삶을 살고 있다. 10여 년 동안 직장에서 마케팅을 담당했던 경험을 바탕으로 중소기업을 대상으로 컨설팅 서비스를 제공하고 있다. 대부분의 업무는 고객이 있는 곳이나 커피숍 등에서 이뤄진다. 휴대폰과 노트북만 있으면 일을 처리할 수 있어 사무실에서 일해야 할 이유가 없다. 또한 자신이 하고 있는 일을 정리도 하고, 홍보도 한다는 차원에서 블로그와 SNS 등을 꾸준히 운영하고 있다. 여기에 들어가는 돈은 0원에 가깝다. 김철수 씨처럼 이제 많은 사람이 지금보다 더 좋은 상황을 찾아 유목민 생활을 할 수 있게 되었다. 인터넷과

IT 기술의 발전이 사람을 자유롭게 만들어주고 있는 것이다.

우리 사회는 몇천 년 전부터 서서히 변해 왔다. 수렵, 어로, 채집에 의존했던 원시 사회에서 토지가 부의 원천이었던 농경사회로, 농경사회는 다시 소품종 대량 생산으로 대변되는 산업사회로 변화했다. 이제 산업사회는 유동성과 유연성이 강조되는 지식사회로 변화하고 있다.

그런데 지식사회로의 변화는 너무나 빠르다. 생각해 보면 우리도 인터넷을 일상생활에 사용하기 시작한 지 얼마 되지 않았다. 그러나 이제 인터넷이 없이는 아무것도 할 수 없는 시대가 되었을 정도로 변화의 속도가 빨라지고 있다.

피터 드러커는 이렇게 말했다. "자본주의 사회에서 생산적인 곳에 자본을 배분할 줄 아는 자본가가 그랬던 것처럼, 지식사회에서는 지식을 생산성 있는 곳에 배분할 줄 아는 지식근로자가 경제 및 사회의 주역이 될 것"이라고. 변화는 이제 거부할 수 없는 문제다. 이제 더 이상 어느 조직에서 나를 평생 책임져 주는 일은 없다. 땅도, 공장도 말이다.

9시에 출근해서 6시에 퇴근하는 '9 to 6 근무 시스템'은 모두가 모여서 한 곳에서 일을 해야 시너지 효과를 낼 수 있었던 산업화 시대의 산물이다. 소품종 대량 생산 시대로 불리는 산업화 시대는 경영자가 업무의 내용과 일정을 계획하고 근로자는 경영자가 시키는 일을 수행했다. 사전 계획과 분업화, 위계적 통제, 권위주의적 명령과 지시 등은 기업 및 조직의 성장과 발전을 보장해주었던 시스템이었다. 그러나 비슷한 가격대와 기술적 품질, 생산성 향상의 한계 등으로 단순 생산은 기계가 담당하고 사람은 새로운 제품의 개발과 생산에 관한 일에 집중하게 된다. 신체적 완력에 의한 일보다는 정신적(지적) 활동에 기반한 일들의 비중이 더욱 커지고 있는 것이다. 이러한 경영환경 변화에 대응하기 위해 기업과 개인은 개개인의 개성이나 감성, 인간성을 발휘할 수 있도록 하는 것이 중요해진다.

김철수 씨와 같은 지식근로자의 생산성 향상을 위한 요건 중 가장 중요한 것은 '자기 관리'다. 스스로를 높은 성과를 올리는 생산적인 사람, 끊임없이 혁신을 꾀하면서 계속 발전하는 사람, 다른 사람에게 영향을 미칠 수 있는 비중 있는 사람으로 만드는 것은 오직 그 자신의 지속적인 자기 관리 노력에 달려 있다. 또한 모든 지식근로자들은 각자의 지식을 활용하여 부가가치를 창출하는 전문가가 되어야 하며, 성과를 올리고 목표를 달성하는 데 모든 노력과 재능을 집중시켜야 한다.

산업혁명과 IT 혁명

제품을 만드는 속도보다 구매하는 속도가 훨씬 빨랐던 시대에는 표준화된 제품을 대량으로 생산해서 판매하는 것이 가장 좋은 방법이었다. 이를 위해 학교나 사회에서는 사실 위주의 주입식 교육을 했으며, 기업은 개인의 시간과 능력을 가져가는 대신 월급과 승진이라는 형태로 보상을 했다. 이 시대에는 근면, 성실, 최선 등의 가치가 높은 평가를 받았으며, 개인보다는 집단이 우선시되었다. 또한 실속보다는 규모나 체면을 중요시했으며 희생과 고통은 미덕으로 여겨졌다.

그러나 지금은 다르다. 이제 판매자는 고객이 원하는 것을 제공할 때 더 높은 수익을 얻을 수 있다. 학교에서의 교육은 이야기와 재미를 중시하게 되었으며, 획일화된 지식보다는 개인의 창의성과 개성을 강조하고 있다. 집단보다는 나의 성장을 우선시하며 나와 전체의 균형을 추구한다. 또한, 휴식은 취미와 재충전의 개념으로 변화되고 있으며, 일과 취미의 조화도 중요하게 여기게 되었다.

소비자의 아이디어나 정보, 기술이 제품의 일부가 됨에 따라 제품이나 서비스 속에서 차지하는 지식 콘텐츠의 비율이 크게 늘어나고 있다. 새로운 경제 흐름 속에서 조직의 최대 자산은 지적 자산이다. 그리고 이것은 지식노동자가 가지고 있다. 이 때문에 최근에는 전 세계 기업이 지적 자본을 측정하고 관리하는 새로운 방법을 개발하려 애쓰는 것이다.

생산 수단도 물리적인 것에서 인간적인 것으로 변해가고 있다. 노동력은 더 이상 어디에나 있는 상품이 아니다. 생산의 핵심이 되는 것은 제품 전략의 입안자, 개발자, 마케팅 담당자 등의 창조적 재능과 지식이다. 중요한 것은 지식노동자를 영입하고 보유하여, 그 능력을 지속적으로 개발시키고, 혁신과 창조력을 발휘할 수 있는 환경을 기업이 제공할 수 있을지 없을지가 되는 것이다. 그래서 지식이 세상을 이끌어가며, 우리는 산업화 시대의 수많은 노동자가 일자리를 잃게 되는 것을 매일매일 목격하고 있다. 반면 지식, 문화, 비즈니스 부문의 엘리트들은 새로운 시대를 이끌어가고 있다.

평생 직장을 찾기보다는 내가 하고 싶은 일을 한다

사람들은 이제 9시에 출근해서 6시에 퇴근하는 삶보다는 자율적인 업무를 하고 싶어하고, 자신의 삶에 주어진 시간을 적극 활용하고자 하고자 한다. 일에 대한 개념이 '어느 회사에 근무하는가?'보다 '어떤 일을 하는가?'로 조금씩 변화되고 있다. 여기에 대부분의 사람이 고등교육을 받고, 손쉽게 생산 수단을 가질 수 있게 되면서 1인이 기업처럼 움직이는 곳이 증가하고 있다. 사람들은 인터넷이 연결되어 있는 노트북 하나면 업무에 필요한 정보를 손쉽게 획득할 수 있고, 전 세계 사람들과 연결될 수 있다. 알리바바닷컴(www.alibaba.com)[1]을 활용하면 공장을 가지고 있지 않아도

---

[1] 알리바바닷컴: 중국에 있는 공장과 전 세계의 소비자 및 기업들을 연결해주는 회사다. 아이디어가 있는 사람이 디자인과 재료를 결정한 뒤 알리바바닷컴에 등록하면 알리바바닷컴이 중국의 공장을 연결해준다. 알리바바닷컴은 중간에서 언어 번역, 주문, 결제 등을 도와준다. 알리바바닷컴에 주문의 의뢰한 기업은 온라인으로 주문을 내고, 이메일로 소통하고, 신용카드 등으로 대금을 지불할 수 있다. 제품을 만들기 위해 공장을 만들 필요가 없어진 것이다.

생각하고 있는 제품을 만들어 낼 수 있다. 프리드리히 하이에크_{Friedrich A. von Hayek}의 말처럼 '우리 모두가 기업가'다.

1인 기업은 대기업, 중소기업, 소상공인 등에 비해 자금력, 인력, 기술력, 정보력 등 제반 경영자원은 취약하다. 하지만 경제적, 사회적 역할의 범위에서 그 가능성은 결코 뒤지지 않는다. 즉, 지속적으로 성장이 가능한 것이다.

아직도 많은 사람이 평생 직장의 환상을 버리지 못하고 있다. 누군가는 공무원이 되기 위해 노량진에서 오랜 시간을 허비하고, 누군가는 대기업과 은행 등에 입사원서를 제출하고 있다. 그러나 평생 직장의 개념은 붕괴되고 있다. 이제는 직장인으로서 '나'가 아니라, 직업인으로서 '나'를 찾아야 한다. 회사가 자신의 일자리를 언제까지나 보장해줄 것이라는 생각은 과거의 사고다. 자신의 직업 능력을 갈고 닦아서 그 분야의 전문가로 성장해야 현대 사회에서 살아남을 수 있다. '누군가를 위해' 일하는 것이 아니라, '나를 위해' 일하려 하는 자기 주도 사고가 필요한 것이다.

당신은 지식근로자인가?

아버지와 할아버지 시대에는 사업을 하기 위해 돈이 필요했지만, 이제는 인터넷이 연결되는 노트북만 있으면 누구나 제품과 서비스를 생산할 수 있다. 마음만 먹으면 큰 비용을 들이지 않고 정보에 접근할 수 있고, 정보를 생산할 수 있으니 말이다. 이제 핵심은 '누가' 정보를 갖고 있느냐가 아니라 정보를 '어떻게' 가공해서 고객이 필요로 하는 지식으로 바꿀 수 있느냐가 되었다.

여기에서 '지식'이라 하면 '정보'만을 의미하지 않는다. 사무직에 종사하는 사람들 대부분이 자신을 '지식근로자'라고 생각하지만, 어제 한 일, 오늘 한 일, 내일 해야 할 일이 똑같다면 그 사람은 지식근로자라고 할 수 없다. 공사 현장에서 반복적으로 벽돌을 짊어지고 나르는 육체노동자와 다를 게 없다. 그러나 벽돌을 짊어지고 나르는 사람이더라도, 좀 더 효과적으로 업무를 개선한다면 이 사람을 지식근로자라고 할 수 있다.

지식근로자와 육체근로자의 구분점은 책상에서 근무하느냐, 현장에서 근무하느냐가 아니라 자신의 정보와 경험으로 새로운 것을 만들어 낼 수 있느냐는 것이다. 정보란 '사정이나 정황에 관한 소식이나 자료'를 말하고, 지식은 '배우거나 실천하여 알게 된 명확한 인식이나 이해'를 뜻한다. 정보를 자신의 것으로 만들지 못하면 그것은 '정보'일 뿐 '지식'이 되지 못한다. 정보는 누구나 가질 수 있지만, 지식은 누구나 가질 수 없다.

지식사회의 핵심은 정보의 유통이 아니라 가치 있는 정보의 생산이다. 블로그에 남의 글을 아무리 많이 스크랩해 놓아도, 신문에서 관심사를 아무리 많이 스크랩해 놓아도 그것을 바탕으로 자신만의 콘텐츠를 생산하지 않는다면 그것은 지식이 아니라 널려 있는 정보를 갖고 있는 것뿐이다. 지식은 정보를 재가공하여 자신만의 새로운 정보를 내놓는 것이다.

짧아지는 지식의 수명주기

인터넷에서는 하루에 2,100억 개의 e메일이 발송되고, 미국 3대 방송사(abc, NBC, CBS)의 10년간 방송 분량만큼의 동영상이 매일같이 유튜브에 올라오고 있다. 이제 우리는 하루 동안 접하는 정보량이 100년 전 사람들이 평생 취할 정보를 넘어서는 시대를 살고 있다. 게다가 지식이 만들어지고, 성장하고, 성숙하고, 쇠퇴하는 '지식의 라이프 사이클'은 점차 빨라져 간다. 그래서 과거에는 특정 기술을 자기 것으로 만들고 나면 오랜 기간 동안 사용할 수 있었지만, 이제는 지식과 기술을 끊임없이 업데이트하지 않으면 도태되어 버리게 되었다.

내가 보유하고 있는 지식이나 아이디어를 손쉽게 시장에 내다팔 수 있다면, 나는 더 이상 조직에 속해 있지 않아도 살아갈 수 있다. 지식근로자들은 이제 조직에 얽매일 필요 없이 좀 더 자유롭게 경제 활동을 선택할 수 있다! 이것은 인류 역사상 매우 파격적인 일이다. 지식이나 아이디어는 기계 속에 존재하는 것이 아니라 사람들의 머릿속에 있으므로 차별화된 지식이나 아이디어를 갖고 있는 사람은 당당하게 자신만의 삶을 꾸려나갈 수 있다.

과거의 근로자들에게 회사라는 울타리를 떠난다는 것은 경제 활동의 종말을 의미했다. 그러나 인터넷이 등장하고 트위터, 페이스북, 유튜브, 카카오톡 등 SNS 활용이 일반화되면서 우리는 물리적인 장벽을 뛰어넘을 수 있게 되었다. 회사에 속해 있지 않아도 인터넷을 통해 정보를 수집할 수 있게 되었고, 스마트폰과 SNS를 통해 사람들과 손쉽게 연결된 것이다. 인터넷과 SNS는 마케팅이나 세일즈에서도 탁월한 효능을 발휘하고 있다. 예전에는 자신이 가진 제품이나 서비스를 홍보하거나 판매하기 위해 자본을 많이 들여야 했지만, 이제는 생산자와 소비자가 인터넷을 통해 직거래를 할 수 있게 되었고 비용 역시 매우 저렴해졌다.

경쟁 방식이 바뀐다, 살아남는 방식도 바뀐다!

스마트폰용 게임을 제작하는 안종원 대표는 요즘 신이 나 있다. 3개월 정도의 짧은 기간 동안 개발한 게임이 소비자들에게 좋은 평가를 받고 있기 때문이다. 스마트폰에서 즐길 수 있도록 단순한 규칙으로 친구들과 SNS를 통해 공유할 수 있도록 한 전략이 적중했다. 5년 전에 처음 게임 사업을 시작했을 때와 비교하면 격세지감이 느껴진다.

안종원 대표는 게임 기획, 개발, 마케팅 등의 업무를 10년 정도 한 업계 베테랑이었다. 5년 전 자신이 생각한 게임을 만들어 보기 위해 창업을 했지만, 생각보다 많은 자본이 필요했다. 또 폐쇄적인 구조를 가지고 있는 국내에서 사업을 한다는 것이 쉽지 않았다. 5년 전에는 삼성, LG 등의 휴대폰 제조회사와 SKT, KT 등의 통신망 사업자가 모바일 게임 산업을 결정했다. 안종원 대표는 자신이 만든 게임을 출시하기 위해 매일같이 대기업과 통신회사에 제안서를 제출하고, 그들을 대상으로 영업 활동을 해야만 했다.

그러나 애플의 아이폰이 출시되면서 시장 상황이 급변했다. 대부분의 사람이 스마트폰과 태블릿 PC를 가지고 다니게 되었고, 덕분에 안종원 대표는 자신의 게임 콘텐츠를 단말기 제조회사와 통신회사를 거치지 않고도 소비자에게 전달할 수 있게 된 것이다. 정보통신 분야에서 최상단의 '갑'으로 군림했던 삼성, LG, KT, SKT 등은 이제 모바일 기기 제조와 단순한 데이터 전송 업체로 영향력이 약해졌다. 안종원 대표처럼 역량 있는 사람이라면 이제는 누구나 콘텐츠를 만들고 손쉽게 유통할 수 있게 된 것이다.

경쟁의 방식을 바꿔버린 앱스토어

안종원 대표처럼, 불과 얼마 전까지만 해도 모바일 게임 및 소프트웨어를 개발하는 회사들은 삼성전자, LG전자 등 대형 제조업체와 SK, KT 등 통신회사들에게 잘 보이기 위해 많은 노력을 해야 했다. 자사의 애플리케이션을 단말기나 통신회사 서비스에 제공하기 위해서 말이다. 삼성전자, SK 등 대기업을 대상으로 영업을 할 수 있는 회사들은 자체적으로 기획, R&D, 생산, 판매 등의 인력을 보유한 업체여야 했고, 결국 제품(서비스)을 납품할 수 있는 회사는 이미 정해져 있다고 해도 과언이 아니었다. 실력을 아무리 갖추고 있어도 규모가 작은 신생 회사에는 기회가 주어지지 않았던 것이다.

기존 경쟁의 프레임을 바꾼 것이 애플의 '앱스토어'다. 애플은 앱스토어를 통해 수없이 많은 개발자를 협력자로 끌어들였다. 삼성전자, LG전자 등이 소수의 똑똑한 몇 사람과 몇몇의 협력업체로 애플리케이션을 제작·공급했던 것과 비교하면, 혁명이 일어난 셈이다.

애플은 애플리케이션을 제작할 수 있는 사람이라면 누구나 '앱스토어'에 자신의 제품을 업로드할 수 있도록 했다. 과거에 삼성전자, SK 등이 회사의 규모, 매출액, 실적 등을 따져 1차 하청, 2차 하청, 3차 하청으로 나눠서 기회를 주었던 것을 생각하면 놀라운 접근이라고 할 수 있다.

애플은 아이폰, 아이패드 등에 업로드된 애플리케이션의 품질은 관리하지만, 애플리케이션을 만든 사람의 사업 수준을 평가하지는 않는다. 이제 모바일 게임 하나를 만들어 판매하기 위해 과거와 같은 방식으로 일정 규모의 조직을 갖춰야 할 필요는 없다. 아이디어와 개발 능력만 있으면 혼자서도 게임을 만들고 앱스토어를 통해 돈을 벌 수 있는 생태계가 만들어진 것이다. 과거와 같으면 상상도 할 수 없었던 일이다.

물론 애플리케이션을 통한 성공은 소수의 몇 사람에게만 주어지는 열매다. 모든 사람이 애플리케이션을 만들어 대박을 낼 수 있는 것은 아니니 말이다. 그렇지만 경쟁 방식이 변화한 것은 분명하다. 과거와 같은 형태로 팀을 조직하고, 여러 단계의 의사 결정을 내리는 동안 기회는 사라져 버릴 수도 있다. 스마트하고 심플하게 움직일 수 있는 1인 기업에 기회의 문이 열리고 있는 것이다.

이제는 공짜로 내놓아야 성공할 수 있다

이렇게 '갑'과 '을'로 대변되는 수직적 방식에서 '파트너'로 대변되는 수평적 방식으로 경쟁 방식이 바뀌면서 수익을 창출하는 관점도 변하고 있다. 고객들이 소비하는 것은 제품 자체의 고유한 사용 가치가 아니라 제품과 결부된 주관적인 경험, 감성 또는 창의적인 아이디어 및 디자인, 제품에 녹아 있는 스토리 등의 무형 가치다. 스타벅스에서 기꺼이 5,000원을 지불하고 커피를 마시는 이유는 커피를 마시고 싶어서라기보다는 미국식 카페테리아의 경험을 느끼고 싶어서다. 이제 기업들은 이익을 실현하기 위해서는 경험 가치를 디자인해서 고객에게 제공할 수 있어야 한다. 이때 단순히 제품을 하나라도 더 판매하기 위해 소비자에게 부가적으로 경험 서비스를 제공하는 것이 아니다. 제품의 차원이 아니라, 기업 전체의 차원에서 전략을 짜야 하는 것이다.

1인 기업 관점에서는 경험 가치를 어떻게 제공할 수 있을까? 이에 대한 해결책 중 하나로 프리코노믹스freeconomis를 들 수 있다. 프리코노믹스는 '무료' 서비스를 제공하면서 고객의 관심attention과 명성reputation을 벌어들이고, 이를 바탕으로 연관 산업에서 수익을 창출하는 것이다.

정보가 많아지면 사람들은 모든 정보를 소비할 수 없기 때문에 '관심'이라는 자원이 중요해진다. 따라서 1인 기업으로 지속적으로 성장하고자 한다면 당장의 금전적 수익도 중요하지만 사람들의 '관심'을 획득할 수 있어야 한다. 사람들의 '관심'을 획득할 수 있는 첫 번째 방법이 바로 '콘텐츠'다.

블로그, 유튜브 등에서 무료로 양질의 콘텐츠를 제공한다면 사람들은 기꺼이 자신의 '시간'을 투자할 것이고, 무료로 콘텐츠를 제공한 1인 기업은 '관심'이라는 자원을 획득하게 되는 것이다. 그러기 위해서는 당연히 콘텐츠에 대한 차별적 경쟁 우위가 있어야 한다.

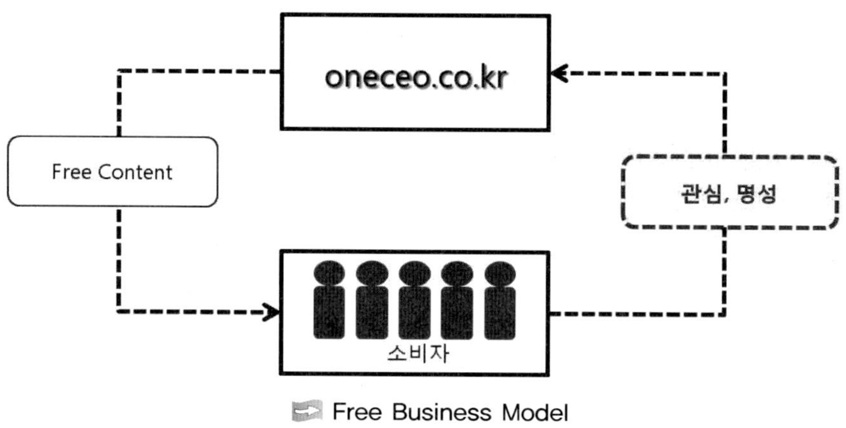

Free Business Model

　위의 그림과 같이 콘텐츠를 소비자에게 무료로 제공하면 소비자는 스마트폰, 태블릿 PC 등으로 콘텐츠를 소비하고, 콘텐츠가 소비될수록 콘텐츠 제공자는 관심과 명성을 얻게 된다. 이것이 바로 Free Business Model의 기본 개념이다. 이렇게 쌓인 관심과 명성을 바탕으로 1인 기업은 온·오프라인에서 더 다양한 비즈니스를 전개할 수 있게 된다. 프리코노믹스는 고객의 인식 변화, 기술의 발전, 자본 집중, 혁신적 서비스, 경쟁 등 시장에서 주요한 변화를 이끌어 낼 수 있다. 이는 결국 기존 정보와 콘텐츠의 변화 흐름을 타고 산업의 구조를 변화시킬 것이다.

당신은 어떤 1인 기업인가?

강사는 기업이고 강의는 산업이 되어가고 있다

대기업에서 부장으로 퇴직한 임현식 씨는 인생 2막을 강사로 살고 싶어한다. 기업에서 마케팅, 재무, 관리부서에서 근무한 경험도 있고 퇴직하기 전에는 사내 강사로 활동하면서 나름대로 역량을 갖췄다고 생각하기 때문이다. 회사에서는 주로 직무와 관련된 강의를 했었지만 초빙된 강사들을 통해 스킬도 배웠고, 네트워크도 구축되어 있어 어렵지 않게 시장에 진입할 수 있을 것으로 보고 있다.

임혁식 씨처럼 전문강사로 활동하고자 하는 사람들을 많이 만날 수 있다. 치킨집이나 커피숍처럼 초기에 많은 자금을 들이지 않고도 자신의 경험과 네트워크를 활용할 수 있기 때문이다. 매입 비용이 없기 때문에 부가가치가 높다는 것도 장점이다. 개인의 자아 실현, 기업의 경쟁력 제고, 시민사회의 사회적 통합을 위한 대안으로 평생 학습이 부각되고 있는 것도 강의 시장의 긍정적 요인이다. 실제 각종 통계 수치로 학교 교육, 인적 자원 개발, 기업 훈련, 지역사회의 학습 분야 등에서 활동하는 전문강사가 꾸준히 증가하고 있는 것을 확인할 수 있다. 여기에 블로그에 글을 남기거나 책을 쓰는 데 그쳤던 전문가들이 직접 강의를 개설하는 사례도 증가하고 있다. 강의 내용도 귀금속 공예, 회계, 영어 회화, 소셜 미디어, 이미지 메이킹, 스피치, 마케팅, 디자인, IT 트렌드, 창업, 건축 등 다채로워지고 있다.

강사로 활동하기 위해서는 특별한 자격을 요구하지 않지만 해당 분야에 대한 전문성은 요구된다. 리더십, 고객 만족(CS), 코칭, 진로 지도, 커뮤니케이션 스킬 등 일부 강사 양성 과정 등을 통해 강의에 필요한 스킬은 배울 수 있지만 자신만의 콘텐츠를 확보하지 않고는 지속적 성장은 어렵다. 네트워크나 영업 활동만으로 강의를 하는 것도 한계가 있다. 처음 몇 번은 주변 지인이나 네트워크를 활용하여 강의를 해볼 수 있지만 자신만의 콘텐츠 없이는 전문가로서 자리매김할 수 없다. 강사 양성 과정이나 영업 활동을 하려기보다는 자신만의 차별화된 콘텐츠를 확보하는 것이 먼저다.

시중에 '명강사 양성 과정'이라는 타이틀로 강의 시장에 진입하려는 사람들을 대상으로 영업 활동이 전개되고 있지만 효과는 미지수다. 명강사 양성 과정에서는 보통 자신의 스토리를 만드는 법, 발표 자료를 만드는 법, 스피치 기법, 무대 매너 등을 가르치지만 객관적으로 생각했을 때 남이 만들어 놓은 콘텐츠를 80시간 과정으로 이수한다고 명강사가 될 수 있는 것이 아니다. '명강사 양성 과정'에서 가르치는 것은 어디까지나 스킬일 뿐이다. 콘텐츠는 없이 스킬만 강한 사람은 시장에서 오래 살아남지 못한다.

자신만의 콘텐츠를 만들어 내기까지는 내용의 신뢰성을 담보할 수 있는 현장 경험을 요구한다. 모든 것을 경험해 보고 강의해야 되는 것은 아니지만 해당 분야에서 직접 경험을 해봤는지 그렇지 않은지는 중요하게 작용한다. 경험해 보지 않아도 이해는 할 수 있지만 거기에서 오는 통찰은 얻어낼 수 없다.

〈세계 최고의 명강사를 꿈꿔라〉(류석우 지음)에서는 강사를 스피커, 가이드, 컨설턴트, 멘토의 단계로 분류하고 있다. 1단계는 '스피커'로 가장 낮은 단계의 수준이다. 자신이 가지고 있는 지식이나 정보들을 단지 상대방에게 설명하여 전달하는 능력만을 가진 강사다. 2단계는 '가이드'로 자신들이 가진 정보를 전달하면서 청중에게 안내자의 역할을 하는 수준이다. 청중이 효과적으로 이해할 수 있도록 자신만의 설명 방법이나 특별한 사례 등을 통해 청중이 쉽게 이해할 수 있게 만들 수 있는 수준의 강사다. 하지만 '동기 부여'라는 것이 빠져 있기 때문에 특정한 분야를 제외하고는 유능한 강사로 인정되지 못한다. 스피커나 가이드 수준의 강사는 표면적 목적 달성 위주의 강의를 한다. 이 단계에서는 지식과 정보 전달의 한계를 벗어나지 못하며, 단순한 해결책을 제시하는 수준이다.

3단계는 '컨설턴트'로 자신들의 강의를 통해 수많은 이에게 동기 부여를 시켜 인생을 성공적으로 컨설팅해주는 가치 있는 일들을 하는 강사로서 청중에게 미래에 대한 비전을 심어줄 수 있는 강사이다. 컨설턴트 수준의 강사들은 자신이 하는 강의에 대한 목적 달성뿐만 아니라 그 강의를 통해 얻어낼 수 있는 모든 부분을 응용하여 그 강의에서 뽑아낼 수 있는 무한대의 가치를 창출하는 강사다. 4단계는 '멘토'로 강사의 최고 수준이다. 언제 어디서나 강의를 통해 청중을 완전히 사로잡는 강사로서 그 강의를 듣는 이들이 강사를 스승으로 느낄 정도로 감동을 전하는 강사다. 강의를 통해 청중의 삶을 변화시키는 일뿐 아니라 각 분야의 문화를 선도해 나가는 영향력을 가진 강사로 진실함과 인간미가 넘친다. 컨설턴트나 멘토 수준의 강사는 내면적 동기 생산 위주의 강의를 한다. 단순한 목적 달성을 위한 정보 전달이 아닌 인간의 내면에 새로운 동기를 생산할 수 있는 강의로, 강의 속에서 무한의 가치를 창출할 수 있다.

콘텐츠로 검증된 명강사

윤선마케팅연구소의 윤선 박사는 농업 마케팅에 차별화된 콘텐츠를 갖고 있다. 윤선 박사는 '현장에서 답을 찾다'라는 주제로 주입식이 아닌 농민이 직접 체험하고 느낄 수 있도록 농업 마케팅을 교육한다. 윤선 박사는 과거 농업이 생산 중심이었다면 현재는 농업, 가공, 서비스가 융합되는 6차 산업의 시대가 되었고, CEO도 점차 농업 생산, 가공, 농촌 관광, 교육 농장, 농가 맛집 등 체험 중심의 경영을 도입할 것을 주문한다. 생산 중심의 밀어내는 유통 전략에서 고객을 바라보며 만들고 서비스하는 마케팅 중심 전략으로 변해야 한다는 것이다. 농산업 실전 마케팅 가이드인 〈해바라기마케팅〉의 저자이기도 한 윤선 박사는 농림수산식품부, 농촌진흥청, 농업 기술센터 등을 대상으로 연 300회 이상의 강의를 소화하고 있다. 윤선 박사는 전국의 농산업 관계자라면 모르는 사람이 없을 정도로 모시고 싶은 명강사로 통하고 있다.

한국펀경영연구소를 운영하고 있는 조현균 소장은 펀경영에 대한 콘텐츠를 보유하고 있다. 20년째 경영 컨설팅, 특강, 워크숍을 8,000회 이상 진행한 조혁균 소장은 펀경영의 시초이자 산 증인이다. 조현균 소장은 어떻게 하면 회사와 조직원이 만족하는 행복한 일터를 만들 수 있을까를 수 없이 고민하면서 국내외 프로그램을 섭렵하여 한국형 펀경영이라는 콘텐츠를 완성해 냈다. 신바람 나는 개인, 신바람 나는 가정, 신바람 나는 회사가 대한민국에 정착되어 국민 모두가 웃는 그날까지 한국펀경영연구소의 행진은 계속될 것이라고 한다.

보안 커뮤니티 '보안인닷컴(www.boanin.com)'과 '엔시스정보보호따라잡기(www.sis.pe.kr)'를 운영하고 있는 전주현 대표는 정보보안 분야에 대한 콘텐츠를 바탕으로 정부기관과 기업 등을 대상으로 관련 강의를 진행하고 있다. 정보보안에 대한 법규 강화와 일반인들의 인식 개선으로 관련 수요가 큰 폭으로 증가하고 있다. 전주현 대표는 정보보안을 법과 정책분야까지 아우르면서 기술적 분야에만 머물러 있는 사람들과 차별성을 보이고 있다. 국가 공인 민간 자격증에 머물러 있던 정보보호 전문가(SIS) 자격증이 국가기술 자격증으로 승격이 되어 정보보안기사/산업기사로 시행되면서 전주현 대표가 저술한 〈정보보안기사/산업기사 한 권으로 끝내기〉 시리즈는 관련 분야 베스트셀러가 되었다. '강사'라고 하면 흔히 리더십, 스피치, 마케팅 등을 연상하지만 전주현 대표처럼 자신의 전문성을 활용하여 틈새시장을 개척할 수 있다는 점은 의미하는 바가 크다고 할 수 있다.

이외에도 시장에서 꾸준히 수요를 창출하는 강사들을 보면 자신만의 차별화된 콘텐츠를 만들어가는 사람들임을 알 수 있다. 처음에는 남의 강의를 듣거나 책을 보고 공부해서 강의하지만 시간이 흐를수록 자신만의 차별화된 콘텐츠를 만들어 내는 것이다. 자신만의 콘텐츠로 브랜드가 구축되지 않은 사람은 네트워크를 활용하여 강의시장에 입문하게 되지만 차별점이 없다면 거기가 끝이라고 할 수 있다. 나 말고도 다른 대안들이 무수히 많기 때문이다.

강점에 집중하라

미국 스롤리 블로토닉 연구소가 '부를 축적하는 법'을 연구하기 위해 1,500명의 직업 선택 방식을 20년에 걸쳐 추적 조사했다. 이 연구에서 주목할 만한 결과가 나타났다. 전체의 83%가 유행을 좇아 직업을 결정한 사람들이었고, 나머지 17%만이 자신의 선호도 우선순위에 따라 직업을 선택했다. 20년 후, 이들 1,500명 중에서 정확히 101명의 억만장자가 나왔는데, 놀라운 것은 이 중에서 1명을 제외한 100명 모두 자신이 좋아하는 일을 선택한 사람이었다는 점이다. 장기적인 경쟁에서 자신의 강점을 활용하는 것이 훨씬 유리하다는 것을 말해주고 있다.

"윤대리는 숫자에 약한 것 같아. 조금만 더 꼼꼼히 데이터를 확인하는 습관을 가지도록 해", "김과장은 업무는 꼼꼼히 처리하는데 추진력이 부족한 것 같아. 조금만 더 강력하게 밀어붙이는 태도가 필요해"와 같이 우리는 부족한 것을 지적해주면서 사람들을 성장시키려고 한다. 듣는 사람도 자신의 부족한 부분을 보완하는 데 더 많은 시간을 투자한다. 그러나 아주 많은 연구에서 행복을 위한 지속적 발전과 성장의 디딤돌은 자신의 강점을 개발하는 것이라고 한다. Gallup Organization에 따르

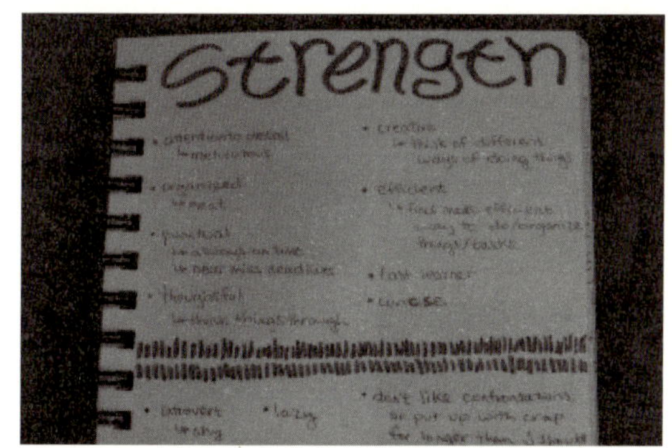

면 강점 접근 방식을 사용하는 경영자는 일반 경영자에 비해 성공 확률이 1.9배 높으며, 일에서 강점을 발휘할 수 있는 사람이 강점 발휘가 곤란한 사람보다 업무 몰입률이 6배나 높다고 한다. 자신만의 콘텐츠를 만들어가기 위해 '결핍 동기'보다는 '성장 동기'에 집중해야 하는 것이다. 사람들은 잘할 수 있는 일에 더 많은 시간을 할애할 경우 걱정이나 스트레스, 슬픔, 신체적 통증 등을 덜 감지한다고 한다. 강점에 집중했을 때 초월적인 행동이 발생한 가능성이 증가하는 것이다.

타이거 우즈는Tiger Woods 골프 실력을 높이기 위해 잘하는 것은 더욱 잘하게, 못하는 것은 평균 수준이 되도록 하는 '강점 집중' 전략을 구사했다. 타이거 우즈의 강점은 우드와 아이언을 가지고 100미터 이상의 비거리를 만들어 내는 롱 게임과 그린에서 홀을 향해 공을 치는 퍼팅 기술이다. 반면에 벙커에서 빠져나오기 위해 공을 낮고 짧게 쳐올리는 칩샷은 우즈의 단점이다.

만약 타이거 우즈가 자신의 약점, 즉 칩샷 기술을 끌어올리기 위해 훈련을 거기에 집중했다면, 그는 좋은 성적을 거두기 어려웠을 것이다. 현명하게도 그의 코치 하몬은 우즈가 칩샷 기술을 연마하는 데는 최소한으로만 투자하고 강점 영역, 즉 스윙을 다듬는 데 역점을 두도록 했다. 타이거 우즈는 대부분의 시간을 강점 연습에 할애하여 약점인 샌드 세이브 기술을 사용해야 할 상황 자체가 덜 발생하도록 하여 최고의 선수가 되었다.

이런 사례들은 강의시장에서도 발생한다. 예를 들어 마케팅 실무를 잘 가르치는 사람이 자신의 약점을 보완하기 위해 재무관리에 집중하는 것이다. 강사로 활동하는 사람에게는 다양한 기회가 온다. 마케팅을 강의하는 사람에게 사업타당성분석 강의가 들어오기도 하고, 온라인 마케팅을 하나도 모르는 사람이 온라인 마케팅을 강의하기도 한다. 그러나 장기적으로 자신만의 강점에 기반한 콘텐츠가 가장 큰 설득력을 갖게 된다. 주변의 의뢰로 이것저것 강의할 수는 있지만, 시간이 흐르면 그 사람의 강점이 보이지 않아 그저 그런 강사가 되어 버리는 것이다.

컨설팅을 통해 돈을 버는 1인 기업

국내 대기업에서 25년간 근무하고 있는 윤종식 부장은 '낀 세대'에 속한다. 부모 세대의 높은 교육열과 성실함으로 우리나라를 선진국 대열까지 끌어올린 주인공이며, 전쟁 세대인 실버 세대에 비해서는 더 나은 생활과 교육 여건에서 성장했다. 그러나 바로 아래 세대만큼은 풍요로움을 누리지 못했다. 그리하여 위로는 부모 세대를 봉양하면서 아래로는 자식 세대를 부양해야 하는, 무거운 짐을 진 세대인 것이다.

윤종식 부장은 밤낮을 가리지 않고 직장에 헌신해 왔으나 최근 자의반 타의반으로 명예퇴직을 맞이했다. 부모님은 살아계시고, 큰 아이는 대학 졸업 후 취업을 못하고 있으며, 작은 아이는 이제 대학교 2학년이라 마음이 더욱 답답하기만 하다. 건강에는 자신이 있고 그동안 쌓아온 경험과 인맥으로 일을 더 할 수 있다고 생각하지만 회사에서는 더 이상 자신을 필요로 하지 않는다. 중소기업 등으로 눈높이를 낮춰 재취업도 준비하고 있지만 쉽사리 받아주는 데가 없다. 지난 세월이 씁쓸하기만 하다. 공자孔子는 50세를 하늘의 뜻을 아는 나이 지천명知天命이라 했고, 〈탈무드 Talmud〉에서는 상담을 해줄 나이라고 했으나 윤종식 부장은 자신과 가족, 사회에 대한 책임으로 어깨가 무겁기만 하다.

윤종식 부장처럼 최근 '낀 세대'는 자의반 타의반으로 회사를 떠나고 있다. 처음에는 절망적이라고 생각하겠지만, 나는 낀 세대가 퇴직 후 충분히 다른 인생을 설계해 나갈 수 있다는 것을 알려주고 싶다. 개개인이 처한 환경은 모두 다르지만 생각만큼 어려운 상황은 아니다. 정해진 길을 벗어나 새로운 길을 맞이해야 한다는 두려움이 크겠지만 퇴직은 모든 직장인이 겪는 위기 중 하나일 뿐이다. 이 위기를 어떻게 넘기느냐는 자신의 생각과 행동에 의해 결정된다. 위기를 새로운 기회의 계기로 삼든, 위기 앞에 무릎을 꿇든 모두 개인의 선택인 것이다.

일하는 방법은 그 사람이 가지고 있는 적성, 경력, 경제적 여유, 건강 조건, 교육 수준, 네트워크 등에 따라 결정된다. 직장을 퇴직한 사람들이 선택할 수 있는 인생 2막은 재취업과 창업으로 구분해 볼 수 있다. 현실적으로는 그동안의 경력을 바탕으로 한 재취업이 가장 좋으나 머지않아 정년을 맞이한다는 점에서 본질적인 해결책이 되지 못한다. 창업은 정년에 상관없이 자신이 하고 싶은 일을 하면서 경제적인 부분을 해결할 수 있지만 리스크가 크다는 점에서 섣불리 감행하기가 쉽지 않다.

그러나 분명한 것은 인간의 평균수명은 증가하고 있다는 것, 그리고 기업이나 국가가 양질의 일자리를 만들기에는 한계가 있다는 것이다. 설사 양질의 일자리를 제공한다고 해도 직장인에게 퇴직은 숙명이다. 100세를 사는 시대에 직장인으로서 고용에 불안을 느끼는 것보다는 자신의 경험과 네트워크를 활용한 창업이 훨씬 매력적인 선택일 수 있다.

물론 창업은 한 번 실패하면 이에 따른 고통을 가족 전체가 겪게 된다는 점에서 신중할 필요가 있다. 언론이나 주변에서 이야기하는 대박 아이템에 귀를 기울이기보다는 자신의 강점을 극대화하면서 리스크를 최소화할 수 있는 전략이 필요한 것이다.

그래서 창업은 취업보다 10배는 어렵다. 많은 리스크를 수반하는 제조업이나 평생 해보지도 않았던 치킨집, 삼겹살집 등을 해서는 안 된다. 지금까지 쌓아 온 자신의 경험과 네트워크를 활용한 강의, 컨설팅, 코칭, 자문 등에서 가능성을 찾아본다면 리스크를 최소화하면서 평생 할 수 있는 일을 만들어 낼 수 있다.

인생 2막을 새롭게 연 사람들

피터 드러커가 "지식은 일하는 방법을 끊임없이 개선, 개발하고 혁신을 일으켜 부가가치를 높이는 것이다."라고 했던 것처럼, 지식기반 사회에서 지식은 개인과 조직, 더 나아가 그 사회를 좌우하는 핵심 자원이 된다. 이처럼 자원으로서의 지식은 그 가치를 인정받아 하나의 거래시장을 형성할 수 있다.

한국창업경영컨설팅협회 회장이자 일신경영컨설팅 대표인 김진영 박사. 그는 고등학교 3학년 말부터 직장을 다니기 시작해 30대 중반에서야 대학 공부를 시작했지만 지금은 중소기업 컨설팅 시장을 대표하는 사람 중 한 명이다. 인생 2막을 컨설팅을 통해 훌륭히 개척하고 현재는 피터 드러커와 같이 죽는 날까지 일을 해야 한다는 생각으로 '105세 경영', '비전', '동기 부여', '혁신', '시간 경영', '창업' 등을 주제로 인생 3막을 준비하고 있다.

창업 및 마케팅과 관련한 컨설팅 업무를 하는 ㈜엠아이전략연구소는 마케팅, 경영전략, 컨설팅방법론, 브랜드 등과 관련 컨설팅, 연구 용역 등의 활동을 하고 있다. 김용한 대표는 원활한 컨설팅 서비스를 위해 몇 명의 직원과 컨설턴트를 고용하고 있지만, 규모를 크게 확장하지는 않고 있다. 그러나 작은 규모에도 불구하고 시장에서 두각을 나타내고 있다는 점에서 1인 기업의 범주에 해당한다고 볼 수 있다.

인퓨처컨설팅의 유정식 대표는 왓슨 와이어트, 아서 앤더슨의 글로벌 회사에서 근무한 경험을 바탕으로 전략 부문(시나리오 플래닝 전략, 경영혁신 전략, 조직문화 활성화 전략), 인사조직 부문(인사조직전략, 평가 및 보상제도, 경력개발제도, 인력관리) 등에 대한 전문적인 컨설팅 서비스를 제공하고 있다. 동우화인캠, 대림산업, 동부제철 등의 기업과 기획재정부, 법제처, 관세청 등의 정부기관을 컨설팅하기도 한 유정식 대표는 많은 기업과 공공기관에서 모시고자 하는 유명 강사로도 활동하고 있다.

국내에서 '정리 컨설턴트'라는 호칭을 처음 사용한 베리굿정리컨설팅 윤선현 대표도 틈새시장을 파고들어 차별화된 아이템을 발굴한 사례다. 정리 컨설턴트란 일과 물건 등을 제대로 정리하지 못해 스트레스를 받고, 비효율과 낭비 또는 생산성 저하로 어

려움을 겪는 사람을 대상으로 체계적이면서도 효율적인 정리 방법과 시스템을 제공해 생산력을 증가시키고, 효율적인 인생을 살아갈 수 있도록 돕는 전문가를 일컫는다. 2009년부터 정리와 관련된 일을 시작한 윤선현 대표는 현재 인기 강사이자 컨설턴트다.

이 글에서 소개한 사람들은 모두 자신의 전문성을 살려 인생 2막을 새롭게 열었고, 인터넷과 SNS를 적극적으로 활용하여 자신의 브랜드를 구축했다. 이처럼 이제는 누구나 자신만의 콘텐츠를 블로그, 트위터, 페이스북, 유튜브 등을 통해 퍼트려 자신의 브랜드를 알릴 수 있다. 전문성과 SNS의 조합은 퍼스널 브랜딩의 시작인 것이다.

컨설팅 서비스의 특징

'컨설팅 서비스'는 오래전부터 유망 산업 및 직업군으로 손꼽히고 있었다. 선진국에서는 100년이 넘는 역사를 가지고 있으며, 국내에서는 회계법인, 제조업(생산관리·품질관리·ISO), IT 분야를 중심으로 꾸준히 성장해 왔다. 이제까지 기업에서는 비용 때문에 컨설팅 서비스를 기피했지만, 정부가 컨설팅 서비스 활성화 정책을 펼치며 상황은 달라지고 있다. 컨설팅 서비스 수요가 지속적으로 증가하게 된 것이다.

그러나 국내 컨설팅 산업은 열악한 것이 현실이다. 컨설팅에 종사하고 있는 사람들조차도 컨설팅에 대한 이해 수준이 낮다. 컨설팅의 주요 특징과 컨설턴트가 갖추어야 할 역량은 어떤 것들이 있을까?

첫 번째는 '전문성'을 들 수 있다 여기서 전문성이란 '컨설턴트나 조직이 가지고 있는 지식과 경험을 바탕으로 고객의 문제를 해결할 수 있음'을 의미한다. 만약 컨설턴트라면 '당신의 전문 영역은 무엇입니까?'라는 질문에 '저는 인터넷 마케팅 컨설턴트입니다', '저는 브랜드 전략 수립 컨설턴트입니다'와 같이 명쾌하게 답변할 수 있어야 한다는 것이다. 예를 들어 노노스의 송현숙 대표를 통하면 인터넷 판매와 홍보 같은 문제를 해결할 수 있고, 화동무역의 강대훈 대표를 통하면 중국, 일본 등 아시아권과 무역에 대한 문제를 풀어갈 수 있다. 송현숙 대표는 오랜 시간 동안 인터넷이라는 하나의 시장만 공략하고 있고, 강대훈 대표는 보따리 무역부터 시작한 국내 최고의 무역 전문 컨설턴트다. 이들은 기업에 필요한 해결책도 잘 제시하지만, 실제 시장과 연결할 수 있는 네트워크도 갖추고 있다.

두 번째는 '자문 서비스'다. 컨설턴트는 기업의 문제를 진단하고 문제를 해결할 수 있는 해법을 제시한다. 이후 전략의 실행 여부는 기업에게 달려 있지만 전략이 실행될 수 있도록 지원해줄 수 있어야 한다. 예를 들어 인퓨처컨설팅의 유정식 대표는 기업을 대상으로 경영 자문 서비스를 제공하고 있다. 단시간 내에 컨설팅 프로젝트를 진행한 후 두꺼운 보고서를 던져주고 실행을 기업에 떠넘기기보다는 장기 계약을 통해 기업에서 매번 발생하는 경영상의 이슈를 같이 고민하고 해결책을 함께 논의하는 방식의 서비스다.

세 번째는 '독립적인 서비스'다. 이는 도덕성과 관련된 것으로 컨설턴트는 컨설팅을 통해 추가적인 이익을 추구해서는 안 된다. 컨설턴트는 객관적인 컨설팅 진행을 위해 해당 회사에 소속되지 않아야 하고, 내/외부 정치 세력에서 자유로워야 한다. 실제 컨설팅을 하다보면 의사결정자나 특정 세력에 의해 컨설팅 결과가 맞춰지는 경우가 있다. 또 내부 직원과의 친분으로 인해 사실과 결과를 왜곡하거나 변경해서는 안 된다.

네 번째는 '상업적인 서비스'다. 컨설턴트의 수입이 불안정해서는 양질의 서비스를 제공하기 어렵다. 컨설팅은 고객의 문제를 해결해주는 서비스지만 '무형'의 제품이기 때문에 돈을 지불하지 않으려는 의뢰인도 있다. '좋은 게 좋은 것'이라는 접근보다는 제공하고자 하는 명확한 서비스 범위와 비용을 서면으로 계약하는 것이 필요하다. 노하우가 있는 컨설턴트들은 컨설팅 시작 시점에 비용의 50% 이상을 청구함으로써 기업의 참여를 이끌어 낸다.

국내 컨설팅 시장의 현실

국내 컨설팅 시장은 1990년대 초 글로벌 컨설팅사인 맥킨지사가 진입한 이래 IMF 위기를 거치면서 본격적으로 시장 규모가 확대되었다. 선진화된 해외 시스템을 도입하여 글로벌 기업으로 도약하고자 했던 국내 대기업들은 신규 사업 전략, 글로벌 마케팅 전략, M&A 컨설팅 등을 유행처럼 도입하기 시작했다.

맥킨지, BCG, 베인&컴퍼니 등 외국계 컨설팅사가 국내 기업을 컨설팅하면서 부작용도 적지 않게 나타났다. 정情을 중시하는 한국 사회에서 효율성을 강조하는 외국계 컨설팅 프로그램이 국내 정서와는 맞지 않았던 것이다. 또한, 컨설팅이 조직 전체의 쇄신과 전략 수립에 활용되기보다는 사내 이해관계자들의 반발을 무마하려는 목적으로 이용되기도 했으며, 하나의 컨설팅사가 여러 기업의 컨설팅을 중복 진행하면서 엇비슷한 내용의 컨설팅이 나타나기도 했다.

이런 과정을 거치면서 국내 컨설팅 시장은 규모가 점차 확대되기 시작했다. 비용 부담으로 인해 초기에는 일부 대기업들만 이용했으나, 컨설팅의 효과성이 입증되면서 중견기업과 일부 우량 중소기업까지 그 수요가 확대되었다. 정부에서도 컨설팅을 통해 중소기업의 경쟁력을 강화하기 위해 다양한 컨설팅 지원 프로그램을 확대 시행하면서 컨설팅 시장은 지속적으로 성장하고 있는 중이다.

흔히 컨설팅이라고 하면 맥킨지, 베인&컴퍼니, BCG 같은 외국계 컨설팅 회사를 활용해 대기업들이나 받는 것이라고 생각하기 마련이다. 이런 상황에서 자신의 전문성을 살려 지식 서비스 기반의 컨설팅 서비스를 제공하는 1인 기업이 개인과 중소기업군을 대상으로 컨설팅의 필요성을 설명하고 실제 비즈니스로 연결시키기까지는 많은 어려움이 존재한다. 그러나 외국계 전문 컨설팅 회사나 국내 전문 컨설팅 회사, 국내 금융기관에서 제공해주지 못하는 영역에서 차별화된 시장을 개척해 나가는 1인 기업이 증가하고 있다는 점에서 컨설팅 비즈니스의 가능성을 찾을 수 있다.

예를 들어 'Idea Doctor'로 유명한 이장우 박사는 1인 기업이면서 외국계 컨설팅 회사 못지않은 수익을 창출하고 있다. 브랜드 마케팅에 대한 기업 컨설팅과 개인 브랜드 코칭을 하면서 고액의 연봉을 벌고 있는 것이다. 힐스테이트, 한미파슨스, 대웅제약 임펙타민 등 다수의 컨설팅 성공 사례를 갖고 있고 기업과 정부에서 자문위원으로도 활동하고 있는 이장우 박사는 강사로서도 인기가 높다. 1시간 평균 강연료는 3백만 원이며, 영어 강연의 경우 1시간에 1천만 원을 받기도 한다. 높은 강의료 때문에 1년에 수십 회 강연이 무산되기도 할 정도다.

마케팅&브랜딩 전문 컨설팅 기관인 ㈜밸류바인의 대표인 구자룡 박사도 컨설팅 업계에서 유명하다. 〈한국형 포지셔닝〉, 〈지금 당장 마케팅 공부하라〉, 〈소비자를 유혹하는 마케팅전략 34〉의 저자로도 유명한 구자룡 박사는 전략적 마케팅 계획, 브랜드 전략 개발, 마케팅 조사, 마케팅 교육 등에 대한 컨설팅을 하고 있으며, 화성시 도시 브랜드 개발 및 브랜딩 전략 로드맵 구축, 동화엔텍 글로벌 브랜드 전략 컨설팅, 'Hi Seoul' 공동 브랜드 사업 중장기 전략 컨설팅 등의 실적을 가지고 있다.

1인 기업이 컨설팅 시장에 진입하는 방법

외국계 기업이나 오랜 노하우를 가지고 있는 전문 컨설팅 회사에 비해 풍부한 데이터베이스와 네트워크를 보유하지 못한 1인 기업은 작은 조직의 파이를 가져갈 수밖에 없는 것이 현실이다. 결국 컨설팅 시장에 처음 진입하는 1인 컨설턴트는 중소기업, 소상공인, 일반인 의뢰인을 상대하게 되는 것이다.

그러나 국내 중소기업, 소상공인, 일반인은 대개 컨설팅을 받으려고 하지 않는다. 필요성은 충분히 알고 있지만, 돈을 낼 만큼의 여력이 되지 않는 것이다. 이러한 이유로 컨설턴트나 컨설턴트를 고용하고 싶어하는 사람들은 대부분 정부의 지원 제도에 의존할 수밖에 없다.

정부가 지원해주는 컨설팅 사업에 컨설턴트로 참여하기 위해서는 경영지도사, 인증심사원, 박사학위 등의 전문 자격이 있어야 한다. 물론 경영지도사, 인증심사원, 박사학위 등을 취득했다고 해서 바로 컨설팅으로 수익을 낼 수 있는 것도 아니다.

컨설팅 시장에서도 '부익부 빈익빈' 현상이 발생해서 전체 컨설팅 시장에서 상위 5%에게 대부분의 일이 몰린다고 한다. 자신만의 차별화된 무기가 없으면 시장에서 살아남기 어렵다. 컨설턴트라는 직업이 외부에서 보기에는 그럴싸해 보일 수 있지만 내적으로는 많은 어려움이 있다.

예를 들어 한국트렌드연구소의 김경훈 소장은 트렌드 연구의 이론화를 시도하여 '트렌드 생태계 분석법'이라는 독창적이고 체계적인 접근법을 개발했다. 이를 바탕으로 홈플러스, KT, KT&G, 한국과학기술정보연구원 등 유수의 기업과 기관에 트렌드 리포트와 트렌드 워처 교육, 원데이 워크숍1day workshop 등을 제공하기 시작해 트렌드 예측 비즈니스를 새로운 사업 분야로 열어가고 있다.

국내 최초의 위기 커뮤니케이션 컨설팅사인 스트래티지샐러드의 정용민 대표도 차별화된 시장을 개척하고 있는 사람이다. 커뮤니케이션즈 코리아 부사장과 오비맥주 홍보팀장을 지내며 PR에이전시와 인하우스에서 다양한 기업 커뮤니케이션 경험을 쌓은 정용민 대표는 위기관리 커뮤니케이션 컨설턴트로서 한진해운, STX 그룹, SK그룹, 인천국제공항공사, 서울시, 문화체육관광부, 대검찰청 등 200여 개 이상의 국내외 기업 및 조직들에 자문, 컨설팅, 코칭, 트레이닝 서비스를 제공하고 있다.

'관심'이라는 비화폐 자산으로 돈을 버는 1인 기업

돈이 나오는 것도 아닌데 하루에 몇 시간씩 블로그 콘텐츠 제작과 운영에 투자하는 사람들이 있다. 일반인의 시각으로 바라보면 이해가 되지 않는다. 어째서 그들은 하루 몇 시간씩 블로그에 매달리는 것일까? 그것은 바로 '관심'이라는 비화폐 자산 때문이다.

〈롱테일의 경제학〉으로 세계적인 베스트셀러 작가가 된 크리스 앤더슨Chris Anderson은 자신의 또 다른 저서인 〈Free〉를 e-book과 오디오북으로 제작하여 인터넷에 공짜로 배포했다. 〈Free〉는 서점에서 종이책으로 판매하고 있던 것이다. 남이 보면 '이제 누가 서점에서 돈을 주고 책을 사겠어?'라고 생각할 수 있다. 그런데 크리스 앤더슨은 여기에 그치지 않고 자신의 강연을 녹화해서 유튜브에 무료로 게시했다. 이것 역시 기존의 사고 방식으로 보면 '이제 누가 당신의 강연을 돈을 주고 들으려 하겠어?'라고 생각할 수 있다.

그러나 〈Free〉는 〈롱테일의 경제학〉보다 더 많이 판매되었고, 크리스 앤더슨의 오프라인 강의는 시간당 천만 원에 육박한다고 한다. 자신의 콘텐츠를 공짜로 배포함으로써 크리스 앤더슨은 관심과 명성이라는 비화폐 자산을 취득하게 되었고, 이를 통해 높은 가격으로 강연을 섭외받게 되는 등 공짜의 역설을 보여준 것이다. e-book과 오디오북으로 콘텐츠 품질을 경험한 소비자들은 기꺼이 비싼 돈을 지불하고 강연을 듣게 되고, 유튜브에서 무료로 강의를 들은 사람들은 기꺼이 서점에서 책을 구입하게 되는 것이다.

TV, 신문, 잡지, 라디오 등 이용할 수 있는 매체가 많지 않았던 시절에는 교수, 박사, 기자 등 소위 말하는 '전문가'에게만 이야기할 기회가 주어졌다. 아무리 더 박식하더라도 박사가 아니라는 이유로 일반인에게는 이야기할 기회가 주어지지 않았던 것이다. 그러나 인터넷이 보편화되고 일반인도 쉽게 사용할 수 있는 블로그 같은 매체들이 등장하면서 누구나 자신의 생각을 표현할 수 있게 되었다. 영향력이 높은 TV나 신문은 아니지만 자신의 생각을 자유롭게 표현하고 관심을 받을 수 있는 매체를 가지게 된 것이다.

이렇게 이용할 수 있는 매체가 많아지면서 다른 현상도 일어났다. 사람들의 관심이 흩어지기 시작한 것이다. TV 뉴스만 봐도 예전과 같은 시청률을 기대하기는 어렵게 되었다. TV가 아니어도 정보를 얻을 수 있는 매체는 차고 넘친다.

그래서 더더욱, 지금은 화폐 가치가 만들어 내는 경제 환경 이외에도 '관심'이라는 비화폐 자산이 중요한 경제적 가치가 되는 시대다. 사람들은 1인 기업의 블로그 콘텐츠를 이용하면서 '관심'을 지불하고, 블로그를 운영하는 1인 기업은 그 '관심'을 바탕으로 전문가로 인정받는다. 전문가로 인정받게 되면 도서 집필, 외부 강연, 공동 구매, 방송 출연 등으로 다양한 수익을 창출할 수 있게 된다.

블로그 사례의 주인공들

블로그는 유용한 매체다. 기업의 경우 고객과의 커뮤니케이션 수단으로, 개인의 경우 자신의 전문성을 알리기 위한 수단으로 쓰인다. 1인 기업의 경우에는 브랜드를 구축하는 데 도움이 된다.

블로그는 기존 홈페이지와 달리 네이버, 다음 등의 검색 엔진에 노출되기 쉬운 구조를 가지고 있으며, 트랙백, RSS, 댓글 등을 통해 고객과 직접적인 커뮤니케이션도 가능하다. TV, 신문, 잡지, 라디오 등에 많은 비용을 지출하지 않고도 고객에게 다가가 대화를 나눌 수 있다.

블로그는 인터넷상에서 실시간으로 자신의 관심사를 자유롭게 수집해서 불특정 다수에게 공개하는 공간이다. 소셜 미디어에서 블로그의 중요성이 강조되면서 블로그는 상호 정보 교환을 위한 의사 소통은 물론 마케팅 수단으로도 많이 활용되고 있다.

자신만의 차별화된 콘텐츠를 제공하는 블로그들은 자연스럽게 많은 방문자를 확

보하게 되고 얼리어댑터, 프로슈머, 와이프로거, 알파블로거로도 불리는 파워블로거가 탄생하게 된다. 이들 파워블로거는 자신만의 노하우를 공개하기도 하고, 세상에 알려지지 않은 제품을 발견해서 공유하기도 한다. 이러한 정보를 불특정 다수가 이용하게 되면서 파워블로거가 추천한 제품은 날개 돋친 듯 팔려 무너져가는 중소기업을 살리기도 한다.

파워블로거들의 가치가 높아지게 된 이유는 블로그를 통해 소비자들에게 제품을 빠르게 전달할 수 있고 투자 비용 대비 높은 효과를 기대할 수 있기 때문이다. 해외에서는 소셜 미디어의 빠른 성장과 미디어의 영향력을 이해하고 Conde Naste기업이 ars technuca 블로그를 250억 원에 인수한 사례도 있다. 국내의 경우 영어권에 비해 시장 규모가 작기 때문에 해외와 같이 높은 수익은 발생하지 않지만, 대표적 파워블로거들은 적지 않은 수익이 발생하고 있다. 물론 블로그 운영 자체를 통한 수익보다는 외부 강연, 공동 구매, 도서 집필, 제품 리뷰, 방송출연, CF 촬영 등에서 수익이 발생하고 있다.

'PONY'라는 닉네임으로 활동하고 있는 박혜민 씨는 누구나 쉽게 따라할 수 있고 눈에 쏙쏙 들어오는 출중한 메이크업 강좌로 유명해진 인기 블로거다. PONY의 메이크업 강좌에 대한 뜨거운 관심은 온라인을 넘어 오프라인으로까지 이어졌고, 그 인기에 힘입어 2010년 출간된 〈포니의 시크릿 메이크업 북〉은 발매 첫날부터 뜨거운 화제를 일으키며 2010년 하반기 뷰티 분야 베스트셀러에 등극했다. 시각디자인을 전공하여 색조 사용의 스펙트럼이 넓은 그녀는 감각적인 색조 메이크업을 선보

였으며 그녀의 강좌는 한국뿐 아니라 중국에서도 큰 인기를 누리고 있다. 박혜민씨는 현재 메이크업 관련 강연, 쇼, 화보 등 프리랜서 메이크업 아티스트로 활동의 폭을 넓히고 있다.

'달팽이의 정리비법' 블로그를 운영하고 있는 조윤경 씨는 생활 속 수납의 달인이다. 수납장을 손쉽게 이용해 깔끔한 분위기를 연출하고, 방안을 더 넓게 보이게 하는 동선을 만드는 등 조윤경 씨는 자신만의 정리 법칙과 수납 아이디어로 사람들에게 많은 호응을 얻고 있다. 그녀의 수납 비법은 책으로도 출간돼 베스트셀러로 선정되었으며, 입소문을 타고 직접 배우러 오는 주부들이 늘어나면서 소규모 강연을 하기도 했다. 주부들 스스로가 집을 꾸미는 셀프 인테리어가 대중화되면서 현장 고수들의 노하우를 담은 블로그들이 많은 인기를 얻고 있다.

'배짱이'라는 닉네임으로 활동하고 있는 김수진 씨는 직장 생활을 하면서 '배짱이의 여행 스토리' 블로그를 운영 중이다. 4년 연속 네이버 파워블로거로 선정될 정도로 콘텐츠의 우수성을 인정받고 있으며, 30여 곳의 해외 여행 경험을 블로그에서 공유하고 있다. 자유 여행을 꿈꾸며 배짱 두둑한 여행 이야기를 전하는 파워블로거 김수진 씨는 '여행은 삶의 활력이며 음식은 삶의 충족'이라는 블로그의 모토처럼 활기 넘치고 생생한 정보를 제공하고 있다. 그녀의 블로그는 짜임새 있는 정보와 깔끔한 디자인을 더해 마치 책 한 권을 읽는 듯한 재미를 느낄 수 있다. 〈짬짬이 배짱 두둑하게 즐기는 직장인 해외 여행 백서〉를 출간해서 직장인들에게 많은 사랑을 받고 있다.

강의를 통한 수익 창출

한 번도 요리를 전문적으로 배워보지 않고 쿠킹 스튜디오와 케이터링 관련 일을 하고 있는 안희경 씨는 '아침사랑의 부뚜막이야기'라는 블로그를 운영하고 있다. 네이버 생활요리 부문에서 파워블로그로 선정된 그녀의 블로그에는 포스트 스크랩 수가 22만 건에 달한다. 안희경 씨는 블로그를 통해 이제는 어엿한 요리 강사이자 케이터러caterer[2]로 변신했다. 블로그를 통해 인정받은 요리 실력을 바탕으로 강의를 하며 수익을 올리고 있는 것이다. 블로그를 통해 검증된 전문가이기 때문에 수강생의 호응도 높은 편이다.

숙명여대에서 디자인 석사학위를 받은 이지혜 씨는 자신의 디자인 감각과 홈베이킹 실력을 함께 잘 살린 슬픈하품의 홈베이킹 블로그를 운영하고 있다. 이지혜 씨는 오프라인에서도 다양한 활동을 하고 있으며, 〈내 몸에 참 좋은 오가닉 홈베이킹〉, 〈맛을 아는 여우들의 홈베이킹〉, 〈빵·쿠키 완전정복〉 등의 책을 출간하여 수익을 올리고 있다. 슬픈하품 이지혜 씨 외에도 파란달, 콩지, 다소마미 등 최근 홈베이킹 블로그 스타들이 요리 서적을 잇달아 출간하며 인기를 끌고 있다.

자기 분야에서 책을 출판한다는 것은 여러 가지 의미가 있다. 우선 전문가로서의 입지를 확실히 할 수 있다. 1년이면 수도 없이 많은 책이 출판되지만 아직까지도 책을 출판하는 것은 대부분의 사람에게 어려운 일이다. 해당 업종에 수십 년 근무하고, 관련 박사학위를 취득한 사람 중에도 자신의 이름으로 책을 출판한 사람은 많지 않다. 그러므로 책을 출판한 사실 하나만으로도 전문가로서 인정을 받을 수 있는 것이다.

인지도 역시 높아진다. 책이 서점에서 판매되면 많은 사람이 나를 알게 된다. 블로그를 비롯한 온라인 매체가 각광을 받고 있기는 하지만, 인쇄된 형태로 판매되는 책의 힘은 아직 막강하다. 수익도 늘어난다. 전문가로 인정받고 인지도도 높아지니 자연히 돈이 들어오는 것이다. 예를 들어 책을 한 번 내고 나면 시간당 10만 원 받던 강의료는 30만 원으로 올라가고, 의뢰도 더 많이 들어오게 된다.

---

[2] 케이터러: 파티 푸드에 관련된 일을 담당하는 사람으로서 메뉴 구성, 메뉴 스타일링, 행사 진행의 책임 등을 가지고 일을 한다.

광고를 통한 수입

운영하는 블로그에 광고를 노출해도 수익을 낼 수 있다. 미국을 비롯한 영어권에서는 일반화된 방식이며, 광고 수익만으로 생활하는 '전업 블로거'들도 많이 있다. 그러나 우리나라의 경우에는 '한글'이라는 언어적 한계 때문에 영어권과 같은 수익을 기대하기는 어렵다. 한글로 작성된 콘텐츠는 시장 규모가 작아 '규모의 경제'를 발생시키기 어렵기 때문이다.

광고를 통한 블로그 수익 모델은 구글 애드센스가 대표적이다. 구글 애드센스는 자신의 블로그에 광고 태그를 가져다 붙이면 포스트 내용에 적합한 광고를 자동적으로 게재해 주고 방문자가 광고를 클릭하면 수익금을 받게 된다. 현재 가장 많은 블로거들이 애용하고 있는 블로그 수익 모델이며 국내의 경우 '구글 애드센스'로 월 1,000달러 정도의 고정 수익을 올리는 블로거는 약 200명 정도로 추정된다.

구글과 비슷한 방식으로 네이버 역시 '애드포스트'라는 서비스를 제공하고 있다. 이 역시 구글 애드센스와 비슷하게 광고를 블로그에 붙이고 그로 인한 수익을 나누는 것이다.

인터넷서점 알라딘에서 도서, 음반 리뷰 수익 프로그램인 알라딘TTB, 블로그나 홈페이지에 위젯을 달아 수익을 창출하는 애드젯, 자신의 블로그를 올포스트에 송고하여 올포스트에서 발생하는 광고 및 캠페인의 수익을 나눠 갖는 올포스트 칼럼니스트 등이 있다. 이외에도 위드블로그, 프레스블로그, 레뷰, 에이디스트림 POPS,

애드찜, 아이라이크클릭, 링크프라이스, 인터리치 등의 수익 모델이 있다

기타 블로그 수익 모델

제품을 사용한 후 제품 후기를 블로그에 포스팅해서 돈을 버는 방식도 있다. 이 방식은 일반 블로거보다는 파워블로거들에게 기회가 더 많이 주어진다. 그러나 기업으로부터 대가를 받고 작성하는 콘텐츠의 경우 100% 객관성을 유지하기 어렵다는 점에서 도덕적인 문제가 있다고 생각하는 사람도 많다.

유명 블로거의 지나친 상업화로 많은 논란이 되고 있는 '공동 구매'도 블로그 운영자의 수익 모델이다. 문제는 투명성을 통한 신뢰를 얼마나 확보할 수 있느냐는 점이다. 자신의 블로그를 믿고 찾아온 사람들에게 처음부터 기업에서 돈을 받았는지, 기고료를 받았는지, 공동 구매라면 수수료는 얼마나 되는지, 받은 수수료는 어떻게 사용할 것인지, 세금은 적법하게 내고 있는지 등을 명확히 밝혀야 한다. 블로그 방문자에게 정확한 정보를 제공하지 않고 특정 기업의 제품을 계속 호평만 한다면 이는 명백한 광고 행위다. 파워블로거의 상업화는 비단 국내만의 이슈가 아니다. '인터넷 자유를 침해한다'라는 반발도 있지만, 미국은 블로그 상업화 규제에 대해 지침을 마련하고 후원 여부를 밝히지 않으면 1만 달러의 벌금을 부과하겠다는 방침을 발표한 바 있다.

운영하던 블로그를 기반으로 인터넷 쇼핑몰을 운영하는 방법도 있다. 예를 들어 인테리어 소품 관련 카페, 블로그 등을 운영 중인 '레몬테라스'의 황혜경 씨는 '레테 컬러페인트'을 오픈해 직접적인 제품 판매로 수익을 올리고 있다. 황혜경 씨는 카페와 블로그를 통해 고가의 전문 인테리어가 아닌, 저렴한 가격으로 누구나 따라할 수 있는 리폼과 DIY Do it yourself 제품으로 유명해졌으며, 이를 바탕으로 직접적인 제품 판매에 나선 것이다. 블로그나 카페는 상업성을 나타내지 않으면서 정보를 제공하는 형태를 취하고, 고객이 필요할 경우 인터넷 쇼핑몰에서 구매할 수 있도록 하는 것이다. 이는 블로그 방문자가 수익으로 바로 이어진다는 장점이 있지만, 때로는 상

업적으로 변질되었다고 느낀 고객이 아예 블로그를 영영 떠나기도 하는 이유가 되기도 한다.

모바일에서 기회를 찾는 1인 기업

대학과 대학원에서 소프트웨어를 전공하고 중소 규모의 게임 업체에 취업한 송인철 씨. 좁은 취업 관문을 뚫고 들어간 회사였건만, 그는 소프트웨어 개발자에 대한 낮은 처우와 꿈이 없는 상황에 낙담해 회사를 그만두었다. 이후 IT 업종에 대한 회의감으로 보험, 자동차 영업과 중국 보따리 장사 등 다양한 경험을 했다. 그리고 몇 년 후, 아이폰이 나왔다. IT 업종에는 다시는 발을 들이지 않겠다고 다짐했지만, 그는 이번이 마지막이라는 각오로 스마트폰에서 즐길 수 있는 게임을 만들기 시작했다.

송인철 씨처럼 한때 더럽고, 어렵고, 위험하고, 꿈이 없는 4D 업종으로 분류되었던 소프트웨어 종사자들이 스마트 기기 열풍으로 소규모로 사업을 시작하는 경우가 많아졌다. 국내 스마트폰 사용자 수가 3,000만 명을 넘어서면서 모바일 앱 시장이 빠르게 성장하고 있고, 이에 따라 모바일은 다른 어느 업종보다 소규모 인력으로 창업할 수 있는 최적의 사업 분야가 되었다. 아이디어와 기술력이 있으면 혼자서도 충분히 어엿한 기업으로서 역할을 할 수 있게 된 것이다.

프로그래머에게 애플 앱스토어, 구글 안드로이드 마켓은 매력적이다. 기존에 갑과 을의 관계에서 수직적으로 해야 했던 작업들을 이제는 평등한 위치에서 수평적으로 할 수 있기 때문이다. 애플의 경우 수익의 70%를 개발자에게 준다. 갑의 눈치를 보지 않고 개발할 수 있는 소프트웨어형 1인 기업은 앱스토어 등을 통해 자유롭게 수익을 낼 수 있는 시대가 된 것이다. 여기에 마이크로소프트, 아마존, 삼성, 네이버 등이 가세해 소프트웨어형 1인 기업의 활동 무대는 더욱 넓어질 것으로 보인다.

모바일용 애플리케이션으로 성공을 꿈꾸는 1인 기업이 증가하고 있지만 언론과 정부에서 말하는 것처럼 대박을 기대하기는 어려운 것도 사실이다. 실제 애플 앱스토어를 기준으로 전 세계적으로 10만여 개에 가까운 개발사가 있고, 이들은 앱 100만 개 이상을 등록해 활동하고 있다. 한국의 경우 시장 규모가 1%도 안 되니, 우리나라 사람만을 겨냥한다면 시장 규모가 매우 작을 것이다. 그렇다면 소프트웨어형 1인 기업은 어떻게 살아남을 수 있을까? 아니, 대체 어떻게 돈을 벌 수 있을까?

첫 번째는 모바일 애플리케이션을 판매하는 것이다. 소프트웨어형 1인 기업이 모바일 애플리케이션을 제작해 앱스토어에 업로드하고, 그것이 판매되면 플랫폼 제공 사업자와 수익을 나누게 된다. 하지만 실제로 돈을 내고 앱을 구매하는 사람들은 많지 않다. 그래서 최근에는 부분 유료화 모델로 불리는 '프리미엄freemium' 방식이 인기를 끌고 있다. 프리미엄은 '무료free'와 '고급premium'의 합성어로 기본 서비스는 공짜로 제공하고 부가 서비스는 유료로 제공한다. 쏟아지는 애플리케이션 판매 경쟁에서 대중을 쉽게 유인할 수 있는 방법이다.

프리미엄 모델 성공은 차별화에 달려 있다. 무료 버전과 달리 돈을 추가로 낼 경우 그만큼 쓸 만한 가치를 제공해야 한다는 것이다. 애플리케이션을 공짜로 뿌려 이용자를 확보하고, 맛보기로 즐길 수 있는 부가 서비스에 대해 만족감이 높을 때 유료 고객이 늘어난다.

모바일 애플리케이션 판매는 거대 제작사부터 개인에 이르기까지 똑같은 룰에 따라 시장에 진입할 수 있다는 장점은 있지만, 앱스토어는 사실 수십만 개가 넘는 앱이 존재하는 무한경쟁 시장이다. 게다가 아이디어가 보호되지 못한다는 것도 애플리케이션 판매 모델의 한계다. '서울버스'

로 유명해진 유주환 군이 '초성 검색' 애플리케이션을 유료로 판매했으나, 뒤이어 '초성 검색'을 모방해서 만든 애플리케이션이 무료로 배포되면서 수익이 떨어진 것이 대표적인 사례다. 기존에 있던 앱보다 더 좋은 기능을 넣어 무료로 배포한다면 소비자들은 고민 없이 무료 앱을 선택할 것이다.

애플의 앱스토어, 구글 안드로이드 마켓 등은 개인 개발자가 꿈을 펼칠 수 있는 새로운 분야다. 하지만 신중한 준비와 연구가 없으면 그 결과는 누구도 장담할 수 없다. 소프트웨어를 판매하는 길이 쉬워진 만큼, 오랜 준비를 통해 질적으로 완성도를 높여야 살아남을 가능성이 높다.

두 번째는 기업이나 공공기관의 애플리케이션을 제작 대행해주는 것이다. 모바일 앱이 기존 기업들이나 공공기관의 마케팅 수단으로 각광받으면서 생겨난 시장이다.

애플리케이션 개발 대행은 규모에 따라 가격이 달라진다. 애플리케이션 제작 경험이 많지 않은 1인 기업에는 먼 훗날의 이야기일 수 있다. 애플리케이션 제작 대행을 의뢰하는 기업 및 공공기관에 고품질의 서비스를 제공하지 못한다면 사업에 큰 위협이 될 것이기 때문이다.

세 번째로 정부기관과 대기업 등에서 실시하는 개발자 대회에 참석하는 것이다. 모바일 애플리케이션 개발자 대회에 입상하게 되면 그에 따른 수익도 발생하게 되고, 해당 앱을 앱스토어 등을 통해 판매도 할 수 있다. 개발자 대회 입상이 계기가 되어 기업 및 공공기관의 애플리케이션 제작을 의뢰받을 수도 있다.

네 번째는 모바일 광고 방식이다. KT경제경영연구소에 따르면 국내 모바일 광고 시장 규모는 2015년에 1조 원에 달한다. 이에 따라, 초기 시장 선점을 위해 벤처기업부터 대형 포털업체와 이동통신사, 그리고 글로벌 기업까지 이 '손 안의 시장'에 진입하고 있다.

세계 최대 모바일 광고 플랫폼인 '애드몹'에 이어 인모비, 탭조이, 메디바 등 글로벌 모바일 광고 기업들이 국내에 진출하고 있는 가운데 SK텔레콤, KT, LG유플러스 등 통신사들도 모바일 광고 플랫폼을 제공하고 있다. 기존 웹서비스 사업자 중에는 다음커뮤니케이션이 모바일 광고 플랫폼 '아담'을, NHN은 자회사인 NHN비즈니스플랫폼(NBP)을 통해 모바일 광고를 전개하고 있다. NBP나 아담이나 모바일 애플리케이션(앱)과 모바일 웹에 다양한 형태로 광고를 보여주고 수수료를 받는다.

모바일 광고 시장 경쟁이 치열해지면서 초기 시장 과열을 우려하는 목소리도 커지고 있다. 하지만 아직도 애플리케이션을 제작하는 1인 기업에게는 매력적인 방식이다.

현실성은 떨어지지만 인터넷 사업자에게 인수되는 방안도 생각해 볼 수 있다. 모바일 광고업체 애드몹은 2009년 11월에 7억 5,000만 달러에 인수되었으며, 한국판 트위터라고 불리는 미투데이는 2008년 12월에 NHN이 22억 4천만 원을 주고 인수했다. 벅스, 소리바다와 같이 기존 유료 서비스를 모바일에서 이용할 수 있도록 확장하는 사업 모델도 있다. 유료 서비스 모델은 음악, 내비게이션, 스토리지 서비스 등에서 많이 나타나고 있다.

모바일 애플리케이션 대박 사례라고 보도되는 것들은 현실의 한쪽만 다룬 것이 많다. 1인 기업으로 4천만 원, 6천만 원 등의 매출을 올렸다는 기사는 그 사람이 애플리케이션을 만들기 위해 준비했던 기간과 그 이후의 매출에 대해서는 다루지 않는다. 누군가 하나의 애플리케이션으로 성공하면 금세 다른 누군가가 기존 것보다 더 좋은 기능을 포함한 애플리케이션을 무료로 배포하게 마련이다. 즉, 4천만 원, 6천만 원을 벌었다는 것은 월수입이 아닌 연간 수입에 가깝다.

인터넷 쇼핑몰로 수익을 창출하는 사람들

리스크를 최소화하면서 자신의 경험과 네트워크를 극대화할 수 있는 부가가치가 높은 아이템은 자문, 컨설팅, 코칭, 강의 등을 1차적으로 꼽을 수 있으며, 인터넷을 활용한 제품 판매 등을 생각해 볼 수 있다. 젊은 층은 밤새워 일할 수 있는 에너지가 있고, 시니어는 유통망을 확보할 수 있는 네트워크와 소비자를 이해할 수 있는 경험을 가지고 있다. 이런 측면에서 바라본다면 인터넷 쇼핑몰은 젊은 층과 시니어 모두에게 매력적인 사업 방식이다.

그러나 인터넷에서 제품을 팔고 홍보를 한다는 것은 식당에서 접시를 닦는 것처럼 단순한 것이 아니다. 자신이 판매하는 상품이나 서비스에 대한 지식과 그것을 통해 고객의 생활을 향상시킬 수 있는 노하우가 필요하다. 이를 위해 필요한 도구가 상품에 대한 지식이다. 제품의 개발 과정, 작동법과 원리, 소비자가 느끼는 효용 등 상품과 관련된 사항을 꿰뚫고 있어야 한다. 경쟁 상품에 대한 정보도 알고 있어야 한다. 경쟁 상품의 강점과 약점을 분석해서 소비자들로 하여금 우리의 상품이 최고로 인식될 수 있도록 해야 한다.

인터넷 쇼핑몰은 근본적으로 유통업에 해당한다. 유통 장소가 오프라인에서 인터넷과 모바일이라는 물리적인 공간으로 바뀐 것일 뿐이다. 쇼핑몰을 화려하게 구축하고, 그래픽 프로그램을 능숙하게 할 수 있고, 블로그 등의 소셜 미디어를 운영할 수 있다 해도 인터넷 쇼핑몰에서 성공할 수 있는 것은 아니다. 반대로 좋은 품질과 저렴한 가격을 확보했다 해도 성공할 수 있는 것도 아니다. 인터넷 쇼핑몰은 인터넷 사업과 유통 사업의 성공 요소를 가졌을 때 소비자들에게 선택받을 수 있는 것이다.

인터넷 사업의 성공 요소는 효과적인 신규 고객 유입, 성공적인 구매 전환, 재구매 등으로 분류될 수 있다. 그러나 대부분의 예비 창업자는 인터넷 쇼핑몰만 오픈하면 물건은 판매될 것이라는 생각을 가지고 있다. 이는 오프라인 사업 마인드로서 저렴한 가격, 좋은 품질 등을 갖추면 소비자가 찾아줄 것이라 믿는 막연한 기대 심리일 뿐이다. 최고의 품질을 가지고도 시장에서 선택되지 못해 실패한 사례는 부지기수다. 또한 모든 소비자가 저렴한 가격만을 원했다면 명품은 등장하지 않았을 것이다.

인터넷 쇼핑몰이 성공하기 위해서는 쇼핑몰 오픈, 초기 판매 활동, 안정화 단계에 따라 다양한 활동이 전개되어야 한다. 쇼핑몰을 오픈했을 때는 아이템 최적화와 집객 최적화 전략을 통해 고객을 쇼핑몰에 유입시켜야 하며, 초기 판매 활동에서는 쇼핑몰 기획, 판촉 전략 등을 통해 구매를 유도해야 한다. 안정화 단계에서는 쇼핑몰 운영 전략, 고객 관리 전략을 통해 재구매를 유도해야 한다.

취미 생활을 창업으로 연결시킨 우리풍란정

직업군인이었던 '우리풍란정(www.wooriran.co.kr)' 김옥성 대표는 취미 생활을 창업으로 연결시킨 사례다. 소령 진급 후 근무평정 관리가 제대로 되지 않아 일찌감치 중령 진급을 포기한 김옥성 대표는 전역을 결심하고 전역 후 할 수 있는 일을 고민하게 된다. 취업과 창업 사이에서 고심을 거듭하다 취업은 10년이면 또다시 같은 고민에 빠져들 것이라 생각하고 평생 직업으로 삼을 수 있는 창업이 좋겠다는 판단을 하게 된다.

이후 창업 아이템으로 어떤 것이 좋을까 고심하다 우연히 선물로 받은 석부작(난과 식물)이 눈에 들어오게 된다. 뿌리가 돌에 붙어 자라는 착생 식물인 석부작은 흙에 뿌리를 내리며 살아가는 다른 식물들과 달리 생명력이 강한 특징이 있다. 석부작을 바라보다가 우연히 '바로 이거다' 싶은 마음이 들은 김대표는 그동안 취미로 배워 오던 난초 공부를 전문가 수준으로 끌어올리겠다고 마음먹고 전문가들의 모임인 '석부작동호회'에 가입해서 전문 기술을 익히는 한편 틈틈이 전문 농장을 찾아 시장 돌아가는 상황도 체크하고, 창업에 필요한 자금 준비 및 경영에 필요한 다양한 지식을 꾸준히 습득하게 된다. 석부작으로 창업을 준비하던 중 풍란風蘭이 부가가치가 더 높은 것을 알게 되고 이후 풍란을 최종 사업 아이템으로 결정하게 된다. 그러나 풍란은 초기 투자 비용이 많이 소요되어 자금이 충분하지 못한 문제가 있었다. 이에 비용 절감을 위해 풍란 재배 농장을 방문하여 향후 풍란 전문점을 운영할 계획임을 밝히고 재배 기술을 익힐 수 있도록 종자목 1점씩을 도매가에 구입해 기르기 시작한다. 전역을 앞두고는 보훈처에서 실시한 직업보도반 교육을 받는가 하면 창업 관련 서적을 탐독하면서 구체적인 사업 계획을 수립한다. 이와 함께 소상공인진흥원에서 실시한 '인터넷 쇼핑몰 성공 창업 패키지 교육' 과정을 이수하여 직접 인터넷 쇼핑몰도 구축하게 된다.

김대표가 인터넷 쇼핑몰을 선택한 이유는 전국을 대상으로 영업을 전개할 수 있었기 때문이다. 풍란의 경우 소수 매니아 계층의 취미 생활로 특정 지역을 대상으로 영업을 하기에는 한계가 있었다. 그러나 컴맹에 가까웠던 김대표는 인터넷 쇼핑몰 구축 및 운영에 대한 아무런 지식도 없었다. 다행히 소상공인진흥원에서 진행한 인터넷 쇼핑몰 교육을 통해 기초지식 및 운영 노하우를 습득할 수 있게 되었고, 이제는 혼자서도 인터넷 쇼핑몰을 능숙하게 운영하는 전문가가 되었다. 김대표는 1주일에 최소 3개 이상의 신상품을 사진 촬영에서부터 제품 업로드, 제품 홍보까지 혼자서 모든 일을 처리한다.

김대표와 같이 인터넷 쇼핑몰을 오픈해 장사를 잘하는 사람들은 HTML, 포토샵, 사진 촬영 등을 잘하는 사람들이 아니다. 오히려 그런 지식보다는 소비자가 원하는 것을 끊임없이 연구하여 제공한 사람들이 성공을 거둔다. 물론 소비자 만족도를 높이기 위해 HTML, 포토샵, 사진 촬영 등의 전문 기술이 필요할 수는 있지만 이러한 것들이 인터넷 쇼핑몰 성공의 핵심 요인은 아니다. 그러나 대부분의 예비 창업자들은 기능적인 것들에 대해서는 궁금해 하면서도 정작 중요한 소비자의 마음을 이해하는 면은 소홀히 생각한다.

단지 그림을 좋아서 시작한 것뿐

공감갤러리 남대현 대표는 20년 넘게 다니던 보험회사를 퇴직한 후 취미로 수집한 미술 작품으로 제2의 인생을 시작했다. 남대표는 가을 햇살이 좋던 1991년 어느 날, 우연히 대전 중구 대흥동 문화예술의 거리를 지나가다 들른 갤러리에서 미술 작품에 관심을 가지게 된다. 미술을 전공한 미술학도도 아니고, 더구나 미술 작품을 수천여 점 살 만큼 경제력도 갖추지 않았던 남대표는 '단지 그림이 좋아서' 미술품을 수집하게 된다.

하지만, 출발은 쉽지 않았다. 몇백만 원을 주고 산 그림이 몇십만 원도 안 되는 일도 있었고, 또 위작偽作으로 밝혀져 속을 썩기도 했다. 그림 공부를 해야겠다는 생각이 든 그는 대전뿐 아니라 서울, 부산, 인천 등 미술관과 갤러리를 돌면서 안목을 넓히고 식견을 키웠다. 미술 교육 과정을 빠짐없이 수강하는 한편, 미술 관련 전문가를 만나 조언도 듣기도 하고, 미술 전공서를 탐독하기도 했다.

미술 작품을 사기 시작하면서 주위에서는 흔히들 말하는 블루칩 작가, 소장해 두면 돈을 벌 수 있는 작가의 작품을 사라고 적극 권유하지만 남대표는 인기 있는 작가에 연연하기보다는 그림 자체에 가치를 두고, 스스로 좋은 그림을 소장하는 것에 더 큰 의미를 두고 있다.

남대현 대표는 자신의 집 지하 132m²(40여 평) 공간에 '공감갤러리'를 오픈하고, 미술에 관심 있는 사람이 찾아와 작품을 감상할 수 있도록 하는 한편 인터넷 쇼핑몰 '공감갤러리(www.feelarts.co.kr)'도 운영 중에 있다. 미술품의 성격상 직접적인 인터넷 거래가 이뤄지기보다는 소장 제품을 홍보하는 역할이 크다. 인터넷 쇼핑몰을 통해 소장 제품 정보를 입수한 고객이 직접 공감갤러리를 방문하여 미술품에 대한 이야기도 나누고, 필요한 경우 구매도 하게 되는 것이다.

성공하는 1인 기업의 조건

퍼스널 브랜드가 되어야 한다

〈이상한 나라의 앨리스 *Alice in Wonderland*〉에서 앨리스가 토끼에게 "내가 어디로 가면 좋을까?"라고 묻는다. 이에 토끼는 "너는 어디로 가고 싶은데?"라고 되묻는다. 앨리스는 "나는 아무데나 괜찮아"라고 하니, 토끼는 "그럼 네가 가고 싶은 곳 아무데나 가"라고 답변한다. 앨리스는 "아니, 내가 가야 할 길을 알려달란 말이야"라며 화를 낸다. 동화 속에 나오는 간단한 사례지만 생각한대로 살지 않으면 사는 대로 생각할 수 있음을 말해준다.

20대를 만나면 "들어갈 직장이 없다"고 하고, 30대를 만나면 "이 길이 나의 길이 아니다"라고 하고, 40대를 만나면 "직장 다닐 날이 며칠 안 남았다"고 한다. 모두 다 '일'에 대해 이야기하면서 정작 무슨 일을 하고 싶은지에 대해서는 이야기하지 않는다. 자신이 하고 싶은 일을 해야 더 재미있게 할 수 있고, 더 좋은 성과가 나올 수 있음에도 '일'에 대한 본질적인 질문은 하지 않는다. 평생 직장이 사라지고 대규모 고용은 발생하지 않는 상황에서 자신이 좋아하는 일을 하면서 자신만의 브랜드를 가지지 못한다면 이런 상황은 10년 후, 20년 후에도 지속될 것이다. 일 속에서 자신을 브랜딩하는 것은 현대를 살아가는 핵심이 되고 있다.

단순히 어떤 일을 할 수 있는 사람에게는 자신만이 할 수 있는 무언가를 찾아내는 사람과 같은 기회가 주어지지 않는다. 퍼스널 브랜딩personal branding은 마케팅 방법이라기보다 일종의 철학이라고 할 수 있다. 모든 활동, 모든 행동, 모든 결정을 통해 퍼스널 브랜드가 구축된다. 성공적인 퍼스널 브랜딩을 위해 필요한 건 돈이 아니라 지속적인 노력과 집념이다.

개인이든 기업이든 마케팅의 중요성이 점점 더 커지고 있다. 기술 수준의 평준화로 제품 간 차이가 많지 않으며, 아무리 좋은 제품을 만들어도 소비자에게 전달되지 않으면 아무 수용이 없기 때문이다. '나'도 기업의 제품과 같은 일종의 상품이다. 특정 직무를 아무리 잘해도 적극적으로 알리지 않으면 아무도 알아주지 않는다. 자신의 가치는 자신을 얼마나 효과적으로 홍보하느냐에 따라 달려 있다. 직장인이든 1인 기업이든 인정받지 못하면 어디에도 설 자리는 없다. 퍼스널 브랜드는 자신이 만드는 것이다. 실력 없는 사람이 그럴싸하게 포장되는 것은 피해야 하지만, 실력 있는 사람이 자신을 제대로 알리지 못하는 것도 경계해야 한다. 시장에서 통할 수 있는 상품성을 갖추고 자신을 효과적으로 알려야 오래 살아남을 수 있으며 높은 소득도 올릴 수 있다.

퍼스널 브랜드가 갖는 장점

개인이 자신만의 브랜드를 가지게 되면 제품과 서비스에 더 높은 가격을 매길 수 있다. 시간당 300만 원을 받는 유명 강사와 3만 원밖에 못 받는 시간 강사는 지식의 차이에 의한 것이라기보다는 개인의 브랜드 차이로 보는 것이 맞다. TV에 출연하고 신문에 보도되어야 브랜드를 가질 수 있는 것이 아니다. 누구나 블로그 등을 통해 글을 쓸 수 있고, 유튜브 등을 활용해 동영상 콘텐츠를 제공할 수 있다. 대기업이나 공직에서 근무하는 것이 중요한 것이 아니라 나 자신이 브랜드가 되어 어떤 모습으로 근무하느냐가 더 중요한 시대가 되고 있다. 대기업에 다니는 사람들은 자랑스럽게 자신의 명함을 돌리지만 엄밀한 의미에서 그것은 조직의 명함이지 자신만의 명함이 아니다. 조직을 떠나서도 과연 스스로 생존할 수 있느냐가 관건이다.

개인이 브랜드가 되기 위해서는 먼저 자신을 꼼꼼히 살펴봐야 한다. 그동안의 경험과 주변 사람들의 조언을 바탕으로 가장 자신 있고 나를 가장 잘 표현할 수 있는 것이 무엇인지 생각해야 한다. 이를 나의 존재 이유를 밝히는 '콘셉트 정리' 단계라고 한다. 자신의 경쟁적 우위를 찾아서 정의하고 이것을 나의 고객들에게 간단명료하게 정립하여 전파하고 유지 관리하는 것이다. 남들과 다른 경쟁적 우위는 스스로를 혁신가라고 인식했을 때 찾아진다. '육일약국에 갑시다' 김성오 대표와 같이 조그마한 약국을 운영하더라도 장사가 아닌 경영을 한다는 마인드가 필요하다. 10년 후에도 여전히 '약국'으로 머물러 있을지, 기업의 CEO가 되어 있을지는 스스로에 의해 정해지는 것이다. 퍼스널 브랜드 시대에 어떻게 살아갈 것인지는 간단명료하다. 스스로 혁신적 마인드를 가지면 되는 것이다. 제품이 아니라 사람을 보고 구매하는 시대에서는 그 사람이 얼마나 열정적이고, 관계가 좋은지에 따라 결정되는 것이다.

퍼스널 브랜드를 가지게 되면 경기가 좋지 않을 때도 번창할 수 있다. 경기가 좋을 때는 다양한 사람에게 기회가 가지만, 경기가 좋지 않을 때는 검증된 전문가에게만 기회가 간다. 스스로 하나의 시장에서 전문가로서의 브랜드를 가지고 있다면 어려운 시기에 오히려 호황을 맞을 수 있는 것이다. 브랜드가 시장에서의 가치를 높여주는 것이다. 그러나 어디서나 쉽게 얻을 수 있는 수준의 서비스를 제공했던 사람은 큰 어려움을 겪게 될 것이다.

특정 분야에서 퍼스널 브랜드를 가지게 되면 실력 있는 파트너를 만나기도 쉬워진다. 어떤 일을 할 때 강력한 브랜드를 갖고 있는 사람과 이름조차 알려지지 않은 사람 중 누구와 일하고 싶은지는 묻지 않아도 자명하다. 확실한 성과를 내기 위해 브랜드를 갖고 있는 사람이 또 다른 브랜드를 갖고 있는 사람을 찾게 되고, 시간이 흐르면 큰 네트워크가 구축되어 선순환 구조가 형성되는 것이다. 강력한 브랜드를 보유하고 있다면 비슷해 보이는 상황에서도 스스로를 차별화시킬 수 있다.

서비스와 제품 라인 확장에도 퍼스널 브랜드는 도움이 된다. 인터넷 마케팅 전문 회사 노노스를 운영하고 있는 송현숙 대표는 자신의 콘텐츠를 소셜 미디어로 확장하고, 모바일 마케팅으로 확장하여 업계에서 최고의 자리를 계속 유지하고 있다. 시대 흐름과 소비자 니즈Needs에 맞춰 제품 라인을 확장하고 있는 것이다. 퍼스널 브랜드는 전혀 다른 분야로 확장하는 데도 도움이 된다. 브랜드 마케팅 전문가인 이장우 박사는 자산의 콘텐츠와는 다른 커피 분야로 제품 라인을 확장했다. 커피스트coffeeist라는 신조어를 만들고 커피에 관한 전문적인 정보에 인문학과 사회학을 엮어 스토리를 만들고 있다. 마케터적인 관점과 감성을 리믹스하여 커피를 통해 사람들과의 만남을 이어가고 있는 것이다.

퍼스널 브랜딩에 필요한 것들

퍼스널 브랜드는 강점에 집중할 때 효과가 크다. '평균적인 사람이 될 것인가?, 특정 분야에서 두각을 나타내고 싶은가?'에 대한 것이다. 약점은 과감하게 포기하고 강점을 키우는 것이 효과적이다. 경영 컨설턴트인 피터 드러커는 '조직을 강점 위에 구축하라build on your strength'는 말을 남겼다. 약점은 경우에 따라서는 못 본 척해야 한다. 대개 사람들은 타인의 부정적인 면이나 약점을 보는 경향이 있다. 그러나 탁월한 지도자는 사람들의 강점에 더 주목하려는 경향이 있다. 다른 사람의 약점만 보려고 하는 사람은 갈등과 분열을 일으키고 역동성을 상실하게 된다.

적극적 지지자와 관계를 강화하는 것도 퍼스널 브랜딩에서 필요하다. 소셜 미디어를 활용하면 지지자들과 관계를 강화할 수 있다. 제품이나 서비스를 이용해 본 사람이 자신의 계정에서 긍정적 사용 경험을 공유하거나 확산시켜 준다면 손쉽게 또 다른 사람을 만날 수 있게 된다.

1,000명 중 한 명의 개그맨에서 세상에서 한 명밖에 없는 '소통 테이너'로 재탄생한 오종철 씨처럼 자신을 설명할 수 있는 슬로건은 여러 말보다 설득력이 강하다. '출판 기획자'라는 표현보다 '더 좋은 책을 만들기 위해 노력하는 홍길동'처럼 이해하

기 쉽고, 표현은 단순하며, 단정적인 자신만의 슬로건은 퍼스널 브랜드 확산에 큰 도움이 된다.

　개인을 퍼스널 브랜딩할 수 있는 도구로 블로그를 빼놓을 수 없다. 누구라도 블로그를 통해 자신만의 콘텐츠를 만들어 갈 수 있고 전문가 될 수 있다. 다만 자신의 관심사를 모아 놓은 스크랩 공간이 아닌 전문성을 중심으로 검색될 수 있도록 하는 것이 중요하다. 인터넷을 통해 정보를 찾기가 용이해지면서 시장은 갈수록 세분화되고 있다. 자신의 전문성을 최대화 시킬 수 있는 틈새시장을 선택하여 이것을 중심으로 운영한다면 퍼스널 브랜드 구축에 큰 도움이 될 것이다.

　블로그를 꾸준이 운영했다면 자신의 분야에서 도서를 출판하는 것도 퍼스널 브랜드에 도움이 된다. 도서 출판 작업을 통해 흩어진 지식을 통합할 수 있고, 콘텐츠를 정리할 수 있는 계기가 되기도 한다. 출판 작업을 해보면 자신이 알고 있는 지식의 실체를 객관적으로 바라볼 수 있게 된다. 출판 업계의 불황으로 종이책 출판이 어렵다면 전자책으로 시작해 보는 방안도 있다.

　하드웨어에서 콘텐츠 중심의 소프트웨어 시대로 바뀌면서 우리는 언제 어디서나 인터넷과 네트워킹이 가능한 시대를 살고 있다. 소셜 미디어의 등장은 '내가 이런 분야에 관심이 있고, 이런 실적이 있다'라는 것을 알리는 데 효과적이다. 소셜 미디어를 통해 전 세계가 하나로 연결되면서 실력을 갖춘 개인들에게 엄청난 기회가 다가오고 있는 것이다. 소셜 미디어를 통해 판매자의 일방적인 판촉 활동이 판매 과정에서 설득력을 잃어가고 있는 반면, 브랜드에 대한 선호도가 다른 사람의 영향을 받고 온라인상에서 얻는 정보에 의해 의사 결정이 바뀌는 일이 빈번해지고 있다. 블로그에서 자신의 전문 콘텐츠를 생산하고, 해당 콘텐츠가 소셜 미디어에서 확산되면 누구나 전문가가 될 수 있고 퍼스널 브랜드를 구축할 수 있다.

퍼스널 브랜드로 수익을 창출하는 사람들

직접 재배한 콩으로 메주를 쑤어 무공해 청정 원료와 전통적인 제조 방법으로 된장을 만들어 판매하는 곳이 있다. 여기까지만 들으면 시골에서 어머니가 직접 담근 된장과 큰 차이가 없다. 그러나 '메주와 첼리스트'로 유명한 '도완녀' 씨는 된장에 '첼로'라는 이야기를 담았다.

서울음대와 독일 뤼벡음대를 졸업한 도완녀 씨는 남편을 따라 강원도 정선 산골짜기에 살게 되면서 콩을 키우고 메주를 쑤게 되었다. 이때 채소나 과일을 키울 때 음악을 틀어주면 식물 성장에 도움이 된다는 것을 알고, 매일같이 첼로를 연주하며 음악을 들려주었다.

첼로 음악을 들려준 된장과 시골에서 평범하게 담근 된장에 무슨 차이가 있을까? 아마도 맛의 차이는 크지 않을 것이다. 그럼에도 '메주와 첼리스트' 된장은 비슷한 형태로 제조된 된장에 비해 2배 이상의 가격에 판매되고 있으며, 유명 백화점에서는 일반 제품 대비 7배 이상의 가격에 판매되기도 한다. 왜 그럴까?

좋은 제품을 만들어서 그에 상응하는 대가를 받는 것은 당연한 것이다. 그러나 우리나라의 경우 과도한 경쟁과 복잡한 유통 단계 등으로 인해 제품이 정상적인 평가를 받기 어렵다. 많은 사업주의 경우 '저가'라는 가격의 함정에 빠지지 않을 수 없는 것이다.

똑같은 제품이지만 2배 이상의 가격 차이가 나는 이유를 1인 기업 입장에서 생각해 보자. 1인 기업을 하는 사람 중에는 시간당 300만 원을 받고 강의하는 사람이 있는 반면, 시간당 5만 원을 받는 사람도 있다. 평범한 일러스트 작가는 매일매일 생활고에 시달리는 반면, '애나케이', '제니의 초상'으로 유명한 박수란 씨는 싸이월드 배경 스킨으로 1년에 2억이 넘게 수익을 얻고 있다. 전국 많은 수목원이 방문객 감소에 고민하는 반면, '숲해설가'라는 이야기를 담은 광릉수목원은 방문객이 적어 고민하는 일이 없다.

자신을 브랜딩한 사람들

지식을 기반으로 하는 1인 기업의 주요 사업은 강의, 컨설팅, 저술, 디자인, 프로그래밍 등 대부분 비슷한 형태다. 이들은 각자 가지고 있는 전문적인 지식을 바탕으로 고객의 문제를 창조적으로 해결한다.

바쁜 현대인들을 위해 도서를 요약해주는 북코스모스 닷컴을 운영한 후 '스마트워킹'으로 유명해진 홍스랩 홍순성 대표는 대표적인 1인 기업이다. 별도로 사무실을 갖추지 않고 인근에 있는 카페에서 사람들을 만나고 책을 집필한다. 강의와 컨설팅은 고객이 있는 곳으로 가야 하기 때문에 물리적인 사무실을 갖출 이유는 없다. 홍순성 대표는 꾸준한 콘텐츠 개발과 도서 집필로 높은 브랜드 충성도를 세웠다. 홍순성 대표처럼 높은 브랜드 충성도를 가지고 있으면 경쟁자의 공격에 방어할 수 있으며, 시장을 선점할 수 있는 무기가 된다.

북세미나닷컴을 운영한 이동우 대표는 별도의 사무실 없이 노트북 하나로 1인 기업을 시작했다. 회사 생활 당시 새로운 책 홍보 방식으로 신간 세미나 개최를 건의했지만, 회사 내 복잡한 결정 과정 때문에 사표를 제출하고 자신이 생각하는 사이트를 개설했다. 이렇게 개설된 북세미나닷컴은 회비, 책 홍보 비용, 책 디자인 컨설팅 등을 통해 수익을 내고 있으며, 혼자서 시작한 사업이 이제는 여러 명의 직원을 둔 회사로 성장했다.

국내에서 처음으로 캐릭터 마케팅 동화책을 펴낸 지니비니의 이진경 대표는 전문 프리랜서 디자이너로 오랫동안 활동을 했다. 프리랜서의 길은 편안했으나 현실에 안주할 것인가, 아니면 도전할 것인가. 기로에서 이진경 대표는 1인 기업으로 도전을 시도했다. MBC 뽀뽀뽀의 '개똥이' 캐릭터, 경기도 이천시의 '화담이 토담이' 캐릭터, 초보운전 교과서 〈날아라 병아리〉 북디자인 등의 경험을 살려 '지니비니'라는 캐릭터를 만들었고 이렇게 내놓은 〈밥 한 그릇 뚝딱〉 동화책은 문화 콘텐츠 아카데미

우수상, 문화체육부 장관 표창을 수상했다. 이후에도 〈치카치카 군단과 충치 왕국〉 등이 소비자의 좋은 호응을 얻었으며, 지니비니를 이용한 게임 애플리케이션 개발, 공연이나 테마파크 등 캐릭터 분야 쪽으로 사업을 확장하고 있다.

화장품 회사에 근무한 경험을 바탕으로 창업한 윤수만화장품경영코칭연구소 윤수만 대표. 윤 대표는 직장을 그만두고, 자신이 화장품 자료를 공유하기 위해 운영하던 카페를 교육과 컨설팅으로 사업화했다. 이렇게 교육 등을 통해 판매하는 지식은 나누어도 소진되지 않는 장점이 있으며, 제품을 구입하는 비용 등이 없어 수익률 또한 높다.

조선일보 영화 담당 기자로 출발해 박학다식한 영화평론을 하고 있는 이동진닷컴의 이동진 대표는 14년 기자 생활을 접고 자신의 이름으로 살고 있다. 이동진 대표는 조선일보 기자 시절 영화에 대한 정보를 단순한 보도 자료 수준을 넘어 미학, 철학 등의 다양한 학문적 지식을 소개함으로써 많은 팬을 확보했다. 이후 2007년에 자신의 이름을 딴 '이동진닷컴'을 창업하여 영화평론가의 길을 걷고 있다. 지금도 영화를 사랑하는 많은 사람이 그가 운영하는 '언제나 영화처럼' 블로그에서 보고 싶은 영화를 선택하고 있다. 이동진 대표는 지식 콘텐츠가 하나의 사업이 될 수 있음을 보여주는 사례다.

1인 기업이 브랜드가 필요한 이유

1인 기업과 브랜드는 밀접한 관계가 있다. 스스로를 브랜드화하지 못한다면 평생 5만 원짜리 강사에 머물고 말 것이다. 개인을 브랜드화한다는 것은 결국 선택과 포기, 그리고 집중의 문제다. 1인 기업이 잘할 수 있는 한 영역을 선택하고 여기에 집중할 때 브랜드가 형성된다. 선택과 집

중은 포기 없이는 이뤄질 수 없다.

선택한다는 것은 여러 개의 시장 중에서 내가 잘할 수 있는 하나의 시장을 선정하는 것이다. '그 사람' 하면 특정 이미지가 떠오를 수 있도록 해야 한다. 여러 개의 업무를 얕은 수준으로 하기보다는 하나의 업무를 깊이 있게 처리하는 것이 장기적으로 시장에서 생존할 수 있는 방법이다.

개인 브랜딩을 하게 되면 특정 시장 안에서 경쟁자보다 유리한 위치를 차지할 수 있고, 자신의 정체성도 명확해진다. 처음부터 모든 시장을 공략하기보다는 자신 있는 하나의 분야에 집중해서 꾸준히 시장을 공략하는 것, 이것이 개인 브랜딩의 출발점이다.

자신만의 콘텐츠가 있어야 한다

문화적 차이로 인해 적극적 설득과 아이디어를 교환하는 서양과 달리 동양 사람들은 갈등을 회피하도록 학습되어 왔다. 그래서 톡톡 튀거나 자신의 의견이 강한 사람보다는 '무난한 사람'이 사회에서 선호되었다. 이는 직업 선택으로도 이어져 '자신이 좋아하는 일'보다는 '안정적인 일'을 선택하도록 하고 있다. 그러나 최근 몇 년 사이 수면 아래에서 잠재되어 있던 욕구가 분출하여 B급으로 분류되던 마이너가 주류로 부상하고 있다.

유튜브 최고 조회 수를 기록한 싸이의 '강남스타일', 베니스국제영화제에서 황금사자상을 받은 김기덕 감독의 〈피에타〉 등은 비주류로 치부되었던 B급 콘텐츠가 주류로 떠오른 대표적인 사례다. 얼굴과 몸매가 멋지지 않은 가수도, 철저하게 뒤틀리고 꼬인 인간성을 직설적으로 드러내서 불편한 영화도 스토리와 콘텐츠가 좋으면 사람들의 선택을 받을 수 있게 된 것이다. 소비자가 선택할 수 있는 미디어 채널이 많지 않았던 몇 년 전까지는 상상하기도 힘든 일이었다.

싸이와 김기덕 감독의 사례는 비단 둘만의 이야기가 아니다. 이제는 누구나 자신만의 스토리와 콘텐츠로 세상에 나설 수 있다. B급으로 취급되었던 비주류는 열등한 것이 아니라 주류와 다를 뿐이다. 시간과 지면의 한계가 있는 대중매체는 주류의 이야기를 다룰 수밖에 없었지만, 시간과 지면의 한계가 없는 인터넷과 SNS에서는 얼마든지 비주류의 이야기를 다룰 수 있다. 영원한 승자는 없듯이 영원한 주류도 없다.

TV를 비롯한 대중매체는 잘 포장된 메이저 기획사의 가수들과 대기업에서 많이 투자한 콘텐츠를 소개하느라 바쁘다. 물론 체계적인 시스템에 의해 잘 다듬어진 콘텐츠는 보기도 좋고 먹기도 좋다. 하지만 획일화된 콘텐츠가 아닌, 자신만의 콘텐츠를 찾고자 하는 사람들에게는 뭔가 허전한 느낌을 지울 수 없다. 이런 가운데 소박하면서도 다소 투박한, 그렇지만 강한 울림이 있는 마이너 문화가 인터넷과 SNS를 등에 업고 돌풍을 일으키고 있는 것이다.

일례로 2인조 밴드 페퍼톤스의 공연이 영하의 추위에도 불구하고 음악을 들으려는 매니아 관객들로 1,100석의 객석이 꽉 들어찼다. 홍대 인디밴드에서 출발해 밝고 긍정적인 음악으로 매니아층을 형성한 이들은 자신만의 단독 공연, 전국 클럽 투어 매진에 이어 연말 콘서트까지 매진시켰다. TV에 자주 나오는 주류 가수는 아니지만 음악과 연주에 열광하는 객석의 열기는 그 어느 공연장보다 뜨거웠다.

tvN의 '응답하라 1994', '꽃보다 누나' 등 방송계에서도 기존의 지상파 방송이 아닌 케이블 방송 프로그램들이 매니아층을 중심을 큰 사랑을 받으며 마이너 문화가 유행했으며, 예능 프로그램에서도 정치 풍자와 성인 개그를 유행시킨 'SNL 코리아', '코미디 빅리그' 등이 선전하며 기존의 예능 프로그램의 지형도를 뒤흔들었다.

콘텐츠가 미래다

세스 고딘Seth Godin은 그의 저서 〈이상한 놈들이 온다〉에서 대중이라는 군집이 점점 없어지고 각자의 개성을 추구하는 시대로 접어들었다고 했다. 인터넷의 발달로 개인이 문화에 미치는 영향력이 증가되고 있으며 이에 따른 무한대의 정보 생성은 대중매체의 몰락으로 이어지고 있는 것이다. 여기에 사람들 간의 커뮤니케이션을 촉진하는 페이스북, 카카오톡 등의 소셜 미디어가 일반화되면서 비주류가 주류와 다르다는 이유로 소외받는 일이 적어지고 있다.

사람들은 이제 듣고 싶지 않는 정보는 과감히 무시하고, 자신이 관심 있는 정보만 취사선택해서 듣는다. 정보를 얻고 듣는 방법도 대중매체가 아닌 인터넷과 SNS를 통해서다. 만화가가 되려면 네이버 웹툰이나 카카오페이지 등을 활용하면 되고, 라디오에 출연하고 싶으면 자신만의 팟캐스트를 만들면 된다. 촬영이나 그래픽 장비는 손쉬워졌고, 유튜브처럼 동영상 등을 올릴 수 있는 공간도 넓어졌다. 개인들이 생각하고 찍어낸 것들을 쉽게 공유할 수 있는 세상이 된 것이다.

자신만의 끼와 콘텐츠가 있는 사람이라면 이제 누구나 퍼스널 브랜드를 구축할 수 있다. '1인 기업'은 거대한 기업을 영위하는 것이 아니라, 자신이 좋아하는 일을 하면서 수익을 창출하는 일이다. 미디어 매체와 문화

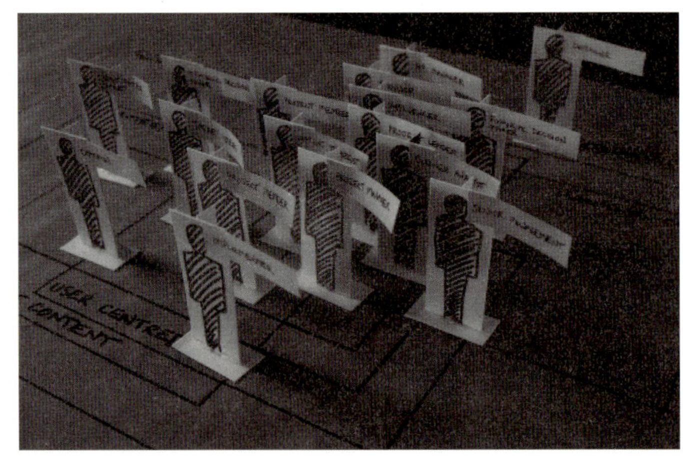

적 환경의 변화가 그것을 가능하게 만들고 있다.

대니얼 핑크Daniel H. Pink나 랄프 얀센Rolf Jensen과 같은 미래학자들은 정서적인 공

감을 끌어낼 수 있는 우뇌형 인간이 앞으로는 주인공이 될 것이라고 예측했다. 이야기와 상상력이 중요한 기반이 되는 콘텐츠 주도 시대가 된다는 것이다. 콘텐츠는 사람에게 재미와 감동을 준다. 사람은 안정적인 생존 단계가 지나면 재미와 감동을 추구하게 된다. 콘텐츠가 미래의 핵심이 될 것이라는 이유는 여기에 있다. 농업, 제조업, 금융업, 정보통신업 모두에서 콘텐츠가 없으면 새로운 시장을 확보할 수 없다. 애플의 아이폰이 하루 아침에 모바일 시장을 석권할 수 있었던 것은 '앱'이라는 콘텐츠의 힘이었다.

1인 기업이 지속적으로 시장에서 생존하기 위해서는 자신만의 콘텐츠가 있어야 하고, 콘텐츠는 창의적인 관점에서 만들어진다. 코끼리를 냉장고에 넣을 수 있는 방법을 물으면 정답은 '없다'가 맞다. 그러나 다른 관점에서 생각해 보면 냉장고 문을 열고, 코끼리를 넣고, 문을 닫으면 된다. 코끼리가 들어갈 수 있는 냉장고를 만들 수도 있는 것이다. 그렇다면 코끼리가 있는 냉장고에 기린을 넣는 방법은? 냉장고 문을 열고, 코끼리를 빼고, 기린을 넣고, 문을 닫으면 된다. 농담 삼아 하는 이야기지만, 우리 사회는 문제에 대한 정답만을 찾는 것에 익숙해져 있다. 다른 관점에서 사물을 해석할 때 창의적은 콘텐츠가 나올 수 있다.

물리적인 장소에서 자유로워져라!

기업을 대상으로 마케팅 컨설팅과 강의를 전문으로 하는 1인 기업 강사 민현준 대표는 부산 강의를 위해 KTX를 타고 내려가는 중에 전화 한 통을 받았다.

"강사님! 다음 주에 영업팀을 대상으로 마케팅 교육을 진행할까 하는데 강의 내용과 이력서가 필요합니다. 급하게 요청 드려서 죄송한데 이메일로 오전 중 받아볼 수 있을까요?"

얼마 전까지만 해도 이런 전화를 받으면 민현준 대표는 인터넷을 사용할 수 있는 컴퓨터를 찾아서 고객사에 관련 자료를 보내야 했지만 이제는 그런 번거로움이 없어졌다. 민현준 대표는 스마트폰에 있는 드롭박스dropbox[3] 애플리케이션을 실행한 후 자신의 노트북과 동기화[4]되어 있는 폴더에서 강의 교안과 이력서를 바로 고객사에 보냈다.

민현준 대표와 같이 다양한 IT 서비스를 잘 활용하는 것이 1인 기업의 또 다른 경쟁력이다. 무선 인터넷, 스마트폰, 노트북만 있으면 1인 기업은 언제 어디서든 일을 할 수 있고, 사람들과 소통할 수 있다. 과거처럼 굳이 데스크톱 컴퓨터에 정보를 담아놓고 사무실에서 일해야 할 필요가 없다. 지하철에서 스마트폰으로 이메일을 확인할 수도 있고, 티켓을 예매할 수도 있으며, 기차표도 발행할 수 있다.

1인 기업이 IT 서비스를 잘 활용해야 하는 또 다른 이유는 사무실과 같은 특정 장소에 머물러야 할 이유가 없어지면서 일과 사생활의 모호성이 증가하고 있기 때문이다. 미국의 경우 1969년도에는 부부가 평균 56시간 일을 했으나 2000년도에는 70시간으로 증가했다. 지금은 70시간보다 더 많은 시간을 일과 함께 보내고 있을 것이다. 아이러니하게도 IT 기술 등으로 사람들은 더 자유로워진 듯싶지만, 더 많은 시간을 일과 함께 보내고 있는 것이다. 업무를 편리하게 해줄 수 있는 IT 서비스를 잘 활용한다면 일과 삶의 균형점을 조금은 바로 잡을 수 있다.

---

[3] 자신이 주로 사용하는 컴퓨터에서 지정된 폴더의 데이터를 열람, 수정, 편집할 수 있는 클라우드 서비스다. 데이터를 이메일 링크값을 통해 공유를 하거나 에버노트, N드라이브 등으로 저장할 수 있다. 개인이 휴대하던 USB에 대한 분실 걱정이 없으며, 외부에서 근무 중이더라도 스마트폰 등으로 드롭박스에 접속하여 파일을 전달하는 형태의 업무를 할 수 있다.

[4] 동기화는 스마트폰을 사용하게 되면서 자주 활용된다. 예를 들어 아이튠즈를 동기화한다는 것은 아이튠즈에 있는 음악, 동영상, 애플리케이션을 아이폰과 아이패드에 동일하게 맞추는 것을 말한다. 즉, 양쪽의 데이터를 동일하게 만드는 것을 동기화라로 한다.

클라우드 서비스란?

〈소유의 종말〉 저자 제레미 리프킨Jeremy Rifkin은 "앞으로 경제 생활에 대한 우리의 의식을 지배하는 것은 물건에 대한 소유가 아니라 서비스와 경험에 대한 접속이될 것이다. 소유권의 시대는 막을 내리고 접속의 시대가 열릴 것"이라고 말했다. 스마트폰, 태블릿 PC, 노트북 등을 통해 언제 어디서나 인터넷에 접속할 수 있게 되면서 사람들은 데이터를 소유하기보다는 필요할 때마다 필요에 맞게 대여해서 사용할 수 있게 되었다. 네트워크가 시장을 지배하고 있으며 소유는 접속으로 바뀌고 있는 것이다.

사무실 컴퓨터에 저장해 놓은 자료를 스마트폰 등으로도 이용할 수 있는 것은 클라우드 서비스cloud service 때문이다. 클라우드란 자료를 웹에 저장해 놓은 채 노트북, 스마트폰, 태블릿 PC 등으로 언제든지 자료를 열람하고 수정할 수 있는 서비스를 말한다. 예전에는 파일을 공유하기 위해 이메일이나 웹하드 등을 사용했는데, 이제는 메신저로 메시지를 주고받듯이 실시간으로 데이터 확인 및 편집을 할 수 있게 됐다. 1인 기업에게 이런 서비스는 데이터 업데이트와 정보 보안

에 효과적이고, 서버에서 실시간으로 데이터가 관리되므로 작업자들 간 업무 효율이 높아진다. 클라우드 서비스를 활용하면 USB 등의 휴대용 저장장치 없이도 어느 장소, 어느 컴퓨터에서라도 데이터를 이용할 수 있다.

그래서 '클라우드 컴퓨팅 서비스를 이용한다'는 개념은 기존의 방식처럼 하드웨어와 소프트웨어를 구입해서 사용하는 것이 아니라 필요할 때 필요한 만큼 빌려 쓰는

것을 말한다. 기업이나 개인은 큰 투자 비용 없이 컴퓨터 시스템을 이용할 수 있다. 10억 명의 사용자를 확보한 페이스북의 마크 저커버그Mark Elliot Zuckeberg도 친구에게 18,000달러를 빌려 클라우드 컴퓨팅으로 페이스북 인프라를 구축했다. 1인 기업 개발자는 적은 비용으로 자신의 아이템을 사업화할 수 있고, 1인 기업 강사 등은 클라우드 서비스를 통해 이동 중에도 업무를 처리할 수 있는 스마트한 세상이 온 것이다. 애플, 구글, 아마존, 마이크로소프트, KT, 네이버, 다음 등 여러 회사가 클라우드 서비스 사업을 강화하고 있다.

물론 클라우드 서비스에는 장점만 있는 것은 아니다. 언제 어디서든 원하는 서비스를 이용할 수 있지만, 인터넷 접속이 되어야만 한다는 제약이 있다. 모바일 기기로 클라우드 서비스에 접속할 경우 Wi-Fi가 되지 않는 지역에서는 3G망을 사용해야 하기 때문에 동영상과 같은 대용량 데이터를 이용하기에는 한계가 있다. 또한, 애플의 아이클라우드와 같이 특정 기기가 아니면 서비스를 이용하기 어렵다는 문제도 있다.

클라우드 컴퓨팅이 보편화되면서 스마트폰, 태블릿 PC, 스마트 TV 등 다양한 단말기에서 콘텐츠를 끊김 없이 공유할 수 있게 해주는 'N스크린' 서비스가 큰 주목을 받고 있다. N스크린은 다양한 기기의 스크린을 하나처럼 공유해서 쓸 수 있는 것으로, 예를 들어 퇴근길 지하철에서 스마트폰으로 보던 영화를 집에 도착해서는 스마트 TV로, 침대에서는 태블릿 PC로, 사무실에서는 노트북으로 이어서 볼 수 있게 된 것이다.

그럼 1인 기업들은 클라우드 컴퓨팅과 N스크린을 어떻게 활용할 수 있을까? 해답은 바로 콘텐츠다. 아이폰, 아이패드, 노트북 등 소비자가 소유하게 되는 기기가 많아질수록 상대적으로 부족한 것은 콘텐츠가 될 것이다. 과거처럼 지상파나 대형 미디어 업체가 제작한 콘텐츠는 소비자 개개인의 욕구를 충족해주기에 한계가 있다. 세분화된 영역에서 전문성 있는 콘텐츠를 제작하여 인터넷으로 유통한다면 적은 비용만으로도 시장을 만들어 낼 수 있을 것이다.

클라우드 서비스로 날개를 달자!

클라우드 컴퓨팅은 업무 프로세스를 혁신시키고, 이동 근무가 가능하도록 하고, 불필요한 시간과 비용을 절감할 수 있게 한다. 1인 기업이라면 클라우드 컴퓨팅을 직접 사용하고 익혀서 업무에 활용하자.

저장 용도로 사용되는 클라우드 서비스는 드롭박스(etdropbox.com), 네이버N드라이브(ndrive.naver.com), 다음클라우드(cloud.daum.net), 유클라우드(ucloud.com), 구글문서 (docs.google.com), 스카이드라이브(skydrive.live.com) 등이 있다. 이 중 전 세계적으로 가장 많이 사용되는 것은 드롭박스이며, 국내에서는 네이버와 다음 사용자도 많이 있다.

워드, 엑셀, 파워포인트, 등의 문서를 웹상에서 작성, 저장, 공유할 수 있는 클라우드 서비스도 1인 기업에 유용하다. 구글문서(docs.google.com) 사용자가 가장 많은 가운데, 마이크로소프트(skydrive.live.com)도 사업을 강화하고 있으며, 국내 기업으로는 한글과 컴퓨터의 씽크프리(thinkfree.com)와 네이버워드(word.naver.com)가 대표적이다.

자료와 일정, 업무 등을 공유하는 업무 공유 서비스는 구글캘린더(google.com/calendar), 구글그룹스(groups.google.com), 팀오피스(teamoffice.com) 등이 있으며, 인터넷 자료 스크랩, 원격 블로깅, 공동 창작 등이 가능한 메모 서비스는 에버노트(evernote.com), 스프링노트(springnote.com), 구글노트(google.com/notebook) 등을 많이 사용한다. 에버노트는 간단한 메모를 텍스트, 사진, 음성으로 저장할 수 있는 클라우드 방식으로 저장하는 서비스다. 컴퓨터, 스마트폰, 태블릿 PC와 연동되어 편리하다.

클라우드 서버에 저장된 사진을 불러와 작업하거나 저장할 수 있는 사진 저장 및 편집 서비스로는 플리커(flickr.com), 피카사(picasa.google.com), 포토에디터photoeditor(pixlr.com/editor), 윈도우라이브(windows.microsoft.com/ko-KR/windows-live/photo-gallery-get-started) 등이 있다.

퍼스널 브랜딩,
1인 기업이 가야 할 길

지금은 퍼스널 브랜드 시대

가장 중요한 흐름, 퍼스널 브랜딩!

누구나 퍼스널 브랜드를 가지고 있다

느끼지 못하고 살아가지만 사람들은 평상시의 태도, 하는 말, 만나는 사람, 옷차림, 일의 과정과 결과, 표정, 성격 등을 통해 다른 사람을 규정한다. 모든 사람은 이미 각자의 직업과 분야에서 자신만의 퍼스널 브랜드를 가지고 있는 것이다. 퍼스널 브랜드는 시간이 지나면서 이미지, 정체성, 주변 사람들의 평판 등과 결합되어 당신에 대한 분명한 인식으로 굳어진다. "김 과장은 사람은 좋은데 리더십이 부족해!", "안 대리는 일은 잘하는데 마음이 안 가"와 같이 당신에 대한 다른 사람들의 인식과 기대감 등이 바로 자신의 퍼스널 브랜드다.

브랜드? "'아이폰', '갤럭시S' 같은 제품 아니야?"라고 생각할 수 있다. 맞다. 브랜드brand는 좁은 의미로 어떤 제품이나 서비스, 회사 등을 나타내는 상표를 의미한다. 이제는 개인도 자신을 표현할 수 있는 브랜드를 가져야 한다. '아이폰' 하면 '혁신을 통한 새로운 경험'이 연상되는 것처럼 '나' 하면 '그 사람은 프레젠테이션을 잘해', '그 사람은 인터넷 마케팅 전문가야'처럼 특정 이미지가 연상될 수 있어야 한다. '공병호', '예병일', '고도원'처럼 퍼스널 브랜드는 그 사람이 어떤 사람이고, 무엇을 잘하는지 등을 간단명료하게 밝혀준다. 1인 기업이면서 개인을 브랜드화하지 못하는 사람은 경쟁에서 살아남을 수 없을 것이다.

퍼스널 브랜딩은 사람들로 하여금 어떤 제품을 대했을 때 특정한 가치나 느낌을 갖도록 이미지를 만드는 것이다. '언니의 독설'로 유명한 김미경 원장은 워킹맘의 애환과 좌절 등 자신의 스토리를 바탕으로 최고의 동기 부여 및 스피치 전문가로 브랜딩되어 있다. 김미경 원장처럼 강력한 브랜드를 갖게 되면 사람들은 동기 부여 및 스피치 상품을 선택할 때 우선적으로 고려하게 된다. 훌륭한 퍼스널 브랜드는 직접적인 판매보다 긍정적인 평가와 인지도 상승에 중점을 두고, 이것이 사람들의 결정과 태도, 행동에 영향을 미치도록 한다.

대규모 고용 시대는 돌아오지 않는다

'이태백(이십대 태반이 백수)'이라는 말에 이어 '청년 실신(대학 졸업 후 실업자가 되거나 빌린 등록금을 상환하지 못해 신용불량자가 된다)'이라는 신조어까지 등장했다. 어려운 것은 20대만이 아니다. 어렵게 취업에 성공한 30대들은 '이 길은 나의 길이 아닌 것 같다'라고 하고, 40대는 '이제 직장에서 일할 수 있는 시간이 얼마 남지 않았다'라고 한다. 50대, 60대는 말할 것도 없다. 이들의 공통점은 모두 다 직장이라는 테두리 안에서 해법을 찾고 있는 사람들이다.

그러나 기업의 정보화와 생산성 증대로 예전과 같은 대규모 고용 시대는 돌아오지 않을 것이다. 더 이상 직장이 우리의 미래를 보장해줄 수 없다는 것이다. 이제 개인이 선택할 수 있는 길은 자명하다. 자신의 가치를 높이고, 자신을 브랜드화하여 갈수록 치열해지는 경쟁에 대비해야 한다.

브랜드는 포지셔닝positioning과 밀접한 연관이 있다. 포지셔닝을 처음으로 이야기한 알 리스Al Ries와 잭 트라우트Jack Trout에 의하면 "포지셔닝은 상품에 대해 어떤 행동을 취하는 것이 아니다. 잠재 고객의 마인드에 어떤 행동을 가하는 것이다. 즉 잠재 고객의 마인드에 해당 상품의 위치를 잡아주는 것이다"라고 정의하고 있으며, 네이버 백과사전에 의하면 포지셔닝이란 "소비자의 마음속에 자사 제품이나 기업을 표적 시장·경쟁·기업 능력과 관련하여 가장 유리한 포지션에 있도록 노력하는 과정”이라고 정의하고 있다. 포지셔닝에서 가장 중요한 핵심은 ‘경쟁자’다. 즉, 경쟁자 대비 상대적인 나의 위치를 ‘포지셔닝’이라고 할 수 있다.

예를 들어 공병호 박사의 ‘자기경영’, 구본형 소장의 ‘변화경영’, 민유식 대표의 ‘미스터 리쇼퍼’ 등의 포지셔닝은 같은 시장에서 자신을 대처할 수 있는 브랜드가 생겨나지 못하도록 만든다. 포지셔닝이 잘 이뤄진 1인 기업은 고객의 마음속에 자신의 이름이 경쟁 브랜드보다 독특하고, 믿을 수 있고, 가치가 있다는 느낌을 준다.

1인 기업이 자기의 위치를 포지셔닝하기 위해서는 반드시 경쟁자를 생각해야 한다. 내가 가고자 하는 분야에서 나와 비슷한 콘셉트로 비슷한 위치를 점하고 있는 사람들이 많다면 아무리 능력이 뛰어나더라도 포지셔닝이 어렵다. 내가 잘하는 분야에서 경쟁자가 선점하지 않은 위치를 찾아내는 것이 중요하다.

예를 들어보자. 포토샵, 일러스트 등을 능숙하게 하면서 주어진 일을 원만하게 처리하는 웹디자이너가 있다. 이 웹디자이너가 1인 기업을 할 경우 ‘웹디자이너’라는 포지셔닝보다는 ‘블로그 디자인 전문가’라는 포지셔닝이 유리할 수 있다. ‘웹디자이너’라는 포지셔닝이 너무나 포괄적이기도 하지만 이런 일을 하는 사람들은 너무도 많기 때문이다. 비슷한 분야에서 강력한 경쟁자가 있다면 이를 피해 갈 수 있는 다른 시장을 찾는 것이 현명하다.

1인 기업은 기존의 조직 안에서 일할 때와는 많은 차이가 있다. 스스로 일거리도 만들어 낼 수 있어야 하고, 주어진 일을 완벽하게 수행해야 하며, 고객 관리도 할 수 있어야 한다. 고객에게 기대 이상의 가치도 줄 수 있어야 한다. 1인 기업 활동 전체를 수월하게 해주는 것 중 하나가 퍼스널 브랜드다. 퍼스널 브랜드를 위한 방법 중 하나는 경쟁자 대비 나의 위치를 선점하는 것이다.

남들보다 낫기보다는 남과 다르게

열 사람이 모이면 열 사람 모두의 생각과 성향이 다르다. 스스로를 브랜드로 의식하는 것은 아니지만, 자신이 속한 사회 내에서 자신만의 이미지를 형성하며 살아가고 있는 것이다. 여기에서 조금 더 나아가 자신만의 이미지를 '남들과 다르게' 만들면 퍼스널 브랜드를 가질 수 있다. 남다른 이미지 구축에 성공하면 대중의 머릿속에 깊이 인식되어 시장에서 오랫동안 우위를 점할 수 있다. 반면 퍼스널 브랜드를 구축하지 못한다면 무명의 시간 강사나 평범한 웹디자이너가 되고 말 것이다. 제품으로 치면 호소력이 없는 그저 그런 것에 해당한다.

새롭게 1인 기업을 시작하려는 사람들은 각자의 수준에서 인지도를 높이기 위해 노력한다. 홈페이지와 블로그를 개설하고, 트위터와 페이스북을 통해 자신의 인지도를 강화한다. 그러나 '남들보다 낫기보다는 남과 다르게' 기억될 수 있어야 한다. 그러기 위해서는 자신만의 정체성을 찾아 사람들의 주목을 끌 수 있어야 한다. 우리는 김춘수 시인의 '꽃'이라는 시를 음미해 볼 필요가 있다. 너에게, 잊혀지지 않는 하나의 의미가 되어야 한다는 거다.

1인 기업의 포지셔닝이 명확하다는 것은 자신만의 전문 영역을 갖는다는 것이다. 예를 들어 '컨설턴트'보다는 '마케팅 컨설턴트'가 좋고, '마케팅 컨설턴트'보다는 '인터넷 마케팅 컨설턴트'가 좋다. '컨설턴트'라고 할 경우에는 그 사람이 무엇을 하는 사람인지 불분명하지만, '인터넷 마케팅 컨설턴트'라면 좀 더 그림이 명확해지기 때문이다.

그러나 앞서 말한 것처럼 목표 시장으로 선정한 곳에 강력한 선두 주자가 있다면 '포지셔닝' 싸움에서 절대적으로 불리하다. 예를 들어 누군가 '변화경영'으로 강의와 컨설팅을 시작한다면 이 사람은 구본형 소장을 뛰어넘지 못할 것이다. 왜냐하면 사람들의 마음속에 구본형 소장이 '변화경영 전문가'로 인식되어 있기 때문이다. 최고의 서비스로 인정받는 것이 가장 좋은 방법이지만, 이보다 좋은 것은 하나의 사장에서 최초로 인정받는 것이다.

최초가 될 수 없다면 시장을 쪼개면 된다. 컴퓨터 산업이 데스크톱, 노트북, 넷북, 태블릿 PC 등으로 세분화된 것처럼, 후발 주자로 시작하는 1인 기업은 시장 세분화를 통해 최초가 될 수 있는 영역을 찾아야 한다. 예를 들면 '창업'이라는 카테고리에는 기술 창업, 아이디어 창업, 음식업 창업, 서비스업 창업, 도소매업 창업, 프랜차이즈 창업, 1인 기업 창업 등이 있을 수 있다. 각각의 영역 내에서 또다시 세분화할 수 있다.

물론 시장을 세분화하다 보면 판매 기회가 적어질 수 있다고 생각할 수 있다. 그러나 경쟁자와 브랜드, 그리고 이용할 수 있는 매체가 많아진 지금의 시대에는 모두에게 호소하는 전략이 설득력을 잃어가고 있다. 영화 〈주유소 습격사건〉에서 유오성이 말하는 "난 한 놈만 팬다"가 1인 기업의 가장 중요한 사업 원칙 중 하나다. 1인 기업은 시간과 자본의 한계로 인해 모든 시장을 공략할 수 없다. 가장 자신 있는 하나의 시장을 선택하고, 그 하나의 시장에 선택과 집중을 하는 것이 옳다.

1인 기업이 목표한 시장이 작다고 해서 크게 염려할 필요는 없다. 왜냐하면 '인터넷'이라는 매체를 통해 많은 사람을 만날 수 있기 때문이다. 예를 들어 누군가 부산에서 왼손잡이를 위한 매장을 운영한다면 거리상의 문제로 영업 지역이 한정될 수밖에 없다. 그러나 인터넷을 통해 왼손잡이용 제품을 판매한다면 이야기는 달라진다. 각각의 지역 내에서 왼손잡이용 물품을 필요로 하는 사람은 많지 않지만, 전국, 또는 전 세계 사람에게 판매할 수 있으므로 사업을 하기에 충분한 시장이 될 수 있다.

오늘날과 같은 경쟁 환경에서 1인 기업으로 성공하려면 온/오프라인을 통해 네트워크를 구축하고, 그들에게 나의 자리를 명확히 새겨놓을 수 있어야 한다. 하나의 영역에서 최초가 되고, 최초가 될 수 없다면 시장 세분화를 통해 최초가 될 수 있는 영역을 찾는 것이다. 그리고 그 하나의 시장에 집중해서 소비자들이 나를 인식할 수 있도록 하자.

내가 누구인지를 먼저 알아야 한다

평생 직장은 사라졌다! 등록금을 일 년에 천만 원씩 내고 어렵게 4년을 공부한 후 해외 유학과 대학원 졸업 스펙을 쌓아도 취업문을 뚫기가 쉽지 않다. 20대는 요즘 '들어갈 직장이 없다'는 하소연을 한다. 청년실업자 100만 명 시대의 자화상이다.

그러나 어렵게 취업에 성공한 30대에게도 애환은 있다. 배부른 소리 같지만 많은 30대가 '이 길이 나의 길이 아니다'라고 고백한다. 적성에 맞지 않지만 결혼도 해야 하고 주변의 시선도 있어서 어쩔 수 없이 직장 생활을 하고 있는 것이다.

40대라고 고민이 없는 것은 아니다. 40대는 '직장 다닐 날이 며칠 안 남았다'라며 걱정을 한다. 실제 삼성전자 임원의 평균 나이는 48세 전후라고 한다. 임원이 되면 일반 직원과는 달리 실적에 따라 언제든지 회사를 떠나야 하므로 계약직 사원과 같은 처지인 것이다. 아이들 학비에 집안 생활비까지 미래가 걱정되는 것은 40대 또한 20대와 다르지 않다.

문제는 기업의 생산성 향상과 정보화로 인해 지금보다 고용 사정은 더욱 악화될 것이라는 데 있다. 평생 직장이 사라진 지금, 자신을 브랜드화하지 않으면 갈수록 치열해지는 경쟁 환경에서 살아남을 수 없게 된 것이다.

자신을 브랜드화하기 위해 회사를 떠날 필요는 없다. '기획하면 ○○○이지', '제품 개발은 ○○○에게 맡겨야 돼'와 같이 회사 내 생산성이 높은 특정 업무에서 최고가 된다면 그 자체로 브랜드가 될 수 있기 때문이다. 기억해도 그만, 안 해도 그만인 그저 그런 사람이거나, 누구나 할 수 있는 일을 하는 사람으로 인식되는 것이 최악의 상황이다.

나를 아는 것이 우선!

1인 기업으로 자신만의 퍼스널 브랜딩을 만들어가기 위해서는 자신을 객관적으로 바라보는 것이 중요하다. 약점이 있다면 인정할 수 있는 용기가 필요하며, 내면 깊숙한 대화를 통해 절대적인 진실성과 정직을 요구한다.

마인드, 실력, 열정, 외부 환경, 네트워크 등 1인 기업의 성공을 결정하는 요인은 많이 있다. 그러나 이런 것들보다 우선시되어야 하는 것이 바로 자신의 장점이 무엇인가를 아는 것이다. 장점이라는 토지 위에 성공이라는 열매가 거둘 수 있는 것이다.

1인 기업이 자신에게 맞는 능력을 도출하고 싶다면 현재의 상황과 앞으로의 목표를 이성적이고 객관적으로 바라볼 줄 알아야 한다. 자신의 장점을 찾기 위해서는 우선 "나는 누구일까?"라는 질문을 스스로에게 해보는 것에서 출발한다. 자신이 평상시에 흥미를 느끼는 것에서 학력, 자질, 가정 환경, 인생관, 가치관, 욕구 충족 우선순위, 기타 성격 및 특징 등에 대해 대답해 보는 것이다.

다음으로는 "나의 강점은 무엇인가?"에 대해 생각해 본다. 현재 가지고 있는 직업, 특기, 취미, 보유 자격증과 기술 능력, 업무 경험, 사교 능력, 다른 사람과 커뮤니케이션을 하는 능력, 사회 활동, 선호하는 근무 환경, 여행 경험 등이 이에 해당한다.

마지막으로는 가족과 친구들에게 의견을 구하는 것이다. '조해리의 창 Johari's window of mind'에 의하면, 사람은 '내가 아는 나', '남이 아는 나', '나도 모르고 남도 모르는 나'의 모습이 있다. 주변 사람들이 나를 어떻게 바라보고 있는지 물어보는 것만으로도 자신의 모습을 객관적으로 바라볼 수 있게 된다.

1인 기업과 아이템 탐색

시대에 맞는 트렌드는 있을 수 있지만 이른바 대박 업종이나 아이템은 존재하지 않는다. 비슷한 역량과 자원을 가지고 시작했음에도 전혀 다른 성과를 내는 것을 보면 이를 알 수 있다. 언론을 비롯한 여러 매체에서 말하는 유망 아이템은 자신의 상황에 맞게 참고 자료로만 사용되는 것이 맞다.

1인 기업 아이템 탐색 방법은 크게 시장 수요에 기반을 둔 방법과 자신의 역량에 기반을 둔 방법을 생각해 볼 수 있다. 시장 수요에 기반을 둔 방법은 나중에 유망할 것으로 예상되는 업종이나 아이템을 선정하여 그에 필요한 역량을 갖추는 방식이다. 예컨대 최근 인기를 끌고 있는 MBA Master of Business Administration 과정의 경우에는 미래 가치가 높다고 보기 때문에 많은 사람이 도전하고 있다.

자신의 역량에 기반을 둔 방법은 적성, 경험, 노하우, 능력, 관심, 흥미 등에서 아이템을 찾아보는 방법이다. 가장 현실적이며 경쟁력 있는 방식이라고 할 수 있다. 구체적인 방법론으로는 아래 그림과 같이 자신이 하고 싶은 일, 해야 할 일, 가능한 일을 나열한 후에 '하고 싶은 일'의 비중을 점차 확대시키는 것이다. '하고 싶은 일'은 '자신이 되고 싶은 모습'을 의미하며, 시장의 수요, 즉 자신의 제품을 누군가가 사고 싶어해야 한다는 전제가 있다. 문제는 많은 사람이 자신이 무엇을 하고 싶은지 알지 못한다는 데 있다.

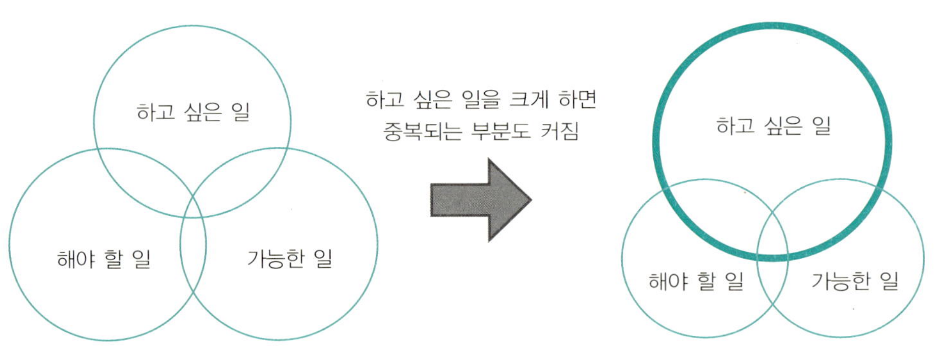

나를 알기 위한 분석 방법 '조해리의 창'

'하고 싶은 일을 하라!'고 말을 많이 하지만, 정작 자신이 무엇을 하고 싶은지 알고 있는 사람은 많지 않다. 그렇기 때문에 안정적인 대기업과 공무원 시험에 많은 사람들이 목메고 있는 것이다. 수없이 많은 기회의 문이 있는데 자신의 가능성을 대기업과 공무원 시험에 국한해서 생각하는 현실이 안타깝다.

나를 알기 위한 분석 방법론으로는 '조해리의 창'이 있다. 개인 또는 집단 간의 커뮤니케이션 상태 분석 모델이지만 자기 계발을 위한 툴tool로도 유용하다. '나'에 대한 분석을 주변 사람들과 같이 해봄으로써 자신을 좀 더 객관적으로 바라볼 수 있기 때문이다.

조해리의 창은 자신을 바라볼 수 있는 네 개의 창으로 구분되어 있다. 제1의 창은 '나도 알고 남도 아는 창'으로 밝은 창에 해당한다. 나에 관한 정보 등이 해당한다. 제2의 창은 '나는 모르지만 남을 알고 있는 창'으로 맹목의 창이다. 무의식적으로 하는 습관, 특이한 말버릇, 독특한 성격 등이 해당한다. 제3의 창은 '나는 알지만 남은 모르는 창'으로 숨겨진 창이다. 나의 약점이나 비밀처럼 다른 사람에게 숨기는 나의 부분을 말한다. 제4의 창은 '나도 모르고 남도 모르는 창'으로 어둠의 창이다. 어둠의 창은 자신의 행동과 정신세계에 대한 지속적인 관심과 관찰을 통해 알아낼 수 있다고 한다.

제1의 창 영역이 넓은 사람은 인간 관계, 자기 표현, 타인에 대한 경청, 타인과의 친밀성 등이 원만한 유형이다. 주의해야 할 점은 말이 많아 가벼워 보일 수 있다. 제2의 창 영역이 넓은 사람은 자신이 기분과 의견을 잘 표현하고, 자신감 있으며, 솔직한 유형이다. 타인의 말에 귀를 기울이는 노력이 필요하다. 제3의 창 영역이 넓은 사람은 신중한 성격으로서 타인에 대해 수용적이며, 자신에 대해서는 함구하는 형태다. 내면적인 고독감이 있어서 넓고 깊은 교류가 필요하다. 제4의 창 영역이 넓은 사람은 인간 관계에 소극적이고, 혼자 있는 것을 즐기는 유형이다. 고집이 세고 주관이 강하며 삶에 부정적인 경향이 많다. 적극적이고 긍정적인 태도가 필요하다.

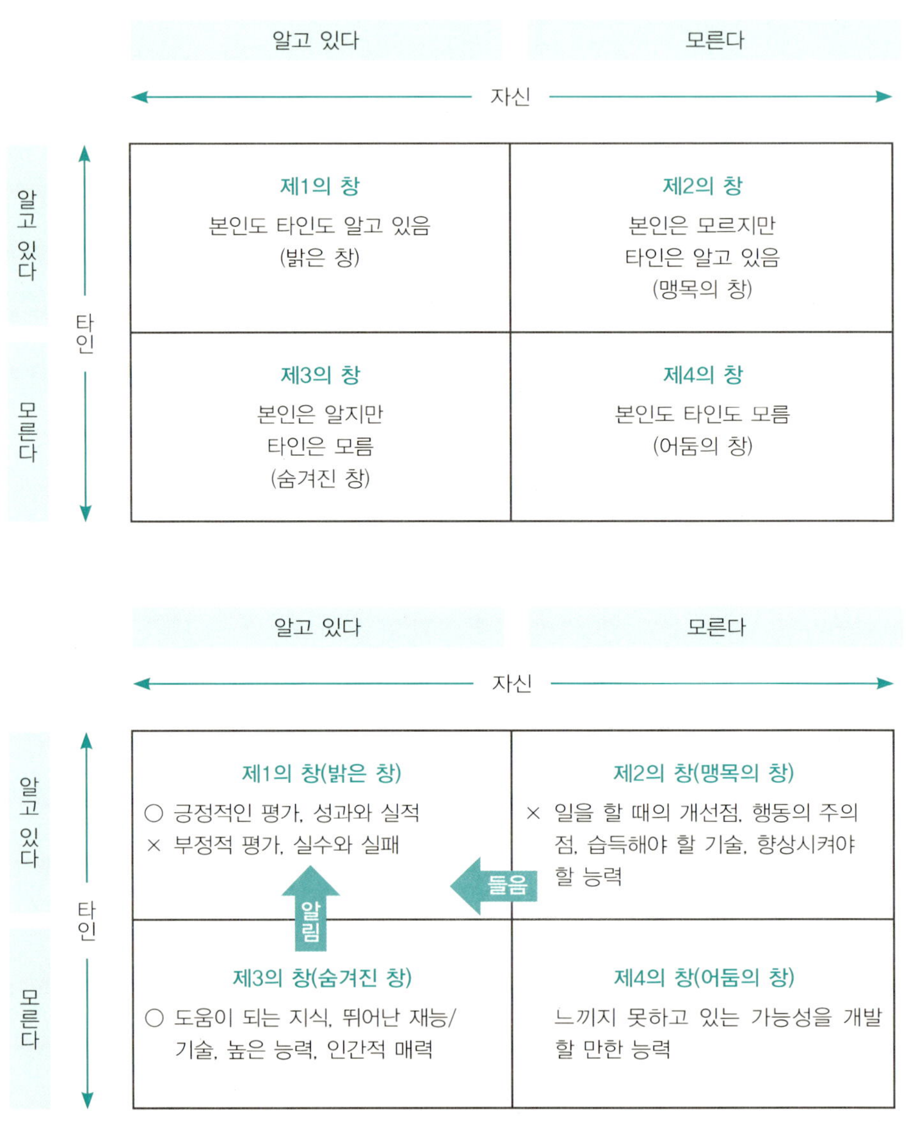

조해리의 창 진단지

점수 기준	5점 : 문항의 내용이 꼭 들어맞는다. 4점 : 문항의 내용이 상당히 맞는다. 3점 : 문항의 내용이 어느 정도 맞는다. 2점 : 문항의 내용이 거의 맞지 않는다. 1점 : 문항의 내용이 전혀 맞지 않는다.	
No.	내 용	점수
1	내가 생각하고 있는 바를 자신 있게 말한다.	
2	상대방이 나를 비판할 때 변호를 하기보다는 귀를 기울이는 편이다.	
3	어떤 일에 대해 잘 모르는 것은 잘 모른다고 확실히 말한다.	
4	다른 사람의 말에 대해 몸짓과 표정, 눈길로 관심을 나타낸다.	
5	자기 자신을 솔직하게 표현한다.	
6	남이 무엇인가를 표현하려고 애쓸 때에는 그것을 도와준다.	
7	나는 나의 잘못에 대해서 변명하기보다는 잘못을 인정하는 편이다.	
8	나의 의견에 대해 상대방이 어떻게 생각하는지 물어보고 경청하는 편이다.	
9	별로 좋은 일이 아닐지라도 남들이 알아야 할 일이라면 알려준다.	
10	토의를 독단적으로 운영하지 않으며, 아이디어를 자유로이 제기할 수 있도록 한다.	
11	내연 관계에서 정직하다.	
12	다른 사람의 가정을 존중한다.	
13	처음 만나는 사람에게도 자신을 솔직히 드러내는 편이다.	
14	이야기를 독점하여 상대방을 짜증나게 하는 일이 거의 없다.	
15	나는 다른 사람에 비해 비밀이 적은 편이라고 생각한다.	
16	관심을 갖는 체하거나, 경청하는 체하지 않는다.	
17	본대로 솔직하게 이야기하며, 거짓말을 하지 않는다.	
18	다른 사람이 내말에 찬성하지 않는다고 화내거나 푸대접하지 않는다.	
19	자신의 본성을 그대로 나타내며, 가장하지 않는다.	
20	다른 사람의 조언이나 충고를 고맙게 받아들인다.	
21	다른 사람이 이해할 수 있는 말과 용어를 쓴다.	
22	중요한 토의를 할 때 방해되는 일이 일어나지 않도록 사전에 예방 조치를 한다.	
23	다른 사람이 잘못을 했을 경우 잘못한 사람에게 솔직하게 이야기한다.	
24	대화나 토의를 할 때 다른 사람이 그들의 생각을 발표하도록 권장한다.	

홀수번 합계 점수:

짝수번 합계 점수:

1. 진단지의 홀수 문항의 점수를 모두 합하고, 짝수 문항의 점수를 모두 합한다.
2. 짝수, 홀수의 합계 점수를 아래 그림에 표시하며 직선으로 연결시켜 사각형을 만든다.

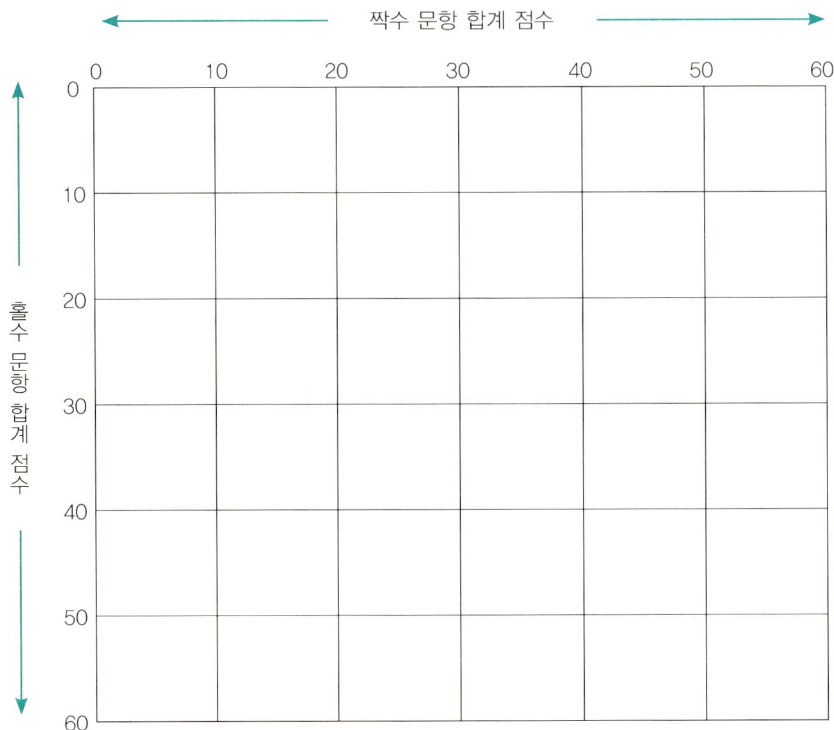

    1인 기업으로 성공하려면 자신의 장점에 집중해서 해당 분야의 전문가가 되어야 한다. 전문가는 태어나는 것이 아니라 오랜 시간 관심과 열정, 땀과 노력, 그리고 습관에 의해 만들어지는 것이다. 관련 서적 몇 권을 읽거나, 업계에서 몇 달 일해 본 경험으로는 전문가가 될 수 없다. 자신의 내면에 소리에 귀를 기울이고, 주변 사람을 통해 자신을 객관적으로 바라본 후 몸과 마음이 기뻐하고 즐거운 일을 한다면 그것이 바로 자신의 장점을 살릴 수 있는 분야일 것이다.

꿈★은 이뤄진다! 꿈과 목표의 중요성

스타벅스의 하워드 슐츠Howard Schultz 회장은 "브랜드가 생존하려면 당신이 무엇을 '상징'하고 있는지 고객들이 알아야만 한다"라는 말을 했다. 이 말을 1인 기업 입장에서 재해석하면 "당신은 어떤 일을 하는 전문가로 평가받고 있는가?"라고 표현할 수 있다. 1인 기업으로 살아가기 위해서는 누구나 할 수 있는 일이 아닌, 자신만을 표현할 수 있는 상징적인 '무엇'이 있어야 한다. '무엇'을 만들기 위해서는 '달성하고 싶은 꿈'이 있어야 한다. 인기 있는 것을 따라가거나, 돈만을 최고의 목적으로 한다면 1인 기업으로서 브랜드를 구축할 수 없으며, 자신을 상징할 수 있는 '무엇'을 구축할 수 없다.

매튜 켈리Matthew Kelly의 〈위대한 나Great I〉를 보면 "누군가의 꿈을 들여다보면 그가 어떤 사람인지 알 수 있다. 지금 당신의 모습은 당신이 과거에 꾸었던 꿈이다. 지금 당신 모습이 마음에 들지 않더라도, 당신의 꿈은 당신이 꾸었고, 그런 꿈을 꾸어오는 동안 현재의 당신이 만들어졌음을 기억하라"는 글이 나온다.

비슷한 시기에 비슷한 역량을 가지고 1인 기업을 시작했어도 각자가 가지고 있는 꿈, 마음가짐, 열정, 사고 방식 등에 따라 결과는 달라진다. 이 중 가장 중요한 것이 바로 '꿈'이다. '멋있어 보인다'라고 막연하게 생각할 때는 단지 공상일 뿐이지만, 그것을 매일 생각하면 의지가 되고, 여기에 성실, 열정, 마음가짐, 사고 방식 등을 더하면 비로소 꿈은 눈앞의 현실이 된다. 꿈꾸지 않으면 행동할 수 없고 행동하지 않으면 아무것도 바뀌지 않는다.

목표 설정의 중요성

그저 그런 삶을 꿈꾸는 사람은 없다. 연예인, 명강사, 소설가, 칼럼니스트, 사진작가, 컨설턴트, 파워블로거, 웹디자이너, 프로그래머 등 사람마다 차이는 있지만 누구에게나 꿈은 있다. 그러나 중요한 것은 인생은 스스로 만들어가야 한다는 것이다. 스스로 노력하지 않으면 희망도 보이지 않고, 그러면 자신이 원하는 꿈도 실현할 수 없다. 꿈을 위해 노력하지 않으면 '꿈'은 단지 '몽상'일 뿐이다. '꿈'이 '몽상'으로 끝나게 두지 않기 위해서는 목표를 세우고 이를 매일매일 실행해야 한다.

목표를 설정하기 위해서는 우선 자신의 현재 상황을 분명하게 인식하고 있어야 한다. 현재 내가 할 수 있는 일, 앞으로 내가 하고 싶은 일, 나를 만족시켜줄 수 있는 일, 궁극적으로 내가 되고 싶은 모습 등을 스스로에게 질문하고 주변 사람들에게 조언을 구하면서 현재 상황에 대한 분석이 되어 있어야 명확한 목표도 설정할 수 있다.

파나소닉 창업자로 일본 경영의 신으로 불리는 마쓰시타 고노스케松下幸之助는 "목표가 없으면 진취적인 사람이 될 수 없습니다. 그러면 성공할 수도 없지요. 자신만의 목표를 세우고, 그 목표를 향해 달려가십시오. 그것이 바로 성공 비결입니다"라고 말했다. 목표는 희망이며 살아가는 이유다. 목표가 없는 사람은 희망 없는 삶을 살아가게 되어 있다.

목표가 없는 사람은 그때그때 흥미로운 것이나 외부로부터 예고 없이 주어지는 일에 자신의 시간과 돈을 낭비하게 되고, '나와 맞지 않아!', '내 체질이 아니야!', '흥미가 식었어!' 등의 그럴듯한 이유로 또 다른 일을 찾게 되는 악순환을 되풀이한다. 이런 악순환은 자신이 가진 것을 모두 소진할 때까지 계속된다.

목표가 있어야 희망이 생긴다!

코이라는 잉어를 작은 어항에 키우면 다 커봤자 6cm에 불과하지만, 큰 어항에 키우면 30cm, 호수에 풀어서 키우면 1m까지 클 수 있다고 한다. 환경에 따라서 성장의 크기가 달라지는 것이다. 이것은 사람의 경우도 마찬가지다. 다만 사람은 외부 환경보다는 스스로의 마음에 따라 성장의 크기가 결정된다. 큰 목표와 꿈을 가진 사람이 더 크게 성장할 수 있는 것이다.

　　서점가에서 판매되는 베스트셀러에는 자기계발 및 성공 스토리에 대한 것들이 많이 있다. 책 속에 소개된 사람들의 공통점 중 하나는 이들이 명확한 목표, 치밀한 계획, 그리고 목표를 향해 쉼 없이 도전했다는 점이다. 제대로 된 인생 설계나 명확한 목표 없이 하루하루를 바쁜 듯이 살지만 정작 실속이 없는 사람들과 극명하게 대비되는 부분이다. 데일 카네기Dale B. Carnegie의 말처럼 "명확한 목표는 성공으로 가는 출발점이자, 나침반"이다. 목표를 세우게 되면 1인 기업으로서 노력해야 할 방향을 잡을 수 있고 이것은 결과적으로 무조건 열심히 하는 것보다 더 큰 성과를 낼 수 있다. 자립심, 진취력, 상상력, 열정 등은 모두 목표에서 나온다.

　　대부분의 사람은 가정과 자신이 속한 조직에서 성실한 삶을 살아간다. 그러나 자신이 무엇을 위해 사는지, 진정으로 원하는 것이 무엇인지를 자각하면서 사는 사람은 많지 않다. 자신의 능력을 마음껏 발휘하지도 못하고, 삶에 대한 명확한 방향도 없는 것이다. 그러다보니 주어진 일을 수행하기 위해 하루 종일 분주하기만 하다. 장기적이든, 단기적이든 이루고 싶은 목표가 생기면 삶에 활력이 생긴다. 목표는 어느 방향으로 노력을 하면 되는지를 가르쳐주고, 나의 역량과 생각을 한 곳에 집중시켜준다. 목표가 내 안에 잠든 거인을 깨우는 것이다.

목표는 출발점이자 나침반이다

하버드대학에서 25년에 걸쳐 목표가 인생에 어떤 영향을 미치는지에 대해 연구를 실시했다고 한다. IQ, 학력, 환경 등 비슷한 조건을 가진 사람들을 대상으로 연구한 결과 전체 응답자 중 27%는 목표가 없었고, 60%는 불분명한 목표를 가지고 있었다. 그리고 10%는 명확하기는 하지만 단기적인 목표만 세운 상태였으며, 단 3%만 명확하면서도 장기적인 목표를 갖고 있었다.

그러나 흥미로운 점은 분명하고도 장기적인 목표가 있었던 3%의 사람들은 기업의 CEO, 사회 저명인사, 정치지도자 등으로 성공한 반면, 아무런 목표 없이 살아온 27%는 거의 대부분 최하층의 삶을 살고 있었다고 한다. 한편, 분명하기는 하나 단기적인 목표를 가지고 있었던 10%의 사람들은 의사, 변호사, 기업 임원 등 전문가로 성장하여 사회의 상류층이 되었으며, 불분명한 목표를 가지고 있었던 60%의 사람들은 사회의 중하류 계층에 주로 밀집되어 있었다고 한다.

1인 기업이 '인터넷 마케팅에 대한 실무형 도서를 올해 안에 1권 쓰겠다'라는 목표를 설정했다면 이것 자체로 성공에 한 걸음 다가선 것이다. 목표는 성공으로 가는 길을 안내하고, 열정을 가질 수 있도록 하기 때문이다. 또한 '책을 쓰겠다'라는 목표는 1인 기업이 노력을 해야 하는 이유인 동시에 스스로를 채찍질 할 수 있는 역할을 하기 때문이다. 목표를 정하는 것만으로 자신이 원하는 것에 한 걸음 다가설 수 있다.

자신의 목표를 성실히 따르면서도, 동시에 현실 상황에 맞게 시기적절하게 목표를 수정할 수도 있어야 한다. 열심히 노력한 결과 처음 기대했던 것보다 더 좋은 성과를 거두었다면 기대치를 적당히 상향 조정해야 하고, 기대치에 많이 못 미쳤다면 반대로 기대치를 하향 조정해야 한다. 소기의 목표를 달성했다면 좀 더 난이도가 있는 목표를 설정할 수도 있다. 반대로, 목표 달성에 실패했다면 대범하게 현실을 받아들이고 실패한 경험을 분석한 다음 이로부터 교훈을 얻도록 해야 한다.

우리에게 주어진 시간은 한계가 있다. 소중한 시간을 타인의 삶에 의해 희생하거나 타인의 도그마에 갇혀 낭비하지 않아야 한다. 남의 말대로 움직이느라 나의 내부에서 들여오는 진실한 목소리에 귀 기울이지 못하는 우를 범해서는 안 된다. 가장 중요한 것은 마음 가는 대로, 직감에 따라 행동할 수 있는 용기를 갖는 것이다. 자신의 마음과 직감이야말로 자신이 어떤 사람이 되기를 갈망하는지 가장 잘 알고 있기 때문이다. 이에 비하면 그 밖의 판단 근거는 상대적으로 덜 중요하다.

그렇다면 어떻게 해야 올바른 목표를 세울 수 있을까?

첫째, 지금 자신이 어디쯤에 서 있는지부터 확인해야 한다. 무슨 일을 하고 싶은지, 어떤 사람이 되고 싶은지 스스로에게 물어보는 것이다. 그런 다음 이를 바탕으로 나만의 목표를 세워본다. 앞서 말했듯이 뜬구름 잡기 식의 모호한 목표도 문제지만 과도하게 높은 목표를 세우는 것도 바람직하지 않다. 지금 이 단계에서 당신이 세우려는 것은 바로 최종 목표다.

둘째, 중간 목표를 세워야 한다. 최종 목표만 가지고는 안 된다. 중간 목표를 통해 성공할 수 있다는 가능성을 발견하면서 자신감도 커지게 된다. 사람들은 목표를 만들 때 중간 목표 설정을 쉽게 간과하곤 한다. 그런데 중간 목표 없이 최종 목표만 가지고 있으면 시간이 흐르면서 차츰 목표 실현에 대한 열망이 식어가고 희미해짐에 따라 쉽게 목표 자체를 포기하고 말 것이다. 경우에 따라서는 현실에 안주한 채 눈앞의 이익만 좇게 될 수도 있는데, 이들은 결과적으로 아무것도 이루지 못한다.

셋째, 마지막으로 중간 목표와 최종 목표를 실현하기 위한 첫걸음인 단기 목표를 세워야 한다. 출발선을 고려하여 세우는 단기 목표는 중간 목표까지 영향을 줄 수 있다. 시작부터 질 수는 없는 노릇이다. 따라서 구체적으로 명확하게 확실한 단기 목표를 세워야 한다.

작은 것부터 단계적으로!

단기 목표 없이 최종 목표만 세우는 것은 무의미하다. 세상에는 대단한 이치란 것이 따로 있지 않다. 모든 일은 사실 다 평범하고 작은 것이다. 위대하거나 웅대한 목표들도 작은 목표가 모여 완성된 것들이다. 가시적인 큰 것만을 찾아 헤매는 사람들은 아마 평생을 가도 자신의 실력을 발휘할 만한 일을 찾기 힘들 것이다. 그리하여 결국 어떤 성공도 이루지 못할 게 분명하다.

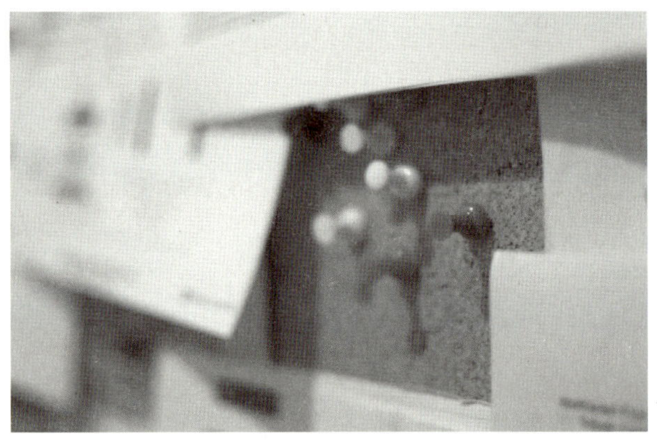

1인 기업마다 목표가 있다. 얼핏 보기에 거창한 목표는 달성하기 어려운 것처럼 보이겠지만 이 목표를 수많은 작은 목표로 나누어 하나씩 차근차근 달성해 나간다면 그 다음부터는 더 이상 힘든 일은 없을 것이다. 이렇게 꾸준히 노력하다 보면 나도 분명히 성공할 수 있다. 큰 목표를 달성하고 싶다면 작은 목표들을 세워 하나하나 꾸준히 이뤄나가야 한다. 반면에 커다란 목표만 세워놓고 세세한 목표를 이루려는 노력을 하지 않는 사람은 목표가 없는 사람과 같다고 할 수 있다.

큰 목표를 달성하기 위해서는 꾸준한 실천이 필요하다. 한 계단 한 계단, 한 걸음 한 걸음 꾸준히 실천해야 목표를 달성할 수 있다. 꾸준한 실천은 최종적인 목표 달성 자체에만 연연하는 것, 쉽게 지치고 나태해지는 것을 방지할 수 있을 뿐만 아니라 위기를 만났을 때 용감하게 대처하는 능력과 자신감을 기를 수 있게 해준다. 이것이 바로 단계별 목표 실천 공략이 담긴 깊은 철학적 이치다.

목표를 달성하는 사람과 실패하는 사람

자신이 세운 목표를 믿고, 그 혜택을 이해하고, 무엇을 해야 그곳에 도달할 수 있는지를 아는 것도 중요하지만 이것만으로는 부족하다. 근본적으로 삶의 방식을 바꿔버릴 거라는 결심이 필요하다. 주말에 산에 한 번 가는 것, 몇 주간 헬스장에서 운동하는 것, 며칠 동안 적당히 먹는 것으로는 '10kg 체중 감량'이라는 목표를 달성할 수 없다. 많은 사람이 목표를 세우고 야단법석을 떨지만, 삶의 방식을 영구적으로 바꾸지 않으면 예전에 해왔던 습관에 의해 목표는 흐지부지될 것이다.

목표는 'SMART'해야 한다. 구체적이고(Specific), 측정 가능해야 하며(Measureable), 행동 지향적이고(Achievable), 현실적이며(Realistic), 적시성(Time-Bounded)이 있어야 한다. 목표를 정하고, 목표를 분명히 하는 것이 성공의 첫걸음이다. 목적지가 없는 비행기를 타 본적이 있는가? 구체적인 계획은 목표로 이끄는 지도이며 설계도가 된다.

마케팅으로 잔뼈가 굵은 직장 생활 10년차 이성민 과장을 통해 SMART한 목표 설정을 생각해 보자. 이성민 과장은 3년 후 쯤 지금까지 익힌 마케팅 노하우와 네트워크로 1인 기업을 하려고 한다. 많은 선배가 준비 없이 회사를 떠나 어려움을 겪는 것을 보고 자신의 미래를 철저히 준비해야겠다고 생각한 것이다.

구체적이어야 한다

주말과 야간 시간을 활용해 1인 기업에 필요한 내용을 공부도 하고, 선배들의 조언도 들어본 이성민 과장은 'S기업의 이성민 과장'이 아니라, '마케팅 전문가 이성민'으로 살아가기 위해서는 자신만의 책을 집필하는 것이 꼭 필요하겠구나라는 생각을 하게 된다. 이에 이성민 과장은 책과 세미나 등에서 만난 전문가들의 조언에 따라 '책을 쓰겠다'라는 목표를 구체적으로 만들고자 한다. 이를 위해 자신이 그동안 회사에서 해왔던 업무와 시중에 출판된 책들을 검토한 결과 '유튜브를 활용한 중소기업 마케팅 사례 책'이 좋겠다고 목표를 구체화했다. '책을 쓰겠다'라는 목표는 의지만

담겨 있는 반면, '유튜브를 활용한 중소기업 마케팅 사례 책'은 좀 더 구체적이어서
성취될 확률이 높다.

측정할 수 있어야 한다

3년 뒤에는 자신의 이름으로 살아갈 수 있다고 생각하니 이성민 과장은 하루하루
가 즐거워지고, 직장에서 주어지는 모든 일이 미래를 위한 수업처럼 여겨졌다. 저녁
시간과 주말을 활용해 '유튜브를 활용한 중소기업 마케팅 사례 책'을 출판하는 데 이
것은 작은 출발점이 될 것이다.

이성민 과장은 유튜브 관련 책을 출판한다는 목표를 실행하기 위해 이를 측정할
수 있는 형태로 바꿔야겠다고 생각했다. 막연하게 저녁 시간과 주말을 이용하자고
생각하면 바쁜 일이 주어질 경우 우선순위에서 뒤로 밀리는 경험을 많이 해보았기
때문이다. 이를 위해 이성민 과장은 '주중 하루 2시간 이상 독서와 자료 정리, 주말
2페이지 이상의 원고 작성'으로 목표를 측정할 수 있도록 했다. 목표를 측정할 수 있
도록 수치화하면 목표가 어느 정도 달성되고 있는지를 평가할 수 있다. 이성민 과장
처럼 목표가 측정 가능한지 결정하기 위해서는 '얼마나 성취되었는지 어떻게 알 수
있는가?' 등에 대한 기준이 필요하다. 목표는 측정할 수 있을 때 성취의 희열을 경
험할 수 있다.

생각이 아니라 행동 중심이어야 한다

이성민 과장은 신입사원 시절 '회의 태도를 고치자'라는 결심보다는 '부장님이 강
조하는 내용을 회의록에 기록하자'라는 행동 중심적 목표가 훨씬 실천하기가 쉽다는
것을 경험한 바 있다. 이에 '주중 하루 2시간 이상 독서와 자료 정리, 주말 2페이지
이상의 원고 작성'이라는 목표를 행동 중심적으로 바꿔야 했다. 이를 위해 이성민
과장은 주중 동안 읽은 책의 목록과 정리해야 할 자료를 엑셀로 일목요연하게 정리
하고, 주말에 작성해야 할 원고 내용 목차를 잡았다. 구체적으로 해야 할 작업은 진

행하는 동안 변경될 수 있지만 행동 중심적이지 않으면 목표는 실천되기 어렵다.

현실성이 있어야 한다

이성민 과장이 하루 2시간 이상의 독서와 주말 원고 작성을 목표로 잡은 데는 불필요한 시간을 없애면 이 정도는 지금의 생활에 무리를 주지 않으면서 할 수 있다고 보았기 때문이다. 회사에서는 전체적인 사회 분위기상 야근을 줄이는 형태로 변하고 있으며, 주말은 회사보다 가정과 휴식을 위해 사용하도록 회사에서도 권고하고 있기 때문이다.

현재에 사용 가능한 시간, 돈, 지식 등으로 가능한 목표를 설정해야 한다. 30분도 공부하기 힘들어하던 아이에게 갑자기 2시간씩 공부하게 할 수는 없다. 목표를 너무 높게 잡으면 쉽게 지치므로, 자신의 상황에 맞게 꾸준히 실천할 수 있는 목표를 세워야 한다.

시간을 정해 두어야 한다

이성민 과장은 '유튜브를 활용한 중소기업 마케팅 사례 책'의 출간 시기를 1년으로 잡았다. 주중에 자료를 정리하고, 주말에 원고를 작성하면 52주 동안 최소 52편의 글을 작성할 수 있다. 처음에는 익숙하지 않아 속도가 나지 않지만 6개월 정도 후에 익숙해지면 원고 작성과 출판사 섭외 및 출판까지 1년이면 가능할 것으로 판단했다. 또한 '유튜브 마케팅'의 특성상 적합한 시점에 책을 내놓지 못하면 시장에서 가치가 없다는 점도 1년으로 정한 배경 중 하나다. 목표란 마감 시한이 있는 꿈이다. 마냥 계획을 세워놓고 기다리기만 한다면 그것은 말 그대로 꿈이지 목표가 아니다. 꿈을 날짜와 적으면 목표가 되고, 목표를 잘게 나누면 계획이 되며, 그 계획을 실행에 옮기면 꿈이 실현되는 것이다.

목표 달성에 필요한 것들

목표 달성을 위해서는 첫째 '자신감'이 필요하다. 1인 기업을 하다 보면 안정적으로 수익이 발생하지 않기도 하고, 열심히 노력했음에도 기대 이하의 성과를 내는 경우가 있다. 이럴 때는 좌절감에 빠지기도 하고, 1인 기업에 대한 회의감이 들기도 한다. 그러나 1인 기업으로 성공한 사람들은 모두 비슷한 경험을 하며 성장했다. 하루아침에 이뤄지는 것은 없으므로 자신이 목표한 바를 달성하기 위한 자신감을 가져야 한다. 물론 자신감 자체가 성공을 의미하지는 않는다. 자신감이 있으면 성공하는 데 훨씬 유리할 뿐이다.

GE의 전 CEO인 잭 웰치Jack Welch는 "자신감은 사람들에게 용기를 주고 한계를 극복하게 해준다. 그것은 좀 더 큰 위험을 감수하게 하여 스스로 가능하다고 생각했던 것 이상의 성취를 할 수 있도록 해준다. 또한 사람들에게 기회를 제공하고 상상조차 못했던 일들에 도전하게 한다"라고 했다.

자신감이란 '나는 할 수 있다'는 신념으로 자기 자신에 대한 믿음과 긍정적이고 진취적이 태도를 가리킨다. 자신감은 1인 기업이 설정한 목표에 끊임없이 도전할 수 있는 힘을 주며, 생각처럼 일이 잘 풀리지 않았을 때는 다시 한 번 도전할 수 있는 용기를 주는 것이다.

경쟁이라는 환경에서 살아남아야 하기 때문에 1인 기업을 하다보면 비바람도 만나고 슬럼프에 빠지기도 하며 예상하지 못한 우여곡절도 겪기도 한다. 이때 자신감은 성공으로 향하는 힘이 되어준다. 자신감은 약자를 강하게 만들고, 강자는 더욱 강하게 만드는 힘이 있다. 그러므로 1인 기업으로서 내가 목표한 바를 꼭 달성하고, 늘 잘할 수 있다는 자기 암시를 하면서 목표를 향해

전진해야 한다.

두 번째로는 '용기'가 필요하다. 사람은 누구나 자신이 잘하고 익숙한 일을 하고 싶어한다. 그러나 1인 기업은 일반인과는 달라야 한다. 자신이 잘하고 익숙한 일을 더 잘할 수 있도록 해야 하며, 장점을 바탕으로 새로운 콘텐츠를 지속적으로 생산할 수 있어야 한다. 끊임없이 새로운 일에 도전을 해야 하는 것이다. 현재의 삶이 달콤해서, 혹은 무엇인가를 새로 시작하는 것이 두려워서 시도조차 하지 않는다면 1인 기업의 삶은 지속될 수 없다. 성공은 운도 필요하지만 용기가 필요한 법이다.

우리 주변에서 성공한 사람들을 보면 남다른 자신감과 용기가 있음을 알 수 있다. '해보지 않아서', '자신이 없어서', '그건 내 일이 아니라서'와 같이 핑계를 대기보다는 자신감과 용기로 상황을 적극적으로 대처하는 것이다. 사소한 차이가 승패를 좌우하고 전혀 다른 결과를 낳는 법이다. 1인 기업에게 필요한 용기는 '현실을 타파할 수 있는 용기'가 있다. 조직에 몸담고 있을 때와는 달리 1인 기업은 철저히 시장에서 생존이 결정된다. 시장에서 살아남고 성공이라는 열매를 거두기 위해서는 본인에 대한 지속적 혁신, 즉 현실을 타파할 수 있는 용기가 필요하다.

강의, 컨설팅, 보고서 작성 등 특정 업무가 습관이 되면 당연하게 생각하는 경향이 있다. 새로운 것을 받아들이기보다는 기존의 사고 방식 안에서 행동하는 것이다. 때론 습관이 자유로운 사고를 방해하기도 한다. 그렇게 되면 새로운 목표에 대한 의지도 사라지게 되어 있다. 1인 기업은 자신이 구축한 성城을 지키려고 하기보다는, 자신이 가지고 있는 것을 과감하게 버리고 현실을 타파할 수 있어야 한다. 새로운 목표에 도전할 수 있는 용기가 필요한 것이다.

용기라는 단어 안에는 포기하지 않는 '끈기'도 포함되어 있다. 1인 기업은 하다보면 계획처럼 일이 되기도 하고 안 되기도 한다. 매번 일희일비—喜—悲하기보다는 자신의 목표를 위해 묵묵히 다가서는 끈기도 필요하다.

1인 기업은 누구나 성공을 꿈꾼다. 그러나 1인 기업의 성공은 얼마나 많은 일을 성취했는가보다는, 여러 차례 실패해도 좌절하지 않고 계속 도전할 수 있는가에 달려 있다. 목표를 정확히 설정하고 끊임없이 도전할 수 있는 용기가 있는 사람이 진짜 용기 있는 사람이다.

세 번째로는 열정이 필요하다. 열정은 궁극적으로 1인 기업이 꿈꾸는 목표를 현실로 만들어주는 힘을 가지고 있다. 재능보다 더 큰 힘을 발휘하는 것이 바로 '열정'이다. 1인 기업이 어떤 재능을 가졌냐보다는 얼마나 대단한 열정을 가졌는가에 따라 성공이 결정되는 것이다. 성공학의 대가인 나폴레온 힐Napoleon Hill은 "나를 성공으로 이끈 가장 중요한 힘은 제2의 어머니라 할 수 있는 열정이었다."라고 말했다. 열정 없이는 성공할 수 없는 것이다. 열정은 1인 기업이 반드시 갖춰야 할 필수 조건이며 목표에 가장 빨리 도달하게 해주는 에너지다. 열정이 없으면 행운의 여신이 행운을 가져다주더라도 성공할 수 없다.

열정은 긍정적 에너지로 다른 사람이 생각지 못하는 일들을 생각해내고, 보지 못하는 것을 볼 수 있게 하며, '할 수 없다', '불가능 하다'라고 하는 일들을 해낼 수 있게 한다. 또한 견디 힘든 좌절을 이겨내게 하고, 나쁜 것을 좋은 것으로 바꾸어 놓는다. 열정은 1인 기업이 시장에서 생존하고 성공할 수 있도록 하는 최고의 힘이다.

반대로 열정이 없는 1인 기업은 성공하기 힘들다. 1인 기업으로 성공한 공병호 박사, 구본형 소장, 이장우 박사, 김미경 대표, 조연심 대표 등은 적극적이고 열정적이었음을 확인할 수 있다. 세상은 열정이 있는 사람의 손을 들어주게 되어 있다. 열정으로 가득 찬 사람들은 아무리 큰 어려움을 만나더라도, 미래가 아무리 어두워 보일지라도 마음속 꿈을 이루고 마는 것이다.

행동은 가장 근본적인 힘이다

삶에 정답은 없다. 어떠한 선택을 하든 그 나름대로 의미가 있을 테니 말이다. 그러나 무엇인가를 이루고자 할 때, '행동' 없이는 불가능하다는 것은 진리다. '성공'이란 자신의 생각을 행동으로 옮기는 사람에게만 찾아오는 것이다. 행동을 하지 않고 운이 좋아서 원하는 것을 이루는 경우에는 오래가지 못한다.

영국의 전 수상이었던 벤저민 디즈레일리Benjamin Disraeli는 "행동이 꼭 만족할 만한 결과를 가져다주지는 않지만 아무 행동도 하지 않으면 어떤 결과도 얻을 수 없다"라는 이야기를 했다. "자격증을 따야 하는데~", "운동을 시작해야 하는데~", "그때 그 사업을 했으면 대박이었는데~"와 같이 생각과 상상만으로는 이룰 수 있는 것은 아무것도 없다. 성공이란 행동이 만드는 결과물이다.

힐튼호텔 창업자 콘래드 힐튼Conrad N. Hilton도 "나는 예전에 경비로 일하곤 했지요. 그런데 내가 만약 글을 배우지 않았다면 아마 지금도 경비로 있었을 거예요. 즉, 주어진 환경을 탓하고 맞춰나간다면 그 상태로 머무를 테지만 마음에 갖고 있는 것을 실천하면 더 나은 발전을 할 수 있어요."라는 말을 했다. 평범한 사람과 성공한 사람의 차이는 지식이 아니라 실천에 있고, 성공한 기업과 그렇지 못한 기업의 차이는 전략이 아니라 실행에 있는 것이다.

생각만 하고 실천하지 않는 사람은 자신의 바람을 꿈꿀 뿐이지만, 성공한 사람은 목표가 있는 행동을 지속적이고 일관되게 실행한다. 실천하지 못하는 사람은 게으름을 피우거나, 안 되는 이유를 나열하면서 자신을 정당화시키지만, 실천가는 자신의 목표를 이루기 위해 끊임없이 행동하고 이를 통해 자신의 삶을 변화시킨다. 머릿속으로

만 생각하는 것이 아니라, 직접 행동하면서 목표에 도달하기 위해 노력하는 것이다.

생각만 하고 행동하지 않으면 그것은 그저 '바람'일 뿐이다. 생각만으로는 어떤 결과도 얻을 수 없고 자신의 목적지에 도달하는 것은 더욱 어렵다. 착실하게 행동을 취할 때만 그에 상응하는 성과와 목표도 이룰 수 있는 것이다.

행동 없이는 목표를 이룰 수 없다

6개월 후에 마라톤 풀코스 완주를 목표로 세웠다면 이것을 실행하기 위한 구체적인 계획을 수립한다. 풀코스 완주는 하루아침에 할 수 없기 때문에 가벼운 운동으로 시작해서 점진적으로 훈련량과 강도를 높이는 형태로 계획을 세우는 것이다. 그러나 계획을 행동으로 옮겨 실천하지 않는다면 목표는 달성될 수 없다. 목표를 달성하기 위한 계획을 온 마음을 기울여 실천할 때 비로소 성공의 열매를 거둘 수 있는 것이다. 행동은 대단한 힘을 가지고 있다.

많은 1인 기업이 성공하지 못하고 있는 원인은 능력이 부족하고 성실하지 않아서도 아니고, 성공에 대한 열망이 없기 때문도 아니라 끈기와 인내심이 부족하기 때문이다. 이들은 처음에는 거창하게 시작하나 흐지부지 끝내버리기 십상이며, 수동적으로 대처하기만 하다가 대충 매듭지어 버리는 경우도 허다하다. 1인 기업으로 성공하기 위한 가장 중요한 전제 조건이 두 가지 있다면 바로 끈기와 인내라고 할 수 있다. 의지가 굳은 사람도 난관에 봉착하고 좌절을 겪을 때가 있겠지만, 설사 실패 좀 했다고 해서 그대로 쓰러지거나 무너지지는 않을 것이다.

1인 기업으로서 목표를 세웠으면 성실하고 꾸준하게 노력해야 한다. 너무 조급해하지 말고, 설사 도중에 좌절하더라도 포기해서는 안 된다. 1인 기업의 성공을 방해하는 가장 큰 장애물은 바로 포기다. 1인 기업의 성공은 마치 계단을 오르는 것과 같다. 한 계단 한 계단씩 밟아 올라가는 전략을 써야지, 그 어떤 얕은 수도 통하지 않는다. 꾸준히 한 계단 한 계단씩 오르다 보면 언젠가 산 정상에서 굽어보게 된 날이 올 것이다.

잔소리꾼을 만들어라!

1인 기업은 성공에 가장 중요한 성과 영역, 목표, 행동을 반드시 결정해야 하고, 이러한 사항을 스스로가 책임져야 한다. 1인 기업에게는 자유롭게 일할 수 있는 자율성이 주어지지만, 성실한 이행을 보장할 수 있는 강력한 모니터링 시스템을 적용하지 않으면 높은 수준의 결과물을 달성할 수 없기 때문이다. 하고자 하는 의도만으로는 아무것도 이룰 수 없다.

1인 기업이 성과를 낼 수 있는 강력한 모니터링 시스템으로 '잔소리꾼'을 만들 필요가 있다. 투수는 "나는 이 목표를 믿어요. 내가 공을 잘 던지게 해주세요. 필요하다면 내가 최선을 다하도록 강요라도 해주세요"와 같은 동의하에 코치에게 '잔소리를 할 수 있는 권리'를 부여한 것이다. 이에 코치는 투수에게 한 번 더 연습하고, 한 번 더 시도하도록 하고, 요구하고, 강요하는 것이다. 코치가 투수에게 하는 잔소리는 부정적이거나 벌을 주기 위함이 아니라 '지원'해 주는 것이다.

그렇다면 높은 수준의 자율성이 주어지는 1인 기업의 잔소리꾼은 누가 되어야 할까?

첫째, 주변 사람을 활용하는 방법이 있다. 예를 들어 가족이나 친구 등 자신을 잘 아는 사람에게 지속적으로 모니터링해줄 것을 요청하는 것이다. 여기에서의 전제는 상대방의 잔소리가 나를 도울 수 있다는 데 동의해야 한다는 것이다. 내가 진심으로 승인하지 않으면 아무도 나를 진심으로 관리할 수 없다. 이는 투수가 코치의 말을 이의 없이 따르는 것과 같다.

두 번째는 목표를 달성할 수 있는 시스템을 만드는 것이다. '1인 기업 퍼스널 브랜드' 관련 책을 쓰고 싶다면 신문사 등에 고정적으로 칼럼을 기고하는 것이다. 신문사에 칼럼을 기고하게 되면 일정에 맞춰 담당자와 편집자가 연락을 할 것이다. 이는 내가 칼럼을 일정에 맞춰 제출할 수 있도록 강제할 수 있는 권리를 외부자에게 부여한 것이다.

세 번째 방법은 대중과 약속하는 것이다. 블로그에 자신의 목표를 적고, 페이스북 친구들에게 끊임없이 자신의 목표를 이야기함으로써 자신과의 약속을 실천하도록 하는 것이다.

취미 삼아 하는 일로는 전문가가 되지 못한다

초등학교 시절 방학을 하면 누구나 한 번쯤은 생활계획표를 작성해 보았을 것이다. 커다란 종이에 큰 동그라미를 24개로 나누어서 몇 시에 일어나서 몇 시에 밥을 먹고 얼마나 놀고 공부를 할 것인지를 계획하는 것이다. 대부분은 작심삼일로 끝나고, 길게 잡아도 일주일을 넘기지 못하는 것이 다반사지만 이러한 삶은 평생토록 반복된다. 다만 커다란 종이에 연필로 그리지 않을 뿐이다.

중·고등학교 시절은 짜인 일정에 맞춰 학교와 학원 수업을 해야 하고, 성적에 맞춰 들어간 대학에서는 취업을 위해 외국어 공부, 자격증 취득, 학점 관리, 어학 연수 등을 다녀온다. 적성보다는 안정적이고, 그럴듯한 직장을 찾아 무한경쟁을 한 후, 높은 경쟁률을 뚫고 들어간 회사에서는 초등학교 시절과 다름없이 정해진 시간표대로 하루를 시작해 하루를 끝낸다. 자신이 꿈꾸는 삶은 이런 것이 아니란 것을 알면서도 매달 지출해야 하는 카드 값, 생활비 때문에 오늘도 어제와 같이 짜인 시간표대로 하루를 보낸다.

〈이상한 나라의 앨리스〉에 나오는 고양이의 대화처럼 자신이 어디로 가고 싶은지 모르면 남들 보기에 그럴듯한 일에 많은 시간을 소비할 가능성이 높다. 누구에게나 한 번뿐인 인생을 자신이 바라고 원하는 것을 하나하나 이뤄가면서 의미와 가치를 만들어 내는 것이, 자신의 길을 가고 있는 사람을 바라보면서 '나와는 다른 사람이구나'라고 자조하는 것보다는 훨씬 더 좋을 것이다.

일을 통해 나를 알린다!

사람은 깨어 있는 시간의 2/3를 일을 하면서 보낸다. 그것이 자신의 적성에 맞을 수도 있고, 맞지 않을 수도 있다. 그 일을 통해 성공할 수도 있고, 실패할 수도 있다. 일은 항상 삶의 중심에 있고, 생활에도 큰 영향을 미쳐 어떤 일을 하느냐에 따라 언어 사용 방식, 가치관, 사회적 인식, 행동 양식 등에 차이가 발생한다. 또한 일은 우리의 삶을 하루, 일주일, 월, 연 단위 형태로 규칙적으로 만들어주고, 조직적이고 일상적이며 체계적으로 만들어준다. 치열한 경쟁 속에서 안전하게 자아를 표출할 수 있게 해주기도 한다. 일을 통해 세상을 알고 돈을 벌며 자기를 세상에 알릴 수 있게 해주는 것이다.

그러나 자신이 진정으로 원하고, 잘할 수 있는 일이 무엇인지 알아내는 사람은 생각보다 많지 않다. 현재 자신의 자리도 꿈꿔서 왔다기보다는 어떻게 하다 보니 여기까지 왔고, 지금의 방식 외에 다른 대안이 없으며, 먹고 사는 문제로 인해 꿈이란 것은 생각할 겨를도 없기 때문이다. 아이들에게 "꿈이 뭐야?"라고 물어보는 부모는 있어도, 자신에게 "나의 꿈은 무엇일까?"라고 질문해 보는 사람은 많지 않다.

일하는 방식의 변화와 퍼스널 브랜드

'평생 직장'에서 '평생 직업'으로 일에 대한 개념이 변하고 있다. 삼성, 현대, LG 등의 직장 개념으로 자기를 바라보는 것이 아니라, 브랜드 마케팅 전문가, 커뮤니케이션 전문가, IT 전문가와 같이 직업인으로서 자신을 바라봐야 한다. 직장이 아닌

직업인으로서 일을 해석하면 회사를 퇴직한 후에도 자신의 이름만으로 비즈니스를 시작할 수 있다. 나의 이름으로 산다는 것, 퍼스널 브랜드를 가진다는 것은 시간의 차이는 있지만 결국 모든 사람이 맞닥뜨릴 현실이다.

언제든지 직장을 바꿀 수 있는 사람, 일을 마음대로 선택할 수 있는 사람은 드물다. 하지만 그 일을 하는 태도는 얼마든지 바꿀 수 있다. 복사하는 일 하나도 하찮게 여기는 사람이 있고, 인쇄한 것과 큰 차이가 없을 정도로 깔끔하게 하는 사람이 있다. 동료, 상사, 관계사라면 과연 누구를 더 선호할까? 기왕 하는 일이라면 제대로 하는 것이 필요하다. 그렇게 매일매일을 주어진 일에 최선을 다하다 보면 어느새 '나'라는 브랜드가 탄생하게 되는 것이다. 취미 삼아 하는 일에서 탁월한 성과를 내고 전문가로서 인정받는 경우는 많지 않다. 전문가는 취미보다는 직업과 관련되어 형성되는 경우가 많으며, 일을 대하는 나의 자세가 얼마나 치열하고 열정적인가에 의해 영향력도 달라지는 것이다.

익숙한 것들과의 결별

대부분의 직장인들은 쳇바퀴 돌듯 돌아가는 직장을 떠나, 자기가 원하는 일을 하며 자유롭게 살아가는 직업을 꿈꾼다. 하지만 그런 직업을 얻기 위해서는 많은 시간과 훈련이 필요하다. 취미 정도의 직업으로는 전문가가 되기 어려우며, 자신이 꿈꾸는 직업 생활을 할 수 없다. 인생이 언제나 따뜻한 봄날이기를 바라지만 구름, 폭풍, 비, 바람, 추위, 밤의 두려움, 시간 등이 없이는 화려한 꽃을 피울 수 없고, 따뜻한 봄날도 오지 않는다.

직장 생활 3년차의 최명석 대리. 어느 순간 스스로 도전을 멈추고 정체되어 있다는 느낌이 들어 주말에 '자기계발' 관련 세미나에 참석했다. 가벼운 마음으로 새로운 활력소를 찾아보고자 세미나에 참석했던 것인데 하루 종일 심난하기만 하다. '변화가 필요하다'라는 생각은 가끔씩 해왔지만 이번에는 기존과는 다른 느낌이었다.

최명석 대리가 전날 참석한 세미나 경험을 바탕으로 점심 시간에 동료들과 이야기를 해볼 요량으로 점심 식사 후 가까운 커피숍을 찾았다. 그런데 커피숍에 앉자마자 입사 동기인 박재훈 대리는 오전에 네이버에서 본 연예인 기사 이야기를 시작했다. 주변의 다른 동료들도 그 기사를 보았다며 해당 연예인에 대한 추가 의혹을 제기했다. 그렇게 연예인 이야기가 끝나 갈 즈음 또 다른 동료는 줄어든 법인카드 한도에 대해 불만을 나타냈다. 이사님은 법인카드를 마음대로 사용하면서 자기가 출장 중에 사용했던 점심 식사 비용이 너무 비싸다고 이사님께 주의를 들었다는 것이다. 이야기는 순식간에 법인카드 한도가 줄어든 것에서 이사님 험담으로 이어졌다.

최명석 대리는 순간 자신의 모습을 돌아보게 되었다. 바로 어제까지만 해도 자신도 점심 시간이나 휴식 시간에 사람들과 나누는 이야기가 전날 방영된 드라마나 스포츠, 정치, 회사에 대한 불만, 검색 엔진에서 접한 연예인 신변 잡기, 줄어든 법인카드 한도, 월급 인상과 성과급, 상사 험담 등을 늘어놓고 있었던 것이다. 그 속에는 자신에 대한 진지한 고민도 없었고, 무엇하나 건설적인 이야기도 없었다. 그렇게 소중한 시간을 매일매일 의미 없게 흘려보낸 것이다.

최명석 대리가 느낀 것처럼 자신이 하고 싶거나 달성하고 싶은 목표를 위해서는 익숙한 것들과의 결별이 필요하다. 시간이 많이 소요되는 러시아워 때에 출근해서 모닝커피와 잡담, 회의, 자극적인 인터넷 기사를 클릭하다 오전 시간을 보내고, 길게 늘어선 줄을 기다려 힘들게 점심을 먹고, 점심 식사 후에 커피 전문점에서 점심 값보다 비싼 커피 한 잔을 마시고, 점심 식사 후에 몇 가지의 업무 처리와 전화 응대, 결재 등을 쫓아다니다 퇴근 시간이 되면 상사의 눈치를 보거나 못 다한 업무 처리를 위해 야근을 하고, 퇴근 후에 직장 생활이 다 그렇다는 듯이 동료나 친구들과 술 한잔하고, 늦은 시간에 귀가해서는 TV 채널을 이리저리 돌리다 잠이 들고, 다음

날이면 전날 음주로 인해 일찍 일어나지 못해 출근 시간을 겨우 맞춰 출근을 하는 삶으로는 변화시킬 수 있는 것이 많지 않다.

1만 시간의 법칙과 1인 기업

내공을 쌓지 않은 상태에서 언론 및 미디어의 집중적인 조명을 받는 1인 기업은 수명이 짧다. 시장은 냉정하기 때문이다. 1인 기업으로서 성장하고, 자신의 브랜드를 구축하기 위해서는 '1만 시간'까지는 아니더라도 한 분야에서 치열한 자기와의 싸움이 필요하다.

아리카와 마유미는 자신의 저서 〈진짜 재미있는 인생이 시작된다〉에서 일단 시작한 일은 3년은 기본이라고 한다. 3년 넘게 한 일이 하나라도 있어야만 "저는 이런 일을 할 수 있습니다!"라고 말할 수 있으며, 이것이 자신감이 된다고 한다. 또한 상사에게 혼나면서 배우고 고생한 경험은 반드시 삶의 양식이 되고 미래를 위한 밑거름이 된다고 한다.

1인 기업으로 살아가고, 자신의 브랜드를 구축하기까지는 짧게는 몇 년, 길게는 수십 년이 걸리기도 한다. 몇 권의 책과 짧은 기간의 경험으로 도달할 수 있는 곳이 아니다. 인터넷 시대로 모든 속도가 빨라졌다고는 해도 수련을 위해 산 속에서 보내야 하는 절대적인 시간은 필요한 법이다.

1만 시간은 하루도 빠짐없이 매일 3시간을 투입할 경우 대략 10년이 돼야 가능한 시간이다. 시간은 모든 사람에게 공평하게 주어지는 자산이며, 시간을 어떻게 쓸 것인가에 대한 결정도 각자가 할 수 있다. 1인 기업으로서 달성하고 싶은 꿈을 꾸고, 그것을 실행하기 위한 꾸준한 노력이 뒷받침될 때 그 사람은 브랜드가 되고, 시장에서 통용될 수 있는 '무엇'을 구축할 수 있다.

퍼스널 브랜드를 얻기 위해서는 어제와 같은 오늘이 아니라, 내실 있는 오늘을 꾸준히 이어나가야 한다. 주어진 일을 처리하기 위해 하루를 보내고, 야근을 하고, 휴일을 반납한 대가로 월급, 보너스, 승진 등의 보상에 자신을 위로하면서 또 하루를 흘려보내서는 안 된다. 톰 피터스가 말했듯이 작년의 이력서와 올해의 이력서가 같다면 당신은 실패한 것, 1년이라는 풍족한 시간을 제대로 활용하지 못한 것이다.

강점과 가치관에 근거한 퍼스널 브랜딩 활동

스티브 잡스Steven Paul Jobs는 살아생전에 "기술만으로는 충분하지 않습니다. 기술과 인문학이 결합되었을 때, 우리의 가슴을 뛰게 하는 제품을 만들게 됩니다."라고 말했다. 제품을 개발할 때 기술을 넘어 인간으로서 느끼는 감정을 강조한 것이다. 그의 말처럼 감성적 교류를 통해 고객과의 관계를 돈독히 하는 것은 강력한 브랜드 효과로 이어진다. 견고하고 안정된 시장에서 높은 수익을 낼 수 있게 되는 것이다.

디지털 시대에는 모방이 쉽다. 수공업이 아니라 '복사' '붙여넣기'가 가능하다. 때문에 제품 자체의 독특한 성능이나 기능만으로는 차별화를 하기가 어렵다. 결국 애플처럼 소비자와 유대 관계를 강화하여 브랜드로 차별화를 꾀할 수밖에 없다.

필립 코틀러Philip Kotler는 브랜드를 "자사의 제품이나 서비스를 타사의 제품이나 서비스와 차별화하고 자사의 정체성을 담을 수 있는 명칭, 용어, 기호, 상징, 디자인 또는 이러한 요소들의 결합"으로 정의했다. 하지만 최근에는 브랜드가 제품이나 서비스에 머무르지 않고 연예인, 스포츠 스타, 저명인사, 정치인, 작가, 강사, 컨설턴트 등 사람으로까지 확장되고 있다. 이것을 퍼스널 브랜드라 부른다. 퍼스널 브랜드는 내가 가지고 있는 이미지의 총합으로 개인이 가지고 있는 특성과 능력을 상표화하는 것이다. 퍼스널 브랜드를 구축한 사람들은 자신들의 명성, 평판, 이미지, 신뢰성 등 무형의 자산을 바탕으로 막대한 수익을 낸다.

강점에 집중해야 한다!

김미경, 구본형, 박경철, 홍순성… 이들의 이름에 어떤 단어가 떠오르는가? 이들을 알고 있는 사람이라면 다음과 같은 단어가 떠오를 것이다. '아트 스피치, 김미경', '변화경영, 구본형', '시골의사, 박경철', '스마트워킹, 홍순성'. 이렇듯 이름만으로 그들만이 가지고 있는 차별적인 가치를 설명해줄 수 있는 사람, 바로 이들이 개인의 가치를 성공적으로 구축한 퍼스널 브랜딩의 사례다.

퍼스널 브랜드는 연예인이나 CEO 등 유명인만 가질 수 있는 것이 아니다. '기획의 달인, 김과장', '영업의 고수, 최대리', '엑셀의 달인, 이부장' 등 회사 내에서 다른 사람과 차별화된 가치를 인정받고 있다면 모두 다 퍼스널 브랜드를 갖고 있다고 할 수 있다. 이처럼 '나'를 하나의 브랜드로 생각하고 브랜드 자산을 쌓아가는 것이 퍼스널 브랜드personal brand인 것이다.

디지털 컨버전스digital convergence[1]로 인해 산업 간 경계가 모호해지고 무한경쟁이 벌어지고 있는 시대에서는 남들과는 다른 나만의 브랜드가 중요해진다. 이제 '나'라는 브랜드를 관리하는 브랜드 매니저가 되어 목표를 정하고 행동으로 하나씩 옮길 때다. 1년 후, 3년 후, 5년 후, 10년 후 자신이 갖고자 하는 이상적인 목표를 설정하고, 현재 자신이 갖고 있는 자산(감성자산, 지식자산, 고객자산)을 분석해 봐야 한다. 그

---

[1] 디지털 기술 기반의 여러 제품이나 서비스가 융합되어 새로운 형태의 제품이나 서비스로 탄생하는 것을 가리킨다. 인터넷 회사인 다음(Daum), 네이버(Naver)에서 올림픽을 생중계하고, KT의 통신 서비스를 네이트온(NateOn)에서도 이용할 수 있는 것 등이 모두 디지털 컨버전스의 영향이라고 할 수 있다.

리고 강화해야 할 강점은 무엇이고, 강점을 강화하기 위해 보완해야 할 약점은 무엇인지도 객관적으로 분석해야 한다. 그러나 약점을 보완하기 위해 많은 시간을 투자하지는 말자. 부족한 부분을 개선하기보다는 자신의 강점을 강화하는 것이 퍼스널 브랜드를 구축하는 데 유리하기 때문이다. 강점에 집중할 때, 퍼스널 브랜드가 만들어진다.

장점도 가치관과 맞아야 한다

퍼스널 브랜드 구축에 필요한 강점을 발견했다면 자신의 가치관도 확인해야 한다. 가치관과 맞지 않다면 일을 하면 할수록 내면적 갈등이 깊어질 수 있기 때문이다. 어떤 사람은 안정적인 환경에서 자신에게 주어진 일을 처리하기를 원하고, 어떤 사람은 자유로운 환경에서 자유롭게 일하기를 원한다. 이처럼 사람들은 어떠한 방식으로 행동하는 믿음과 신념, 즉 자신들만의 가치관을 갖고 있다. 개인 행동 형성에 영향을 주는 일반적 요인들로 오랜 학습을 거쳐 수립된 가치관은 행동에 직접적인 영향을 준다.

가치관은 여러 가지 측면에서 중요하게 작용한다. 첫째, 가치관은 결정이나 판단의 기준이 된다. 가치관으로 인해 사람들은 하고자 하는 동기와 앞으로의 목표를 결정하고 어디에서 만족을 얻느냐를 결정한다. 삶의 목표 등 여러 가지 판단 기준을 제공하기 때문에 1인 기업으로서 퍼스널 브랜드를 가지고자 할 때는 자신의 흥미, 적성, 성격 등과 함께 가치관을 고려해 볼 필요가 있다. 둘째, 가치관은 일의 선택에 필요한 자료를 제공한다. 어떤 선

택이나 모든 의사 결정에는 가치관이 작용한다. 마찬가지로 일을 선택이라는 의사 결정도 가치관에 의해 이뤄진다.

셋째, 가치관은 일에 대한 만족도에도 영향을 미친다. 사람들은 자신의 욕구와 조화를 이루는 환경을 선택하려는 경향이 있고, 자신의 가치가 충족될 수 있는 환경에서 일을 할 때 높은 만족도를 얻을 수 있다. 일에 대한 만족도는 삶의 만족도와도 연결되어 있다.

내적 가치와 외적 가치

가치관은 다시 내적 가치와 외적 가치로 구분해 볼 수 있다. 내적 가치는 성취, 봉사, 개별 활동, 변화 지향, 지식 추구, 직업 안정, 몸과 마음의 여유, 자율성, 실내 활동 등이며, 외적 가치는 성취, 영향력 발휘, 지식 추구, 금전적 보상, 인정, 애국 등이다.

내적 가치를 중시하는 사람들은 대체로 일을 통해 내적인 만족을 얻고자 하는 경향이 높다. 이렇게 내면적 만족을 얻고자 하는 사람들은 자신이 좋아하는 일을 해야 만족을 느낄 수 있기 때문에 적성보다는 흥미로운 일을 중심으로 퍼스널 브랜딩 활동을 하는 것이 효과적이다.

반면 영향력 발휘나 금전적 보상, 인정 등 외적인 가치를 중시하는 사람들은 주어진 일이나 직업에서의 수행이나 결과를 중요하게 여기는 경향이 많다. 즉, 자신의 직업이나 맡은 일에서 능력 발휘를 하고 잘해 내었을 때 만족을 느끼는 것이다. 이러한 사람들은 일에 대한 흥미보다는 적성에 맞춰서 퍼스널 브랜딩 활동을 전개하는 것이 효과적이다.

목표에 도달하기 위해 필요한 사항을 관리해 나가면 누구나 퍼스널 브랜드를 가질 수 있다. 즉, 목표를 위한 다짐을 적어보고, 목표와 어울리는 외모와 체형(symbol), 옷차림이나 머리 스타일(package), 그리고 개성(character) 등을 설정하고 체계적으로 관리하는 것이다. 이것이 바로 퍼스널 이미지 브랜딩이다.

120

글쓰기는 더욱 중요해진다

'1 : 9 : 90법칙'이라는 것이 있다. 인터넷 카페, 블로그 등의 커뮤니티에서 1%만이 적극적으로 참여하여 콘텐츠를 생산하고, 9%는 콘텐츠를 수정 및 평가하며, 나머지 90%는 그냥 이용한 한다는 말이다. '지식 검색' 열풍을 몰고 왔던 네이버 '지식in' 서비스의 경우 실제 답변에 참여한 비율은 1%가 채 되지 않는다고 한다. 이처럼 자신의 의견을 글로 작성하는 것은 쉬운 일이 아니다.

IT 기기의 발전과 정보화는 1인 기업이 있게 한 가장 큰 원동력이다. 그러나 글쓰기 능력을 갖추지 않은 상태에서 휴대폰, 노트북, 디지털 카메라 등 IT 기기를 잘 활용하는 것만으로는 1인 기업으로 성장하기에 한계가 있다. 물론 시각적인 것이 중요한 사진과 디자인 등의 영역은 다소 예외가 있을 수 있다. 그렇지만 사진과 디자인 등의 영역도 '글'로 설명하지 않고, 시각적인 형태로만 표현한다면 받아들이는 사람이 어려움을 느낄 것이다. 디지털 시대에도 아날로그 시대 방식의 표현 능력이 필요한 것이다.

글쓰기는 피터 드러커, 톰 피터스, 대니얼 핑크, 공병호 박사 등이 1인 기업의 첫 번째 조건으로 꼽은 '콘텐츠 창조 능력'과 밀접한 관련이 있다. 뛰어난 실력과 직관적인 통찰력을 가지고 있어도 자신의 생각을 글로 표현하지 못하면 콘텐츠를 완성할 수 없기 때문이다.

글을 쓰려면 일단 많이 읽어야 한다!

변치 않는 진리 중 하나는 투입이 있어야 결과물도 있다는 것이다. 영어 공부를 하나도 하지 않고 좋은 성적을 기대할 수 없는 것처럼, 책을 읽지 않고 좋은 글이 나오는 것은 기대할 수 없다.

책읽기는 '콩나물 시루'와 같다. 콩나물 시루에 물을 주면 전부 다 흘러내리지만 시간이 흐르면 콩나물이 자란다. 이와같이 책도 읽고 난 후에는 내용을 잊어버리게 된다. 그러나 꾸준히 독서를 하면 콩나물이 자라는 것처럼 생각의 나무도 자라게 된다.

책을 어떻게 읽어야 좋은가에 대한 정답은 없다. 독서 방식은 개인에 따라, 상황에 따라 달라질 수 있는 것이다. 시중에는 독서 방법과 관련한 다양한 도서들이 있다. 남들 좋다는 베스트셀러만 읽기보다는 여러 권의 책을 읽고 자신에게 맞는 도서를 선택하는 것이 좋겠다.

지식 서비스를 중심으로 생활하는 1인 기업은 한 달에 몇 권의 책을 읽어야 할까? 개인의 역량에 따라 다를 수 있지만 한 달에 몇 권, 1년에 몇십 권으로는 부족하다. 세상의 변화 속도는 더욱 빨라지고 있으며, 지식의 수명은 상대적으로 짧아지고 있기 때문이다. 지식 서비스를 제공하는 1인 기업은 최소 한 달에 10권, 1년에 100권 이상은 읽어야 이 급변하는 환경에서 살아남을 수 있다.

읽는 책의 질도 중요하다. 1인 기업이라면 소설보다는 경영/경제 서적 위주로 읽고, 한 분야에 대해 한두 권만 읽기보다는 개념이 정립될 때 까지 여러 권을 집중적으로 보는 것이 좋다. 이러한 것을 '비즈니스 독서'라고 한다. 물론 소설이나 만화책 등을 통해 창의적인 아이디어를 얻을 수도 있지만 생각만큼 원하는 결과를 얻지 못하는 경우가 많다.

일단 써보는 것이 중요하다!

1인 기업이 글쓰기 능력을 높이는 최고의 방법은 일단 써보는 것이다. 태어날 때부터 펜을 들고 태어난 사람은 없다. 1인 기업으로 독보적인 공병호 박사도 처음부터 글을 잘 쓰지는 않았을 것이다. 실제 공병호 박사의 글들을 읽어 보면 그가 얼마나 많은 노력을 했는지를 알 수 있다.

글쓰기에 대해 많은 사람이 부담을 느끼는 이유는 잘 써야 한다는 생각 때문이다. 앞서 말했듯이 누구나 처음은 있고, 그 처음은 초라했을 것이다. 초라한 시절을 거치지 않고 곧바로 화려하게 등장하는 사람은 시장에서 수명이 짧게 마련이다. 지탱할 수 있는 뼈대가 약하기 때문이다.

처음부터 대하소설을 쓰려고 하기보다는 하나의 주제로 한 페이지 내외의 글을 써보는 것이 좋다. 200페이지를 작성하는 것은 어렵지만 3페이지는 어렵지 않게 쓸 수 있다. 글쓰기가 어렵다면 누군가에게 이야기한다고 생각하고 장면을 상상하면서 쓰는 것도 도움이 된다.

사람들은 누구나 익숙한 것을 계속 하고 싶어한다. 그만큼 새로운 것을 받아들이기가 쉽지 않다. 그러나 분명한 것은, 지식 수명주기가 짧아지고 있다는 점이다. 새로운 것을 받아들이기 무섭게 또 다른 것이 출현하고 과거의 것은 낡은 것이 되고 만다. 지식을 끊임없이 생산해 내는 1%의 1인 기업에게만 부와 명예가 주어질 것이다. 그래서 1인 기업은 스스로 학습할 수 있는 시스템을 갖춰야 하며, 이것을 할 수 있는 가장 좋은 방법이 책읽기와 글쓰기다.

사람들은 제각각 나름대로의 방법으로 자기계발을 하지만, 자신만의 브랜드로 살아가고자 하는 1인 기업은 단순한 개선이나 자기계발로는 시장에서 살아남을 수 없다. 기존의 가진 것을 모두 버리고 새롭게 시작한다는 각오의 혁신이 필요한 것이다. '혁신革新'의 '革'자는 '가죽 혁'자이며, '新'은 '새로울 신'자다. '혁신'은 가죽을 벗겨내는 고통이 따른다는 의미다. 많은 사람이 자기 자신에게 진지한 질문을 하지 못하고, 삶의 방식을 쉽게 바꾸지 못하는 것은 변화하는 것이 그 만큼 힘들기 때문이다.

글쓰기의 유형

글쓰기는 크게 수필, 소설, 시詩 같은 문학적 글쓰기와 보고서, 제안서와 같은 논리적 글쓰기로 구분해 볼 수 있다. 문학적 글쓰기는 재미와 감동을 주기 위한 것으로 작가의 자유로운 상상력을 바탕으로 써나가면 되며 일정 정도 재능을 타고나는 경우가 많다. 반면 1인 기업이 많이 사용하는 논리적 글쓰기는 보고와 설득적인 목적이 많으므로 읽는 대상이 구체적이며, 그들에게 전달하려는 내용이 확실하게 드러나야 한다. 논리적 글쓰기는 누구나 훈련을 통해 일정 궤도에 오를 수 있다는 점에서 비즈니스를 전개해야 하는 사람에게 논리적 글쓰기부터 권장한다.

지난 2005년에 전미 가족 · 학교 · 대학작문위원회는 작문상 수상자로 투자의 귀재 워렌 버핏Warren Edward Buffett을 선정했다. 워렌 버핏이 작성한 글은 매년 재계의 리더, 학자, 투자자 등에게 보내는 연례보고서로 심사위원들은 "이 보고서는 격의 없으며 이해하기 쉬운 문체로 쓰여져 예술과 작문 기술 향상에 기여했다"며 칭찬을 아끼지 않았다.

많은 사람이 글쓰기에 부담을 갖는 것은 어렸을 적부터 '글은 아름다워야 하고 읽는 사람의 마음을 움직일 수 있어야 하는' 문학적 글쓰기를 강요당했기 때문이다. 그러나 1인 기업이 비즈니스를 하면서 문학적 글을 작성할 일은 거의 없다. 효과적인 의사 전달을 위해 정확하고, 명료하고, 간결하게 글을 작성하면 된다.

논리적 글쓰기 유형은 역피라미드형, 피라미드형, 혼합형으로 구분할 수 있다.

역피라미드형은 첫머리에 내용의 핵심 내용을 제시하고, 이어 본문에서 보충 사항과 세부 사항을 중요도 순서대로 배열해 나가는 구조를 말한다. 역피라미드형 글의 장점은 앞부분만 읽고도 내용의 핵심을 알 수 있다는 것이다.

피라미드형은 시간의 순서대로 작성돼 흔히 '시간적 서술형'이라고도 한다. 즉, 이야기하고자 하는 것을 시간적·논리적 순서대로 서술하고 끝에서 결론을 내리는 형태다. 피라미드형은 줄거리를 전개하면서 읽는 사람의 흥미를 자아낼 수 있어 칼럼과 같이 의견을 나타낼 때 많이 사용된다.

혼합형은 역피라미드형과 피라미드형을 혼합한 형태다. 전하려는 핵심 내용은 역피라미드형과 마찬가지로 맨 처음에 제시하고, 다음의 본문에서는 피라미드형처럼 사건의 논리적·시간적 순서에 따라 이야기를 서술한다.

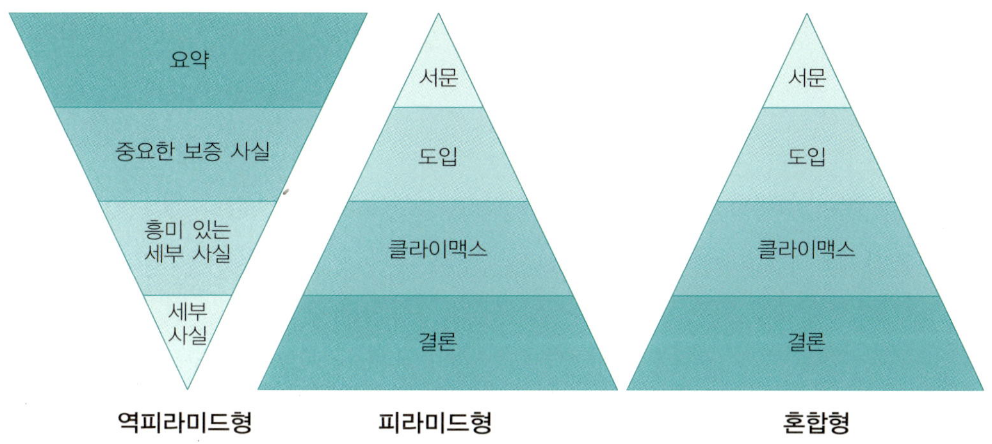

1인 기업이 블로그에 포스팅하고, 제안서를 작성하고, 보고서를 작성할 때는 표현보다는 논리력에 더 신경 써야 한다. 직접 만나서 할 이야기를 글로 대신하는 것인 만큼, 읽는 사람이 고개를 끄덕거릴 정도로 논리가 있어야 하는 것이다.

글을 잘 쓰는 사람이 리더가 된다

비즈니스에 몸담고 있는 대부분의 사람은 글쓰기와 함께 하루를 보낸다. 아침에 출근해서 이메일을 확인하고 답장을 보내는 것도 글쓰기고, 외부에서 상사에게 문자로 보고하는 것도 글쓰기며, 고객과의 회의 내용을 작성하는 것도 글쓰기고, 카카오톡이나 페이스북을 통해 친구들과 대화를 나누는 것도 글쓰기다.

　1인 기업에 글쓰기는 '있어도 그만 없어도 그만인 것'이 아니다. 얼마나 논리적으로 글을 잘 쓰느냐에 따라 그 사람의 능력이 달라진다. 실제 하버드대학교 졸업생 중 사회적 리더로 활동하는 사람들의 성공 요인을 조사한 결과 가장 많은 대답이 '글쓰기 능력'으로 나타났다. 그래서 인지 세계적인 대학들은 라이팅센터를 만들어서 보고서나 논문을 작성하다 어려움이 있으면 언제든지 상담을 받을 수 있도록 하고 있다.

　마케팅 글쓰기 전문가로 활동하고 송숙희 씨는 자신의 저서 〈워딩파워〉에서 "혁신과 창의만이 생존할 수 있는 시대에 필요한 인재는 단편적인 실용 지식보다는 분석이나 해석, 비판적 사고를 지니고 이를 글로 논리 정연하게 표현할 줄 알아야 한다"며, "특히 리더의 글쓰기는 대중이 열망하는 것을 찾아내어 표현하고, 그로써 대중 스스로 움직이게 만드는 치열한 지적 활동의 소산"이라고 말하고 있다. 1인 기업이나 퍼스널 브랜드를 구축하고자 하는 사람에게 소설가가 되라고 하는 것이 아니다. 자신의 생각이나 의견을 논리적으로 써보는 것은 누구나 할 수 있다. 그렇게 시작하다 보면 글쓰기에 자신감도 생길 것이다.

시간을 어떻게 구분해서 사용할 것인가?

　시간 관리의 핵심은 일의 상대적 중요도를 고려해서 자신이 해야 할 일(to do list)들의 '우선순위'를 정하고 실천하는 것이다. 그날의 우선순위 1번 과제가 마무리되고 나서야 2번 과제를 해야 하며, 우선 과제가 마무리되지 않았을 때는 다른 일을 하지 않도록 한다.

　일의 상대적 중요도를 고려해서 시간 활용의 우선순위를 정하는 방법으로 '시간관리 매트릭스' 기법이 있다. '급한 일'과 '급하지 않은 일', '중요한 일'과 '중요하지 않은 일'을 4개의 영역으로 구분하여 자신이 어느 영역에 우선순위를 두고 있었는지 돌아보고, 어떤 영역에 더 신경 써야 할지도 정할 수 있도록 해준다.

	급한 일	급하지 않은 일
중요한 일	**A** **중요하면서 긴급한 일** 예 마감 날짜가 임박한 원고, 컨설팅 보고서 작성 등	**B** **중요하지만 급하지 않은 일** 예 독서, 운동, 인간 관계, 꾸준한 블로그 포스팅 등
중요하지 않은 일	**C** **급하지만 중요하지 않은 일** 예 저녁 회식 장소 섭외 및 참석자 연락 등	**D** **급하지도 중요하지도 않은 일** 예 지나친 페이스북 담벼락 확인, 카카오톡, TV 시청 등

A영역은 중요하면서 긴급한 일로 가장 먼저 해결되어야 할 일이다. A영역에 해당하는 일을 할 때는 주어진 시간 안에 최대의 성과를 낼 수 있도록 해야 한다. 유의할 점은 '중요하면서 긴급한 일'이 너무 많으면 업무의 과부하로 인해 중요한 일을 그르칠 수 있다는 점이다. A영역의 일들이 많아지는 경우는 대부분 '해야 하지' 하면서 일들을 뒤로 미룬 경우에 해당된다. 따라서 사전에 계획을 세워 A영역의 일들을 B영역으로 만들어 두는 게 좋다.

B영역은 독서, 운동, 인간 관계 등과 같이 당장 실천하지 않아도 큰 문제가 되지 않지만, 장기적으로 자신의 목표에 도달하게 해주는 일들이다. 시험 공부를 미리 해놓는 것과 같이 계획을 세워놓고 실천해야 하는 영역이다. 기회는 준비된 사람에게만 찾아오는 법이다. 당장 눈앞에 보이는 급한 일은 아니지만 스스로 끊임없이 체크해서 노력해야 하는 부분이다.

C영역은 긴급할 뿐인데 중요한 일이라고 착각을 일으키는 속임수 영역이다. 뭔가 매일 바쁜데 지나고 나면 남는 게 하나도 없는 경우에는 자신이 C의 일에만 집중하고 있는 게 아닌지 생각해 볼 필요가 있다. C영역은 일은 처리한 일이 많은 것 같지

만 실제 자신의 목표나 비전과는 크게 상관없는 경우가 많다. 위임 등을 활용하여 불필요한 일을 과감히 줄이거나 없애야 한다.

D영역은 지나친 페이스북 담벼락 확인, TV 시청, 게임, 작은 이메일 확인 등과 같이 낭비의 영역에 해당한다. 급하지도 않으면서 중요하지도 않은 D영역은 일은 가급적 제거해야 한다. 이것이 시간을 버는 길이다.

시간 관리 매트릭스를 활용한 우선순위 결정 방법은 개념적으로 어려울 것이 없지만, 실천은 말처럼 쉽지 않다. 자신의 목표를 끊임없이 되뇌며 스스로 나아가는 방법밖에 없다. 언제나 실천은 스스로의 몫이다.

무심코 버리는 자투리 시간을 잡아라

오전 9시에서 오후 6시까지 8시간을 일한다고 가정했을 경우 몰입해서 일하는 시간은 얼마나 될까? 많은 사람이 계속 걸려오는 전화, 자신과 상관없다고 생각되는 회의 참석, 동료와의 잡담, 인터넷 서핑 등으로 집중하지 못하면서 하루를 보낸다. 또한, 하루를 사전에 계획하지 않음으로써 무슨 일부터 해야 할지 갈피를 잡지 못할 때도 있고, 고객과 만나기로 한 시간이 변경되었을 때 생기는 시간을 어떻게 보내야 하는지, 업무를 위해 이동하는 동선이 치밀하게 계획하지 않아 낭비하는 시간도 적지 않다. 이렇게 하루 중 많은 시간이 비효율적으로 사용된다면 그 누구도 만족할 만한 성과를 거두기 어렵다.

모든 문제는 큰 것보다도 작은 것을 소홀히 한데서 생겨난다. 아침에 출근해서는 오늘은 어떤 일을 처리하고 누구를 만날지 철저히 계획되어야 하고, 고객을 만나러 갈 때는 최적의 방법으로 이동할 수 있어야 한다. 500원, 1,000원을 함부로 쓰는 사람이 부자가 되기 힘든 것처럼 일상에서 생겨나는 5분, 10분의 자투리 시간을 소홀히 해서는 시간을 지배할 수 없다. 쓸데없이 낭비되는 시간을 철저히 단속하고, 동료와의 잡담, 인터넷 서핑 등으로 무심코 흘려버리는 자투리 시간을 생산성 있는 일들로 아껴 쓰는 지혜가 필요하다.

집중도가 낮은 자투리 시간에는 간단한 체조로 근육을 풀어주거나, 고객 안부 전화, 영업일지 작성, 저녁 모임 장소 섭외, 경제신문 헤드라인 읽기 등 할 수 있는 일들은 많다. 5분, 10분의 자투리 시간을 흘려버리지 않고 사용한다면 하루 평균 버리면서 사는 5~6시간을 살려낼 수 있다. 이것이 습관화되면 머지않아 시간 관리의 달인이 될 수 있다. 또한, 업무 마감 시한을 정하고, 꼭 해야 할 일과 버려야 할 일을 구분하고, 꼭 해야 할 일에 시간을 집중하며, 꼭 해야 할 일이 아닌 일은 관심 밖에 두고 과감히 버리도록 해야 한다.

1인 기업의 시간 구분 활용 방법

일의 상대적 중요도를 고려해서 자신이 해야 할 일(to do list)들의 우선순위를 정하는 것은 중요하다. 그 못지않게 중요한 문제는 '시간을 어떻게 구분해서 활용할 것인가'다. 일하는 시간을 무조건 늘리거나, 당장의 이익을 위해 미래를 위한 시간에 투자하지 않는다면 1인 기업은 시장에서 도태되고 말 것이다.

1인 기업의 시간은 '수입 시간', '투자 시간', '개인 시간'으로 구분해 볼 수 있다. 수입 시간은 지금 당장의 수익을 위해 투입되어야 하는 시간이고, 투자 시간은 미래를 위해 투자되어야 하는 시간을, 개인 시간은 일 외적으로 쓰여지는 시간을 의미한다.

1인 기업의 시간 중 지속적 성장을 위해 꼭 필요한 시간이지만 자주 희생되고 마는 것이 '투자 시간'이다. 많은 1인 기업은 개인 시간과 투자 시간을 희생해가면서 놀랄 만큼 열심히 일한다. 그러나 미래에 대한 투자 없이는 지속적으로 성장하지 못할 것이다.

당장의 수익을 위해 개인 시간과 투자 시간을 희생할 수밖에 없다는 주장도 있을 수 있지만 이는 잘못된 견해다. 투자 시간은 총 업무 시간을 늘리는 개념이 아니라 비효율적으로 사용되고 있는 시간을 성과를 만들어 낼 수 있는 시간으로 바꾸는 개념이기 때문이다. 시간 관리 매트릭스 중 C영역(중요하지만 급하지 않은 일)과 D영역(급하지도 중요하지도 않은 일)의 일을 제거함으로써 미래를 위한 투자 시간을 충분히 확보할 수 있다. 잘만 실행한다면 미래를 위한 투자 활동을 한다고 해서 현재의 수입에 대한 목표를 달성하는 데 어떠한 희생도 하지 않고 두 가지 모두를 달성할 수 있다.

1인 기업이 자신의 '블로그에 글을 쓰는 것은 단기적인 수익에는 도움이 되지 않지만, 장기적으로 자신의 명성이나 미래에 중요한 투자시간이다'라고 결정했다면, 이는 반드시 실행을 해야 한다. 투자 활동에 지정해 놓은 시간이 어쩔 수 없이 고객 업무에 써야 하는 일이 발생했더라도, 그 투자 활동에 대한 의무가 없어졌다고 생각하면 안 된다. 투자 시간은 수입 목표와 마찬가지로 반드시 지켜야 하는 의무다.

효율적인 시간 관리의 기술

시간을 자기 주도적으로 사용하는 사람은 나아가 인생을 컨트롤할 수 있다. 하루 24시간은 누구에게나 공평하게 주어지지만 어떻게 사용하느냐에 따라 가치와 결과는 확연히 달라지는 것이다. 그렇다면 어떻게 자기 주도적으로 시간을 관리할 수 있을까? 여러 가지 노하우가 있을 수 있지만, 핵심은 주어진 시간을 낭비하지 않고, 효율적으로 시간을 관리하는 것이다.

이에 필요한 첫 번째가 위에서 언급한 '우선순위'를 정하는 것이다. 미국의 작가 제임스 보트킨James W. Botkin은 성공한 사람들의 시간 사용 패턴에 대해 분석하면서 15 : 4 법칙을 정립했다. 이는 "무슨 일을 시작하기 전에 15분 동안 무엇을 할 것인지 생각하면, 나중에 4시간을 절약할 수 있다는 것이며, 미리 하루의 일을 생각해서 우선순위를 정하고 하루의 업무를 조직화한 사람은 대책 없이 하루를 보내는 사람들보다 성공할 가능성이 훨씬 높다"는 것이다.

해야 할 일은 많고 주어진 시간은 제한되어 있기 때문에 사람들은 고민에 빠지게 된다. 슈퍼맨이 돼서 모든 일을 빈틈없이 처리하면 좋겠지만 이는 불가능한 일이다. 결국 여러 가지 해야 할 일들 중에 우선순위를 정해서 처리하는 것이 시간 관리의 첫 번째 핵심이다. 가장 중요한 일을 먼저 집중해서 처리하고, 다음으로 후 순위의 일을 처리하는 것이다. 여기에 일을 처리하는 데 소요되는 시간까지 예상해서 계획을 짜면 더욱 좋다. 그러나 가장 중요한 것은 계획에서 끝나는 것이 아니라 우선순위에 따라 실제로 행동하는 것이다.

시간 관리의 두 번째 방법은 가계부와 같은 '시계부時計簿'를 써보는 것이다. 예를 들어 아침 출근 50분, 출근 후 커피 마시기 12분, 고객과 전화 통화 5분, 회의 참석 1시간 20분, 회의록 작성 30분 등과 같이 업무를 수행할 때마다 소요된 시간을 분 단위로 기록하는 것이다. 가계부가 돈을 어디에 얼마만큼 사용했는지 보여주듯이 '시계부'는 시간을 어디에 얼마나 사용하고 있는지를 파악할 수 있도록 해준다. 최근에는 스마트폰에 시간을 체크할 수 있는 애플리케이션 등이 다양하게 출시되어 이를 활용하는 것도 효과적이다.

우선순위를 정하고 시계부를 작성해 보는 것으로도 흘려버렸던 시간을 잡을 수 있다. '바쁘다'는 말의 이면에는 '저는 효율적으로 시간을 사용하지 못합니다'라는 것이 포함되어 있다. 그러나 많은 사람이 마치 자랑처럼 '바쁘다'는 말을 늘어놓는다. 바쁘다고 말만 하지 말고 차분하게 시간 사용 계획을 세우는 습관을 들여보자. 그리고 일에 우선순위를 정하고 시계부 작성을 통해 자투리 시간을 없애도록 하자. 이런 노력의 물줄기가 쌓이고 모인다면 결국 큰 강을 이룰 것이고, 잃어버렸던 시간의 가치를 되살릴 수 있으며, 좀 더 열정적인 1인 기업으로 거듭나게 되어 성공 영업의 기틀을 마련할 수 있게 될 것이다.

퍼스널 브랜드를 완성하는 네 가지 비법

아웃이 뻔한 상황에서 1루까지 전력 질주하는 사람이 현명할까? 아니면 당연히 아웃될 것이라고 생각하고 야구 방망이를 들고 들어오는 사람이 현명할까? 개인마다 차이는 있지만 우리는 아웃될 거라면 그냥 들어오는 것이 현명하다는 조언을 듣곤 한다. 그러나 아웃이 되더라도 최선을 다해 전력 질주하는 사람에게 더 많은 기회를 주고 싶은 것이 사람 마음이고, 이 사람이 승패를 결정할 수 있는 확률도 높아진다.

승패가 결정되어야 하는 야구 경기가 아닌 일상생활의 모습은 어떨까? 사람들은 매일매일 반복되는 일상에는 별로 관심을 두지 않으면서 습관적으로 전화를 받고, 회의에 참석하고, 상사의 지시를 받고, 동료들과 어울린다. 자신이 해야 할 업무가 아니면 말로는 알겠다고 하지만 표정에서 싫은 것이 느껴지고, 친구들과 통화할 때는 자연스럽게 욕설을 섞어가면서 이야기를 한다. 본인도 모르게 습관적으로 하는 행동이지만 사람들은 이것을 통해 그 사람을 평가한다.

사람들이 기분이 상할 때는 상당 부분 태도 때문인 경우가 많다. 예를 들면 '안녕하세요!'라는 인사말 속에 귀찮은 듯한 음성이 묻어나오거나, 반갑지 않는 표정을 짓는 경우가 그렇다. 인지상정人之常情이라는 말처럼 긍정적인 피드백을 주는 사람에게 더욱 마음이 가는 것은 사실이다. 대화를 나누다 보면 적극적으로 경청하며 밝은 표정으로 대답하는 사람에게는 하나라도 더 가르쳐주고 싶은 반면, 표정 없이 무뚝뚝하게 있는 사람에게는 마음이 가지 않는 것과 같다.

심리학자 앨버트 메라비언Albert Mehrabian이 상대가 자신을 좋아하는지를 알아보기 위해 실험을 한 결과 비언어적인 표정(55%)과 음성(38%)이 대화(7%)보다 더 큰 영향력을 준다는 것을 알아냈다. '고맙습니다.', '반갑습니다.', '감사합니다.'라고 아무리 이야기해도 그 사람의 태도(표정+음성)가 뒷받침되지 않으면 커뮤니케이션이 정상적으로 이루어지지 않는 것이다. 사람은 대화를 통해서만 커뮤니케이션을 하는 것이 아니기 때문이다.

태도는 표정과 음성으로 나타나는 것으로 말보다 더 솔직하며 그 사람을 대변한다. 태도에 따라 사람이 모이기도 하고 흩어지기도 한다. 비판적이고 냉소적인 태도보다 열린 태도, 배우려는 태도, 긍정적인 태도를 가진 사람이 좋다. 존 맥스웰John C. Maxwell의 말처럼 태도는 반드시 겉으로 표현되고, 태도는 과거를 기록하는 사서이며, 현재를 보여주는 대변자이며, 미래를 알려주는 예언자다. '태도(attitude)'는 가장 기초적인 커뮤니케이션 수단이며 성공의 지표다.

그리하여 머리(지능), 지식, 기술, 태도 중 성공적인 삶에 가장 큰 영향을 주는 것은 '태도'라고 한다. 태도는 성공적인 삶을 살아가는데 93% 이상을 결정하는 요인으로 머리와 지식, 기술보다 중요하다. 태도는 결정된 것이 아니라 선택할 수 있다는 점에서 1인 기업에 시사하는 바가 크다.

작은 태도가 그 사람을 규정한다

대부분의 사람은 자신의 가치관과 성격에 따라 상대방을 해석한다. 이것은 다양한 인간 관계 속에서 상대방의 행동을 예측하기 위한 방법이다. 예를 들어 영희는 철수를 한 번 만났을 뿐이지만 철수에 대한 아주 적은 정보로도 철수가 신뢰할 만한지 어떤지를 결론지을 수 있다. 일단 영희가 철수를 어떤 사람이라고 규정하면 철수가 앞으로 어떻게 행동할지를 예상할 수 있고, 그에 따라 자신의 행동을 조정할 수 있게 된다. 그리고 철수에 대한 영희의 평가가 주변 사람들에게 공감대를 얻으면 사람들은 철수에 대해 이전부터 잘 알고 있는 것처럼 느끼게 된다. 이렇게 해서 철수는 고유한 브랜드를 갖게 되는 것이다.

이것은 일반적으로 알려진 사람들의 명성과 실제 명성 간에 커다란 차이가 있음을 설명해준다. 사람들은 경기 당일 득점한 점수만을 중요하게 생각할 것이라고 착각하지만, 사실 대부분의 사람은 연습 기간 동안에 실력을 평가하고 있다. 나는 항상 다른 사람들에게 노출되어 있고, 일상에서 하는 작은 행동 하나하나가 나를 평가하는 지표가 되고 있는 것이다. 이러한 이유로 경기 당일 홈런 한 방을 쳐낸다고 해도 일상의 작은 행동이 잘못되어 있다면 긍정적인 브랜드를 형성하기 어렵게 되는 것이다.

'태도'에서 퍼스널 브랜드를 구성하는 요인 중 하나로 '행동'을 들 수 있다. '말'은 사람의 생각이나 느낌 따위를 표현하고 설명하는 데 쓰는 음성 기호다. 그러나 아무리 말을 잘해도 그것을 실천하지 않으면 말을 안 하는 것만 못하다. '행동이 말보다 더 많이 말한다.', '행동은 열매요, 말은 잎이다', '미리 행하는 것이 미리 말하는 것보다 낫다', '행동이 말하는 곳에서는 말이 필요 없다'와 같은 속담들은 말보다 행동이 중요하다는 교훈을 준다. 옛날이나 지금이나 말이 많은 것에 대해 긍정적인 평가가 적다. 한 번 뱉은 말은 주워 담을 수 없기 때문이다. 자신만의 브랜드를 구축하기 위해서는 '말'보다는 '행동'이 중요하다.

내가 행하는 모든 행동이 나의 브랜드를 긍정적으로 만들기도 하고, 부정적으로 만들기 때문에 중요하지 않은 순간은 없다. 그 때문에 매일 매순간 사람들에게 나는 어떤 이미지를 심어주고 있는지 객관적으로 인식할 필요가 있다. 그리고 스스로를 속이지 않도록 해야 한다. 따뜻한 사람, 전략을 잘 세우는 사람, 마케팅에 능통한 사람, 편한 사람, 도전적인 사람 등 자신이 희망한다고 해서 그렇게 될 수 있는 것은 아니다. 1인 기업으로서 구축하고자 하는 퍼스널 브랜드가 있다면 그러한 자질을 소유하고 있음을 증명해야 한다.

프로는 부정적이지 않다

대부분의 사람에게 도전은 익숙하지 않은 일이며, 실패는 아무리 긍정적으로 인식하려고 해도 두려움을 불러일으키기 마련이다. 또한 도전하는 과정에서 겪게 되는 많은 시행착오와 실패는 자신감을 잃게 하고 의욕을 빼앗아갈 수 있다. 그러다보면 결국에는 '도전' 자체에 부정적인 인식을 가지고 도전을 기피할 가능성이 커지게 된다.

그러나 도전을 통해 성공한 사례들을 살펴보면 반복되는 실패를 실패로 여기지 않았다는 공통점이 있다. 토마스 에디슨Thomas Alva Edison은 1만 번의 시도 끝에 전구를 발명하고 나서 "전구가 작동되지 않는 9,999가지의 이유를 발견했을 뿐"이라고 했으며, 날개 없는 선풍기로 유명한 제임스 다이슨James Dyson은 "실패는 발견에 한 발씩 다가가는 과정이다. 그러므로 계속 실패하라"는 말을 했다.

"~는 무리야", "~는 하기 힘들어", "~하면 안 되는데" 등과 같이 부정적인 사람보다는 "어떻게 하면 ~를 할 수 있을까?", "~중에서 이것을 먼저 하면 방법이 보일 것 같아!"와 같이 긍정적인 사람과 일하고 싶은 것이 사람의 마음이다. 개인의 건강을 위해서도, 비즈니스 세계에서 1인 기업으로서 성장하기 위해서도 부정적인 사고는 반드시 버려야 한다.

천성적으로 긍정적인 사람이 있는 반면, 대부분의 사람은 일상생활 속에서 긍정적 사고와 부정적 사고를 함께 품고 살아간다. 일반적으로 1.6 : 1.0의 비율로 긍정적 사고와 부정적 사고를 갖고 있다고 한다. 부정적인 언어를 많이 사용하고 있는 사람이라면 "어디서부터 시작하면 할 수 있을까?", "할 수 있는 방법은 어떤 것이 있을까?" 등과 같이 긍정적인 언어를 사용하는 것만으로도 사고의 패턴이 바뀌는 것을 경험할 수 있다.

경청도 태도다!

커뮤니케이션을 하면서 누구나 쉽게 할 수 있는 것으로 '끄덕임'을 들 수 있다. '끄덕임' 속에는 '당신의 이야기를 듣고 있습니다!', '당신의 이야기에 흥미를 갖고 있습니다!'와 같은 의미가 숨어 있다. '끄덕임'은 상대방으로 하여금 더 많은 이야기를 끌어내는 효과가 있다. 고개를 위아래로 살짝 끄덕이는 것은 상대방의 말을 주의 깊게 듣고 있으며 공감한다는 표시다. 또한 고개를 자주 끄덕이면 조바심을 내는 것처럼 생각될 수 있으며, 상사의 말에 지나치게 자주 고객을 끄덕이면 '예스맨'으로 오해받을 수도 있다.

맞장구는 대화를 이끌어 가는 힘으로 상대방의 말을 잘 듣고 있으며 그 사람의 말에 동감한다는 표시다. 그러나 '그래서 어쨌다고요?', '나도 알아요.', '그게 아니라요……라는 거죠?'와 같은 바람직하지 못한 맞장구는 상대방의 입을 다물게 만들 수도 있다. 맞장구에도 기술이 필요한 것이다. 상대방의 말에 동의를 할 때는 '맞아요!', '정말이에요', '과연', '그렇지요', '재미있네요.', '고생하셨네요.', '알 것 같아요.', '정말 그랬겠네요.'와

같은 표현을 사용하며, 동정을 나타낼 때는 '불쌍해요', '너무 심하군요.', "저런'과 같은 맞장구를 사용하고, 기쁨을 나타낼 때는 '축하합니다!', '멋져요!', '그것 참 잘 됐습니다.', '훌륭합니다', '좋습니다', '근사합니다'와 같은 맞장구를 사용하며, 흥을 돋울 때는 '그래서요?', '그 밖에 또 뭐가 있을까요?', '그 다음에는 어떻게 됐어요?' 와 같은 맞장구를 사용한다. 내용을 정리할 때는 '그 말씀은 이런 말씀이시군요.', '그러니까 이렇게 된 거군요', '이런 게 요점이시죠?', '이런 점이 포인트이군요.'와 같은 맞장구를 사용하면 효과적이다.

모든 사람이 최선을 다한다

사람들은 큰일이나 사건 뒤에는 큰 원인이 있다고 생각하지만 그렇지 않은 경우 도 많다. 일상의 작은 원인이 큰 결과를 가져오기도 하고, 아무것도 아닌 행동이 점 점 커져서 엄청남 결과를 초래하기도 한다. 이러한 현상을 설명해줄 수 있는 것이 1961년 미국의 기상학자 에드워드 로렌츠Edward Norton Lorent가 기상 관측을 하다 생 각해낸 '나비 효과butterfly effect'다.

나비 효과는 어느 날 중국 베이징 근처 작은 숲속에서 나비 한 마리가 날아 오른 것에서 시작된다. 나비의 날개 짓에 놀란 몇 마리의 벌이 윙윙거리자 이 소리에 놀 란 다람쥐가 나뭇가지 위로 뛰어오르고, 다람쥐가 나뭇가지를 흔들자 참새 서너 마 리가 퍼덕거린다. 동료 참새의 움직이는 모습을 본 참새들은 동시에 날아오르고, 수 백 마리의 참새 떼가 동시에 날아오르자 그 충격으로 많은 양의 낙엽이 덤불 위에 떨어진다. 덤불은 개울에 걸쳐 있던 썩은 나뭇가지에 몰리면서 물의 흐름을 막아 버 리고, 개울물이 막히면서 범람한 물은 넓은 평지로 이동한다. 더운 날씨로 인해 범 람한 물은 많은 수증기로 변해 제트 기류를 타고 미국으로 건너가 한 달 뒤에 뉴욕 하늘을 강타하는 허리케인의 원인이 되는 것이다. 이처럼 나비 효과는 나비의 날갯 짓과도 같은 작은 원인이 증폭되면 폭풍우 같은 엄청난 결과를 초래할 수도 있다는 과학 이론이다. 나비 효과처럼 내가 평상시에 사용하는 말이나 행동 하나하나가 비즈니스에서는 큰 영향을 미칠 수 있다.

　물론 태도만으로 성과를 달성하기에는 한계가 있고, 태도가 실력을 대신하기도 어렵다. 그럼에도 태도가 중요시되는 것은 치열한 경쟁에서 혼자서만 독불장군처럼 일할 수 없기 때문이다. 좋은 태도를 갖고 있어야 좋은 사람들이 모이고, 그 사람들을 통해 좋은 성과를 낼 수 있는 것이다. 많은 사람이 성실하게 일을 하지만 태도에서 차이가 발견된다. 그 작은 차이가 5년 후, 10년 후에 엄청난 차이를 만들어 내며 그 사람의 브랜드가 되는 것이다.

보이지 않는 힘 '비즈니스 매너'

　작가, 디자이너, 일러스트레이터 등 창의적인 일을 하는 사람 중에 상대방을 의식하지 않고 본인의 기분대로 행동하는 사람이 있곤 하다. 비즈니스를 위해 만났음에도 반바지에 슬리퍼 차림으로 나오기도 하고, 첫 만남에서 자신을 설명할 수 있는 명함을 가지고 오지 않는가 하면, '솔직하다'라는 포장으로 자신의 감정을 모두 다

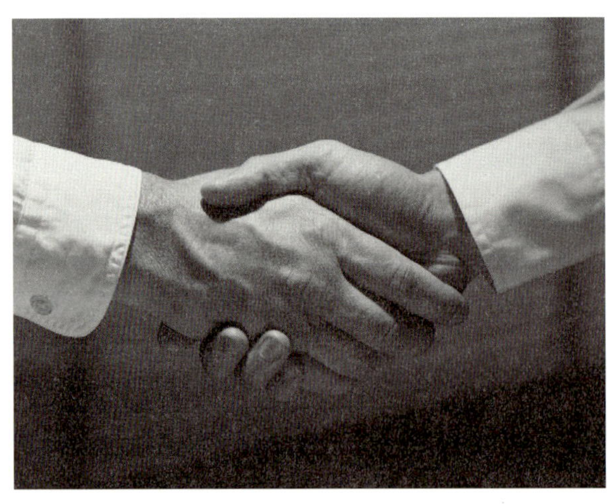

드러내기도 한다. 한 사람이 갖고 있는 전문성이나 스펙 못지 않게 비즈니스 매너는 사람을 평가하는 중요한 잣대가 된다.

　비즈니스는 사람 사이의 관계에서 시작된다. 자신을 낮추고 상대방에게 예의를 갖추는 것에서부터, 중요한 고객에게 세련됨을 과시하는 일까지, 모든 과

정이 자연스럽게 이뤄져야 좋은 성과를 만들어 낼 수 있다. 실제 세계적 경영 컨설턴트인 톰 피터스는 생존 키워드 중 하나로 '매너'를 꼽았다. 비즈니스도 결국 사람이 하는 일이기 때문에 좋은 매너는 성패를 가르는 요소이며 능력으로 평가받는다. 비즈니스 매너는 단순히 개인에 대한 호감을 넘어 1인 기업의 이미지와 신뢰도 상승, 나아가 이익을 만들어 내는 것에까지 영향을 미치는 '보이지 않는 힘'인 셈이다.

비즈니스 매너의 핵심은 상대를 존중하고 배려하는 마음이다. 여기서 에티켓과 매너의 차이가 확연히 구분된다. 에티켓이 장소와 상황에 따라 같은 룰이 적용되는 '공공의 룰'이라면 매너는 그때그때 달라질 수 있다. 차에 탈 때 여성이 먼저 타는 건 에티켓이지만 여성이 짧은 치마를 입었다면 남성이 먼저 타는 게 '매너'인 식이다.

매너와 관련한 '핑거볼' 얘기는 세계적으로 유명하다. 영국의 엘리자베스 여왕이 중국의 고위 관리와의 만찬 석상에서 손을 닦으라고 나온 물을 중국 관리가 마시자 엘리자베스 여왕이 그가 무안하지 않도록 자신도 따라 마셨다는 일화다. 매너가 좋은 사람은 예의범절이 바른 사람이 아니라 상대방을 배려하는 사람이다. 비즈니스 매너는 모든 상황에 필요하지만 기본적으로 갖춰야 할 매너는 다음과 같다.

기분 좋은 표정

하루 일을 마치고 퇴근해서 TV를 켠 후 아무 생각 없이 리모컨을 누르다 예능이나 개그 프로그램에 멈출 때가 있다. 머리 아프거나 심각한 이야기 말고 가볍게 웃으면서 쉴 수 있기 때문이다. 그래서 일까? 보고 있기만 해도 재미있고 힘이 나는 캐릭터가 있다. 그 중 하나가 "좋아! 가는거야~", "행복해서 웃는 게 아니라 웃어서 행복한 겁니다. 으하하하하하!"를 외쳐대는 방송인 노홍철이다. 노홍철은 항상 수다스럽고 에너지가 넘치는 캐릭터를 갖고 있다. '돌아이'로 불릴 정도로 때론 이해하기 힘들 정도로 낙천적인 그의 모습은 보고 있노라면 정신이 쏙 빠질 정도로 웃음이 난다.

개인적인 호감 정도로 노홍철을 싫어하는 사람들도 있지만, 첫인상 결정 요인에 외모와 표정이 80%, 음성이 13%, 인격이 7%를 차지한다는 점에서 노홍철에게 배울 점이 많다. 좋은 인간 관계를 형성하기 위해서는 좋은 느낌을 전달할 수 있는 표정 연출이 필수적이기 때문이다.

외모에서 호감을 주는 핵심 요소는 노홍철처럼 바로 미소 띤 얼굴이다. "미소는 최고의 미덕이다."라는 말도 있듯이 처음 만났을 때 얼마나 미소 띤 모습을 보이냐에 따라 비즈니스의 성패가 달렸다고 해도 과언이 아니다. 따라서 일상생활에서부터 표정 관리에 신경 쓰고 미소를 머금는 노력을 해야 한다.

사람들은 보이는 겉모습으로 상대방의 첫인상을 결정하며, 첫인상은 곧바로 '선입관'으로 기억된다. 시간이 흐르면서 상대방의 진가를 알아보는 경우도 있지만, 대부분은 첫인상으로 상대방의 이미지를 결정한다. 따라서 늘 여유롭고 상냥한 미소를 지으려면 사고를 낙관적, 긍정적으로 가지고 매일 아침, 저녁으로 미소 띤 얼굴을 만드는 훈련을 해야 한다. 이런 행동이 습관화되면 자신도 모르게 미소 띤 표정을 쉽게 만들어 낼 수 있다.

인사 매너

김태원 씨는 평소 내성적인 성격이라 사람들에게 먼저 선뜻 인사를 건네지 못한다. 오늘 아침에도 3m 앞에 몇 번 마주친 적이 있는 사람이 지나가고 있었다. 인사를 하자니 멋쩍고 안 하자니 신경 쓰였다. 그렇게 망설이는 사이 그 사람이 먼저 알아보고 먼저 반갑게 인사를 건네왔다. 일부러 그런 것은 아니지만 미안한 마음이 들었다. 마음속으로 '다음부터는 아는 사람에게 먼저 반갑게 인사하자'라고 다짐하지만 성격적인 이유로 잘 되지는 않는다.

인사는 인간 관계의 시작이자 기본 예절이다. 인사성만 좋아도 사회 생활의 반은 성공했다고 할 정도로 중요성을 말한다. 인사에도 다양한 예법이 존재해서 정중한 인사는 존중하는 느낌을 주지만, 성의 없는 인사는 무시한다는 느낌을 준다. 인사말, 마음가짐, 행동(인사법) 모두 바른 자세로 진심을 담아 인사를 해야 한다.

올바른 인사 매너는 상대방보다 먼저 인사 한다는 마음으로 비굴하지 않으면서 자신감 있게 하는 것이다. 뜸들이지 않고 미소 띤 얼굴로, 상대의 눈을 보며, 밝은 목소리로, 허리를 굽혀서 하는 것이 대부분 고객의 마음에 좋은 이미지를 심어주는 요인이 된다. 상대의 눈을 보지 않고 인사한다든지, 아무 때나 고개만 까딱이는 인사는 자칫 상대에게 불쾌감을 줄 수 있으므로 주의해야 한다.

상황에 따라 인사 매너도 달라진다. 협소한 장소에서 자주 만났을 때나 앉아서 인사를 해야 할 때는 15도 정도의 목례가 좋으며, 첫 인사나 공식적인 장소에서는 30도 정도의 보통례가 좋다. 감사와 사과를 표현하거나 높은 분에게는 45도의 정중례를 한다.

명함 매너

"안녕하세요! 은종성입니다". 인사와 함께 사람들에게 명함을 건네면 명함을 보지도 않고 명함 지갑으로 넣거나, 신분증과 함께 지갑 속에 넣어 놓은 구겨진 명함을 내놓는 사람이 있다. 처음 만나는 자리에서부터 상대방이 나를 존중하고 있지 않거나, 비즈니스를 하기 위한 자세가 부족하는 느낌을 받을 때가 있다.

명함은 '나'라는 개인은 소개하는 동시에 내가 속한 조직의 이미지를 확장하는 수단이기도 하다. 크기도 작고 돈도 적게 들지 않지만 가장 효과적인 광고 수단이자 장기적인 인간 관계에서도 잠재력이 큰 자산이다.

명함을 건넬 때는 자리에서 일어나 손에서 손으로 전해주는 것이 기본이며 정중하게 인사한 뒤 회사명과 이름을 밝힌다. 이때 왼손으로 받치고 오른손으로 건네는데 자신의 이름이 상대방을 향하도록 하는 것이 일반적이다. 명함을 받을 때는 두 손으로 받고 "고맙

습니다"라고 말하거나 상대방의 이름을 소리 내어 "영업부 김철수 과장님 반갑습니다"라고 말하는 것이 좋다. 명함을 건네는 순서는 손아랫사람이 손윗사람에게 먼저 건네고 상사와 함께라면 상사가 먼저 건넨 뒤 건넨다.

명함을 받은 후에는 지갑이나 주머니에 바로 넣지 않고 잠깐 보면서 상대방의 이름이나 직책을 불러주는 것이 좋다. 명함에 모르는 글자가 있으면 창피해 하지 말고 바로 물어 대화 도중 더 큰 실수가 생기지 않도록 하며, 만남이 종료된 후에는 기억하기 쉽도록 만난 날짜, 목적, 상대방에 대한 특징 등을 간략히 적어두면 향후에 도움이 된다. 명함은 반드시 명함집에 넣고 다닌다. 수첩이나 지갑과 겸용하는 것은 금물이다. 남성은 상의 안의 주머니, 여성은 가방 등에 넣어 언제, 어디에서라도 곧바로 꺼낼 수 있도록 한 다. 또한 명함이 구겨지지 않도록 주의해야 한다.

대화 매너

처음 만나는 자리에서 상대방의 말을 듣지 않고 자신의 말만 늘어놓는 사람들이 있다. 개중에는 자신을 알아달라는 듯 자신의 지나치게 내세우거나, 만난 적이 있는 유명 인사를 거론하면서 자신을 치켜세우는 사람들이 있다.

상대방의 말에 귀를 기울이는 것도 비즈니스에서 중요한 과정이다. 경청은 상대의 마음을 얻는 최고의 방법이다. 고객을 끄덕이거나 "예, 그럼요", "맞습니다"와 같이 호응어를 함께 사용하면 효과가 배가 된다. '하지만', '그러나', '그런데' 등 되도록 상대방의 의견을 부정하는 표현은 하지 않는 것이 좋다. 반대 의견을 제시할 때는 'YES BUT & HOW' 화법을 활용하도록 한다. 일단 상대방의 의사를 인정한 후 내 의견을 말하고 그에 대한 상대의 의사를 구함으로써 자존심을 지켜주는 표현이다.

격려와 칭찬의 말도 잊지 않도록 한다. 누군가의 격려와 칭찬은 자기가 중요한 사람이라는 사실을 느끼게 해준다. 이때, 칭찬은 구체적으로 하는 것이 중요하다. 예를 들어 "오늘 아주 멋지십니다."로 끝낼 것이 아니라, "넥타이가 피부색과 잘 어울리시네요. 파랑색 색상이 이렇게 잘 어울리시는 분을 처음 봤습니다."라고 하면 좀 더 부드러운 분위기 속에서 대화를 이끌어 나갈 수 있다.

대화의 내용은 시간, 장소, 상황에 맞게 말하고 구체적으로 말해 상대방이 다시 묻지 않도록 한다. 개그 프로에 나오는 유행어를 무분별하게 사용한다거나, 지나친 높임말을 반복하는 것, 지나치게 겸손한 태도로 상대방을 비하하는 일이 없도록 주의해야 한다.

사람과 사람이 만났을 때 관계의 75%가 커뮤니케이션으로 커뮤니케이션 매너에도 기술이 필요하다. 밝은 표정과 위트 있는 대화는 주변 사람들의 마음까지 즐겁게 하는 것처럼 상대방으로부터 호감을 얻는 가장 기본적인 대화 매너는 이름을 불러주는 것이다. 습관적으로 이름을 생략하거나 성씨 뒤에 직급으로 대화하기보다는 이름을 불러주면서 친밀감을 쌓을 수 있다. '내 이름을 기억하고 있다＝성의가 있다'라는 의미로 받아들이기 때문이다.

전화 매너

사람들에게 전화를 했을 때 가장 많은 듣게 되는 첫 번째 말이 "여보세요"다. "여보세요"라는 표현은 처음으로 전화가 도입되었을 당시 상대방의 얼굴은 보이지 않는데, 수화기 속의 사람과는 얘기를 해야 했을 때 사용했던 것이다. "여보세요"(이봐요, 여기 좀 보세요) 하면서 수화기 안의 사람을 조심스럽게 불러본 것이다. 그러나 지금은 피처폰으로 불리던 휴대폰을 넘어, 손 안의 인터넷인 '스마트폰'을 사용하는 시대다. "여보세요"라는 표현보다는 회사명, 부서, 이름을 밝힌 뒤 상대방의 용건을 확인하는 것이 좋다.

전화는 태도나 표정이 보이지 않기 때문에 상냥한 목소리와 정확한 발음에 유의해야 할 필요도 있다. 전화를 걸 때는 사전에 상대방의 전화번호, 소속, 직급, 성명 등을 확인하고 용건과 통화에 필요한 서류나 메모지 등을 미리 준비해 둔다. 전화가 연결되면 담당자를 확인한 후 자신을 소개하고 정확하게 용건을 전달한다. 전화를 끊기 전 내용을 다시 한 번 정리하는 것도 명확한 커뮤니케이션의 요령이다. 전화를 받을 때는 벨이 2~3번 울린 후 받도록 하고, 늦게 받았을 때는 "늦게 받아서 죄송합니다"라고 사과한다. 일상생활에서 사용하는 용건에 즉답이 어려운 경우에는 양해를 구한 뒤 회신 가능한 시간을 약속하고, 전화를 끊으면 담당자에게 정확한 메모를 전달하도록 한다.

이메일 매너

이메일로 많은 업무를 주고받으면서 매너를 제대로 갖추지 않는 사람이 의외로 많다. 메일 제목과 본문은 간결하면서 핵심을 알 수 있도록 써야 하지만 "안녕하세요"와 같이 제목만으로 내용을 알 수 없게 작성하거나 본문을 장황하게 나열하는 것이다.

이메일은 제목은 간결하면서도 명확하게, 센스 있는 첫 인사로 기분 좋게, 한 문장은 너무 길지 않게, 정보를 줄 때는 정확하게, 필요한 정보는 확실하게, 서명 포함 형태로 작성한다.

제목은 이메일을 받았을 때 가장 먼저 보는 것으로 메일 내용을 짐작할 수 있을 만큼 명확하고 간결해야 한다. 자주 이메일을 주고받는 사람이 아니라면 센스 있는 첫 인사로 본문을 시작하는 것도 필요하다. 본문 문장을 쓸 때는 상대방이 쉽게 볼 수 있도록 작성하며, 문장은 길지 않고 쉽게 작성해야 한다. 세미나 일자 등의 정보일 때는 일시나 장소 등이 한눈에 들어올 수 있도록 정확하게 작성하도록 하고, 첨부 파일 등을 첨부해야 할 경우에는 다시 보내는 일이 없도록 꼼꼼히 체크해야 한다. 이메일 마지막에는 자신을 알릴 수 있는 서명을 포함하여 상대방이 따로 연락처를 찾아볼 필요가 없도록 한다.

악수 매너

비즈니스 사회에서 가장 일반적인 인사법은 악수다. 악수를 할 때는 오른손으로 하는 게 예의다. 우리나라에서는 악수할 때 가볍게 절을 하지만 서양인 바이어를 만날 때는 허리를 세워서 하도록 한다. 반가움을 표현하기 위해 손을 세게 잡거나 지나치게 흔드는 건 삼가야 한다. 악수를 청하는 순서는 윗사람이 아랫사람에게, 여성이 남성에게, 선배가 후배에게, 상급자가 하급자에게 하는 게 예의다.

악수는 서로 손을 마주잡고 반가움과 감사 등을 나타내는 인사법으로 때에 따라서 하루에도 수십 번 악수를 하게 된다. 그러나 사람에 따라 악수하는 방법은 천차만별인 것을 확인할 수 있다. 성의 없이 악수를 하는 사람이 있는가 하면 공손히 두 손을 모아서 악수를 하는 사람이 있고, 시선을 피하는 사람이 있는가 하면 상대방의 눈을 바라보며 악수를 하는 사람이 있다.

아무렇지 않게 하는 '악수'에도 매너가 있다. 짧은 시간의 스킨십이지만 악수를 통해 상대방에게 많은 정보를 전달할 수 있기 때문이다. 이런 이유로 1인 기업은 악수하는 방법을 습득해야 한다.

지위나 연령 차이가 클 때는 일반적으로 윗사람이 먼저 악수를 권한다. 윗사람이 악수를 권하지 않는데 아랫사람이 악수를 청하는 것은 예의에 어긋나는 것이다. 동성(남자와 남자, 여자와 여자) 간에는 윗사람이 아랫사람에게, 선배가 후배에게, 기혼자가 미혼자에게 먼저 악수를 권한다. 여성은 남성과 악수를 하지 않는 경우도 있으나 여성이 먼저 손을 내민다면 악수에 응하는 것이 예의다. 비슷한 직위나 동년배일 때는 서로 같이 악수를 나누도록 한다.

눈을 마주 친 후 밝은 표정을 지으며 가볍게 목례를 하고(상대에 따라 5도~15도) 오른손을 내밀어 상대의 손을 잡는다. 왼손은 바지 옆에 가지런히 두고 상대방이 손을 흔들 때는 2~3회 가볍게 따라 한다. 악수를 할 때 좋은 인상을 남기기 위해 손에 힘을 많이 주는 경우가 있으나 상대방이 손이 아프다고 느낄 수 있으므로 이런 것은 좋지 않다. 손끝만 내밀어 악수에 응하는 것도 좋지 않다. 상대방으로 하여금 의욕이 없다는 느낌을 줄 수 있기 때문이다. 이외에도 윗사람이나 상사와 악수할 때에는 두 손을 포개서 잡거나 한 손을 공손히 해야 하며, 악수하는 중 상대의 시선을 피하거나 다른 곳을 보아서는 안 된다. 여성의 경우 장갑을 끼고 악수를 요청하는 경우에는 그대로 응해도 무방하다.

당신의 모든 것은 외모로 판단된다

'이세이 미야케가 디자인한 블랙 터틀넥과 리바이스 청바지', '뉴발란스 스니커즈' 하면 누가 떠오르는가? 지금은 고인이 된 스티브 잡스가 20년 넘게 고수해 온 스타일이다. 더없이 미니멀한 '잡스 룩'은 군더더기 없이 정제된 디자인을 선보이는 그에게 가장 적절한 스타일이었다. 그는 지루할 정도로 일관된 패션을 보여줌으로써 프레젠테이션에서 선보이는 신제품을 더욱 도드라지게 하는 효과를 노렸다고 알려진다. 스티브 잡스의 프레젠테이션은 애플이 가진 브랜드 가치를 공유함으로써 느낄 수 있는 자발적인 충성심을 불러일으키게 하는 마력을 지녔다.

애플은 '다르게 생각하라(Think different)'라는 슬로건을 바탕으로 제품뿐만 아니라 포장, 판매 영업점 등 조직 전체가 일관된 활동을 하고 있다. 애플스토어는 다른 전자제품이나 컴퓨터 매장과 달리 깔끔한 분위기와 열린 구조에서 언제든 고객의 질문에 답을 해줄 직원까지, 매장 내 모든 요소가 애플의 슬로건인 'Think different'를 잘 보여주고 있다. 애플 본사도 카페테리아에 있는 스무디 바, 원목 바닥, 애견의 사무실 출입을 허락하는 정책 등 모든 것에서 'Think different'를 실천하고 있다. 애플사와 같이 브랜드 환경을 관리하는 회사들은 자신만의 독특한 가치를 강화하는 활동을 일관되게 실행하고 있다.

기업과 같이 개인도 자신의 브랜드 환경에 속하는 브랜드 메시지를 관리해야 한다. 1인 기업으로서 실력도 중요하지만, 입는 옷, 말하는 방식, 헤어 스타일, 태도, 만나는 장소 등 행동 하나하나가 브랜드 메시지가 됨을 인식하고 자신만의 독특한 가치를 전달해야 하는 것이다. 복잡하고 만만치 않은 인간 관계에서 외부로 표현되는 메시지는 퍼스널 브랜딩에서 중요한 요인 중 하나다.

이미지는 시각적인 요소로 만들어지는 주관적인 느낌이라고 할 수 있고 이는 마음가짐과 정신, 성품, 가치관 등을 포함하는 내적 이미지와 외모, 스타일, 언행, 자세, 패션, 습관화된 태도 등을 나타내는 외적 이미지로 표현할 수 있다. 여기서 말하고자 하는 이미지는 외적인 부분에 해당한다. 왜냐하면 외적 이미지는 자신의 노력과 타인의 도움으로 얼마든지 바뀔 수 있는 부분이지만, 내적의 이미지는 타인에 의해 바뀔 수 있는 부분이 아니기 때문이다.

사람을 외적인 것으로만 판단하는 것은 도덕적으로 올바르지 않지만, 다른 시각에서 바라보면 좋은 제품을 만들어 놓고 포장이나 광고를 하지 않고 고객이 제품의 진가를 알아보고 구매하기를 바라는 것과 같다. 외적 이미지는 내적 이미지의 또 다른 표현이 된다. 1인 기업으로서 뛰어난 실력과 성실함, 결과 도출 능력 등을 갖췄더라도 상대방이 알 수 없으면 아무런 소용이 없다. 내적 능력이 평가되기까지는 외적 이미지가 나의 평가 요인이 될 수밖에 없다.

외면적 요인의 중요성

코코 샤넬Coco Chanel이 "상대를 외모로 판단하지 마라. 그러나 명심해라, 당신은 당신의 외모로 판단될 것이다."라고 했던 것처럼 외적인 이미지는 퍼스널 브랜드 형성에 중요한 요인이 된다. 1인 기업이 자신이 하는 일과 어울리면서 자신과 적합한 외모를 갖추는 것은 상대방에 대한 매너이자 퍼스널 브랜딩을 위한 최소한의 요인이다.

미국의 심리학자 고든 앨포트Gordon W. Allport에 의하면 "어떤 사람이 전혀 모르는 상대를 만나 그의 첫인상을 머릿속에 남기는 데는 불과 30초밖에 걸리지 않는다. 이 짧은 시간 동안에 상대의 성별, 나이, 체격 등 겉으로 드러나는 것들뿐만 아니라 성격, 신뢰감, 성실성 등 내면적인 것들도 어느 정도 파악된다.”고 한다. 이는 곧 첫 이미지가 ‘나’를 알리고 말해주는 중요한 매개체인 것이다.

다양한 연구에 의하면 사람들은 다른 사람을 평가할 때 최초로 받아들인 정보를 그 후에 받아들인 정보보다 훨씬 중요하게 다룬다고 한다. 사람이든, 장소든, 아이디어든, 그것에 대한 첫 번째 정보가 이후에 받아들이는 정보의 처리 방법에 상당한 영향을 미친다는 사실에는 이론의 여지가 없다. 사람들은 항상 자신이 배운 첫 번째 사실을 진실로 받아들이기 때문이다.

첫인상은 우선 표정과 자세에서 좌우되는데 밝은 표정은 상대를 밝게 만드는 힘을 가지고 있다. 바른 자세로 앉아 웃거나 미소를 띤 표정으로 크고 또랑또랑한 발음을 가진 사람이 호감을 주기 마련이고, 반대로 삐딱하고 산만한 자세에 시선의 불분명한 처리는 호감을 갖기 어렵다.

옷차림도 첫인상을 좌우하는 중요한 요소다. 파티에서는 파티에 어울리는 옷차림이 있으며, 비즈니스에서는 비즈니스에 어울리는 옷차림이 있다. 미국의 IBM 세일즈 파트의 경우에는 고객과의 만남에서 갖춰야 할 슈트와 셔츠의 색깔까지 규정하고 있다. 옷차림만으로 사람을 평가하는 것은 분명 문제가 있다고들 하지만, 청바지에 티셔츠 차림이나, 반바지에 샌들을 신고 고객을 만난다면 분명 좋은 이미지를 보여줄 수 없을 것이다. 자유분방함과 비즈니스는 구분해야 한다.

외적인 이미지는 사람들이 나를 평가할 때의 첫 번째 정보가 되며, 앞으로 계속될 만남에도 상당한 영향을 미친다. 대부분의 사람은 이러한 사실을 알고 있기 때문에 중요한 첫 번째 회의나 파티, 데이트에서 상대방에게 좋은 모습을 보이려고 노력한다. 충분히 좋은 인상을 주었다고 판단되면 첫 번째 만남을 수월하게 마칠 수 있다. 일단 겉모습이 좋아 보이고 편안해 보이면 사람들은 당신의 외모에 대해서는 더 이상 생각하지 않고 당신의 성격과 말에 집중하게 된다.

사회 생활에서의 성공 요인은 전문 지식이 10%, 자신의 능력이 30%, 그리고 인간 관계가 60%를 좌우한다고 한다. 인간 관계는 만남에서 비롯되며, 처음 만났을 때의 외적 이미지가 그 사람을 평가하는 기준이 된다. 지금은 경쟁과 변화가 공존하는 시대다. 과거의 능력만으로는 사회가 요구하는 사람이 될 수 없으며, 끊임없는 자기 관리와 연출이 필요하다. 그것은 전략적이며 체계적으로 관리되어야만 비로소 한 개인의 잘 다듬어진 브랜드 이미지로 승화시킬 수 있다.

몰입하는 사람이 천재를 이긴다

개인의 역량을 중요시하는 창조 경제에서는 개인의 창의적 재능과 기술을 집약적으로 활용하는 창조성이 경쟁력이다. 모두가 모여서 일을 해야 효율적이었던 산업화 시대는 조직의 질서와 체계를 중요시되었지만 창의적 사회에서는 모여서 일한다거나 근무 시간을 늘린다고 해서 좋은 결과가 나오는 것이 아니다. 노동의 성격이 단순 육체 노동에서 점차 복잡한 창조 노동으로 변하고 있는데도 아직도 많은 회사의 노동문화는 산업화 시대에 머물러 있다. 오전 9시에서 출근해서 6시에 퇴근하는 근태 관리로 성과를 측정하다 보면 상사의 눈치를 보며 야근과 주말 근무를 밥먹듯이 하게 되고, 이런 환경에서는 기발하고 창의적인 발상을 기대하기 어렵게 된다. 결국 창의성을 요구하는 시대에서 전혀 창의적이지 못하게 되면서 기업과 개인의 성과는 낮아지게 된다. 앞서 이야기했듯이 창조적 노동은 육체노동과 달리 일하는 시간을 늘린다고 해서 생산성이 높아지는 것이 아니다. 창조 경제에서는 일하는 방식도 창조적으로 바꿔어야 한다.

창조적 지식노동자는 육체노동자와 달리 몰입했을 때 높은 성과가 나온다. 갤럽 조사에 따르면 몰입도가 높은 구성원일수록 더 많은 수익을 창출하고, 고객 중심적이며, 조직에 대한 충성도도 높다고 한다. 반대로 일에 몰입하지 못하는 사람이 많아질수록 조직은 매출과 수익이 낮아진다고 한다. 몰입은 개개인에게도 영향을 미친다. 주어진 시간 동안 몰입할 수 있는 사람은 일에 집중하기 때문에 역량이 최대한으로 발휘되고, 이는 성과로 이어져 더 많은 보상을 받게 된다. 몰입해서 일을 함으로써 개인의 시간을 더 많이 확보하여 일과 삶의 균형도 맞출 수 있게 된다. 지식 노동자에게 몰입이 중요한 또 하나의 이유는 창의적이기 때문이다. 몰입한다는 것은 어떤 일에 흥미를 느낀다는 것이다. 한 가지 일에 대해 계속해서 집중하게 되면 얕은 수준의 관심을 가졌을 때와는 차원이 다른 아이디어를 얻게 되는 경험을 해보게 된다. 몰입했을 때 감성(emotion), 창조(creativity), 상상(imagination)의 능력이 나타난다. 단편적으로 일이 불만족스러울 때는 일이 지겹고 짜증나며 매사에 냉소적인 반응을 보인다. 같이 일하는 사람들에 대해 비판적이며 뭔가 불평거리를 찾게 된다. 반면 일에 몰입하게 되면 일을 통해 끊임없이 배우고 성장한다고 믿게 된다. 업무는 스트레스를 주기도 하지만 재미있고 흥미롭게 받아들이며 더 나은 성과를 위해 약간의 위험도 감수하게 된다.

　몰입이란 무엇인가에 집중하게 되는 것으로 선천적인 것이 아니다. 누구나 훈련을 통해 몰입의 경지에 도달할 수 있다. 한번쯤은 어떤 일에 빠져 즐겁거나 희열을 느껴본 적이 있을 것이다. 미하이 칙센트미하이Mihaly Csikszentmihaly는 〈몰입의 경영〉에서 자기 관리의 중요한 측면으로 주의 집중, 시간, 자아의 비전과 관련한 습관을 동일선상에 맞추는 법을 배우는 것이라고 한다. 우리가 주의하여 집중할 수 있는 자원은 제한적이다. 우리는 스스로 마음에 들고 관심이 끌리거나 실력 발휘를 할 수 있는 일에 주의를 집중하는 것이

보통이다. 반대로 스스로 신중하게 주의를 기울이는 일을 좋아하기도 한다. 따라서 처음에는 별다른 관심이 끌리지 않는 일이라 하더라도 개인적인 발전을 지속시킬 가능성이 있다면 그일에 에너지를 투입하는 것이 바람직하다. 일을 배워나감에 따라 궁극적으로 관심을 일깨울 수 있기 때문이다. 시간도 주의집중과 마찬가지다. 한 정된 자원을 알맞게 할당해야 한다. 최선의 시간 관리 방법에 대한 정보는 다양하지 만 최선의 유일한 방법이란 없다. 어떤 습관을 가지고 있든 간에 상관없이 자신의 리듬에 맞춰 일을 하는 것이 중요하다. 즉 어떤 방식이 자신에게 가장 적합한지 파 악해야 하는 것이다.

몰입하는 것도 습관이다. 동일한 행위나 활동에 지속적으로 주의를 집중하면 습 관이 형성된다. 몰입하기 위해서는 매일같이 나타나는 자신의 감정이나 행동에 주 의를 기울이는 습관을 형성할 필요가 있다. 남아공 출신의 골퍼 개리 플레이어Gary Player가 아직 신인이던 시절, 난생 처음 출전한 1958년 US오픈 1라운드에서 그는 역 대 최고의 골퍼로 당시 많은 후배 골퍼들의 추앙을 받고 있던 벤 호건Ben Hogan과 한 조로 경기를 하게 되었다. 라운드가 끝난 후 라커룸에서 벤 호건은 개리 플레이 어에게 "자네는 곧 머잖아 훌륭한 골퍼가 될 걸세"라고 격려하며 연습을 어느 정도 하고 있는지 물었다. 이에 플레이어는 대선배의 칭찬에 신이 난 나머지 자신이 얼마 나 연습을 많이 하는지 자랑을 했다. 개리 플레이어의 말을 듣고만 있던 벤 호건은 라커룸을 떠나면서 "두배로 늘리게!"라는 충고를 해준다. 이 때문인지 몰라도 이후 개리 플레이어는 진 사라센Gene Sarazen, 벤 호건에 이어 골프 역사상 세 번째로 그 랜드 슬램을 달성한 위대한 골퍼가 되었다.

세계적인 발레리나 강수진은 하루 평균 15~19시간 연습을 한다. 남들은 2~3주에 신을 토슈즈 네 켤레를 단 하루만에 소모할 정도로 연습을 게을리하지 않는다. 품질 전문가인 김규환 명장은 온도에 따라 정밀가공기계의 가공 정도가 달라지는 문제점 을 해결하기 위해 2년 6개월간 공장 바닥에 모포를 깔고 생활하면서 온도가 1도 변 할 때마다 가공되는 값의 차이를 알아냈다. 강수진 씨와 김규환 명장처럼 연습하지 않고 몰입하지 않으면 아무리 뛰어난 재능을 타고났더라도 프로가 될 수 없다. 한 분야에서 자신의 입지를 다진 사람치고 몰입하지 않은 사람은 없다. 프로와 아마추어의 차이는 자연스럽게 찾아오는 몰입을 즐기면서도, 항상 능동적으로 몰입할 수 있는 환경을 만들어 간다는 것이다. 몰입은 프로의 근성이다. 결정적 순간에 보이는 몰입은 집중력이라는 형태로 나타나므로, 집중력을 극대화하는 것이 몰입의 첫걸음이다.

일에 몰입하지 못하는 이유

일에 몰입하지 못하는 이유는 직무적 측면, 개인인 측면, 조직문화적 측면에서 찾을 수 있다. 직무적인 측면에서는 보면 너무 어려운 일이 주어졌을 때는 쉽게 포기하게 되고, 그렇다고 너무 쉬운 일이 주어지면 지루함을 느껴 몰입하지 못하게 된다. 따라서 역량보다 조금 어려운 일을 경험하게 함으로써 적절한 긴장감을 줄 수 있어야 한다. 성장 비전이 없는 업무도 몰입을 방해한다. 아무리 주어진 일을 열심히 해도 그 일을 통해 성장할 수 없다는 느낌이 들면 몰입하기가 어려워진다.

개인적인 측면에서는 심리적 불안과 스트레스, 육체적·정신적 소진이 몰입을 방해한다. 집안에 고민이 있거나, 누군가와 갈등이 있으면 일이 좀처럼 손에 잡히지 않는 것과 같다. 사마천司馬遷은 사기에 '삼망'이라는 표현을 했다. 전쟁터에서 병사가 잊어야 하는 세 가지로 전쟁에 나가서는 가정을 잊고, 싸움에 임해서는 부모를 잊고, 공격의 북소리를 듣고는 자신을 잊어야 한다는 것이다. 그러나 서로 서로 엮여 있는 사회에서 나만 생각하면서 살 수 없기에 적절히 스트레스를 관리할 수 있는 역량을 필요로 한다. 육체적·정신적으로 소진되면 몰입할 수 없기 때문에 적절한 휴식과 운동으로 컨디션을 최상으로 유지할 수 있어야 한다.

조직문화적 측면에서 하향(top down) 방식의 지시 통제적 문화도 몰입을 방해한다. 개인의 창의성과 자율성이 숨쉴 수 없는 문화에서 사람들은 몰입에 대한 욕구를 느끼지 못하게 된다. 이런 문제점을 보완하기 위해서 구글은 엔지니어들이 관심 두는 분야 또는 프로젝트에 업무의 20%를 사용할 수 있도록 적극적으로 지원하고 있다. 관심 프로젝트가 돈이나 회사의 매출과 연관성이 있어야 할 필요는 없다. 20% 프로젝트는 상향(bottim up) 방식의 민주적 의사 결정에 이해 서비스가 만들어진다.

몰입을 방해하는 것을 제거하라

하루 종일 바쁘게 보냈지만, 막상 돌아보면 특별히 한 일도 없는 것을 발견하고 허무감을 느껴본 적이 있을 것이다. 이것은 일을 하지 않았다기보다 몰입하지 못해서다. 한 손으로는 통화를 하면서 한 손으로는 마우스를 클릭하고, 중간중간 다른 서류를 들여다보는 등 많은 사람이 동시에 여러 가지 일을 처리하는 멀티태스킹에 대한 환상을 가지고 있지만 이것은 좋지 않은 업무 습관이다. 우선순위에 따라 한 가지 일에 집중하는 것이 성과를 올리는 최고의 방법이다. 육체노동자는 그때그때 주어지는 일을 순간적으로 처리할 수 있지만, 창조적 지식노동자를 결과를 도출하기 까지 고민하고 집중해야 하는 시간이 필요하다.

정보통신기술(ICT)의 발달로 동시에 여러 작업이 가능한 경우도 있지만, 사람은 컴퓨터와 달리 멀티태스킹을 하면 어떠한 것에도 집중하지 못하게 된다. 사람의 뇌는 한 번에 한 가지씩밖에 집중할 수 없어 여러 가지 작업을 동시에 하기 위해서는 작업 간 전환이 필요한데, 이때 두뇌는 일정한 적

응 시간이 필요해서 다시 집중할 수 있을 때까지 그만큼 시간적 손실이 발생한다. 이를 감안해 볼 때 멀티태스킹은 결코 생산성 높은 업무 처리 방식이 아니다.

카카오톡, 메신저, 문자, 컴퓨터 화면의 수많은 창도 몰입을 방해하는 요인이다. 언제든지 마음만 먹으면 스마트폰을 들여다볼 수 있고, 검색 포털을 통해 연예인의 가십성 기사나 전날 방영된 드라마 내용을 확인할 수 있게 되면서 사람들은 쉽사리 몰입하지 못한다. 아이러니한 사실은 스마트폰 사용률이 높을수록 삶의 만족도와 수입이 낮다는 것이다. 유한한 자원인 시간을 의미 없는 데 사용함으로써 점점 더 상황이 악화되는 것이다. 스마트 시대에 살고 있지만 삶의 만족도를 높이고, 수익을 높이고 싶다면 스마트폰이나 소셜 미디어 등의 사용을 스스로 통제할 수 있어야 한다.

이메일을 계속해서 확인하는 것도 몰입하고 있지 못한 것이다. 우리가 하루에도 수십 번씩 이메일을 확인하는 것은 큰 노력이나 수고를 들이지 않고도 뭔가 의미 있는 일을 했다는 느낌을 얻기 위해서이거나, 대부분 사소하고 불필요한 메일이지만 언젠가 중요한 메일이 올 것이라고 기대하기 때문이다. 또한 잠깐이나마 힘든 업무에서 벗어날 수 있기 때문이고, 잠시 한숨을 돌리기 위한 것일 수도 있다. 메일함이 가득 차서 분류하기 힘들 것이라는 생각이 들기도 하며, 누군가와 연결되어 있다는 느낌을 받고 싶어서이기도 하다. 500개의 읽지 않은 메일이 쌓여 있는 것보다 더 두려운 것은 새로운 메일이 한 통도 없을 때다.

일에 몰입할 수 있는 방법

성실하게 일을 대하는 것은 좋은 태도다. 그러나 주어진 일에 성실한 것으로만 끝난다면 아쉬움이 남는다. 일을 통해 발전할 수 있어야 하고 행복감을 느낄 수 있어야 한다. 일에 몰입할 수 있는 첫 번째 방법은 하고 싶은 일이나 의미 있는 일을 하는 것이다. 자신이 하고 싶은 일을 하면 집중하고 몰입하게 되어 즐거움을 맛보게 된다. 반면 반복적이거나 개인의 발전이 느껴지지 않으면 몰입하지 못하게 된다. 몰입은 인생의 가치관을 재정립하도록 하고, 이것이 후회 없는 삶으로 연결된다. 스스로 하고 싶은 일을 택해 성실히 일해야 하고 그 연장선에서 새로운 문제에 집중하고 몰입해서 살아야 보람을 느끼게 되는 것이다.

목표를 가지는 것도 몰입에 도움이 된다. 목표는 설정하면 이를 달성하려는 욕구가 생기면서 뇌에서 호르몬이 분비되고 집중력이 생기게 된다. 사격을 할 때 목표물을 눈으로 겨누듯이 생각으로 그 목표를 겨누는 것이다. 유명 아이돌 그룹이 외국어를 빨리 습득하는 이유는 목표가 명확하기 때문이다. 몇 달 뒤에 해외에 진출해서 영어로 대화하고, 영어로 노래를 해야 한다면 중도 포기 없이 목표에 집중하게 될 것이다.

일에 몰입할 수 있는 환경을 파악하는 것도 필요하다. 이를 위해서는 몰입을 방해하는 요인이 시간 때문인지, 공간 때문인지, 습관 때문인지 살펴볼 필요가 있다. 만일 시간 때문이라면 자신에게 맞는 시간대를 찾아내야 한다. 일반적으로 아침 시간에 몰입이 잘된다고 하지만 사람에 따라 저녁 시간에 몰입을 잘하는 사람도 있다. 공간도 몰입도에 영향을 준다. 도서관과 같은 폐쇄된 공간에서 집중을 잘하는 사람이 있는 반면, 적절한 소음이 있는 카페에서 몰입을 하는 사람도 있다. 습관 때문이라면 10분, 20분씩 꾸준히 몰입하는 훈련을 할 필요가 있다. 아무리 독한 마음을 먹어도 사람인 이상 습관이 되어 있지 않은 일을 의지로만 하기에는 한계가 있다.

마감 시한을 정해놓고 몰입하는 습관을 기르는 것도 필요하다. 한 달 내내 해야지 마음만 먹다가 마감 며칠 전에 집중해서 일을 처리해 본 경험이 있을 것이다. 마감 시한이 다가올 때 생기는 긴장감은 집중력을 만들어주는 원동력이 된다. 특히 하기 싫은 일을 계속해서 미루기보다는 항상 일정한 시간을 정해놓고 집중해서 끝내는 습관을 키우는 것이 좋다. 예를 들어 고객과 회의를 가졌다면 사무실에 들어오자마자 업무일지를 작성하는 등의 습관을 키우는 것이다. 마감 시한을 정해놓고 일하는 것이 아니라, 일을 빨리 끝내기 위해 노력하다 보면 집중해서 일하게 된다.

업무의 집중도를 높이는 훈련도 필요하다. 우리와는 문화적 차이가 있지만 외국계 기업을 보면 정시에 퇴근하면서 일과 삶의 조화를 가지는 것이 부럽기까지 하다. 조직에 속해 있는 사람이라면 오랜 시간 일할수록 더 열심히 일하고 더 좋은 성과를 내는 사람으로 평가받는 것에 자유롭지 못하다. 그러나 업무 시간에 개인적인 일을 처리한다거나, 인터넷 검색으로 소중한 시간을 흘려보낸다거나, 카카오톡이나 메신저로 몰입을 방해하는 것만 스스로 통제해도 업무의 집중도는 높아진다.

소셜 미디어,
1인 기업이 가진 숨겨진 무기

소셜 미디어가 없으면
1인 기업 시대도 없다

소셜 미디어를 활용하여 퍼스널 브랜드를 만들 수 있다

1인 기업으로 퍼스널 브랜드가 구축되면 굳이 내가 누구인지 설명할 필요가 없다. 브랜드 자체로 자신만의 정체성을 설명할 수 있으며, 소비자가 거부감 없이 나를 받아들이게 된다. 미스터리쇼퍼 민유식 대표, 스마트워킹을 주제로 활동하는 혜민아빠 홍순성 씨, 〈퍼스널 브랜드로 승부하라〉의 저자 조연심 대표처럼 특정한 분야에서 대표적인 브랜드가 되면 당신이 누구인지, 어떤 경력이 있는지, 어떤 꿈을 가지고 있는지 따로 설명할 필요가 없다. 이들은 퍼스널 브랜드가 있는, 즉 긴 설명이 필요 없는 사람들이다.

현대적인 의미에서 브랜드는 "어떤 조직이나 개인이 자신의 제품이나 서비스에 정체성을 부여하고 경쟁사들과 차별화시키기 위해 사용하는 다양한 구성 요소들(identity)을 통해 소비자들에게 믿음을 주는 상징적 의미 체계이며, 소비자와 함께 공유하는 문화이고 소비자와 어떤 관계를 만들어주는 것"이다.

좀 더 일반적 의미로 생각해 보면 브랜드는 내가 필요로 하는 사람들이 나를 찾아오게 만드는 것이다.

길게 설명하지 않아도 알 수 있는 것이 바로 브랜드의 위력이다. 아무리 좋은 콘텐츠를 가지고 있고 그 분야에서 최고의 실력을 갖추고 있더라도 사람들이 그 브랜드와 익숙하지 않으면 수익을 내기가 힘들다.

퍼스널 브랜드는 유명인들에게만 한정된 것이 아니다. 자신만의 차별화된 콘텐츠가 있다면 블로그, 유튜브, 비디오, 오픈캐스트, 팟캐스트 등의 플랫폼을 활용하여 평범한 사람도 자신만의 브랜드를 만들 수 있다. 여기에 트위터, 페이스북과 같은 SNS를 활용한다면 과거보다 다양한 방법으로 브랜드 가치를 높일 수 있다. 불과 얼마 전까지만 해도 TV, 신문, 잡지, 라디오 등을 통해야 퍼스널 브랜드를 만들 수 있었던 것에 비하면 기회의 문이 더 넓어지고 있는 것이다.

물론 1인 기업이 퍼스널 브랜드를 만들기 위해서는 자신만의 콘텐츠가 필요하다. 누군가를 따라하려고 하기보다는 자신의 모습에 집중하는 전략이 필요하다. 자신만의 콘텐츠라는 것은 자신을 대신할 수 있는 사람도 없고 그렇게 되어서도 안 되는 유일무이한 것을 의미한다. 1인 기업을 가장 빛나게 해줄 콘텐츠를 찾아 집중해야 소비자도 나의 말에 귀를 기울이게 된다.

모두가 손쉽게 연결될 수 있다

인류가 원시사회에서 농업사회로, 농업사회에서 산업화사회로 변화할 수 있었던 것은 기술혁신이 있었기 때문이다. 사냥과 고기잡이로 살아가던 원시사회에서 보면 농업과 목축업은 대단한 기술적 혁신이었고, 농경사회에서 보면 컨베이어 시스템을 통한 소품종 대량 생산 방식 또한 그동안 경험해 보지 못한 기술적 혁신이었다. 농업혁명과 산업혁명은 그 진폭이 큰 기술혁신이었기 때문에 결국 사회 전체를 변화시킬 수 있었던 것이다.

이런 관점에서 IT, 인터넷, 모바일, SNS 등은 일시적 기술적 변화가 아닌 사회문화, 인간 관계, 개인 심리에 이르는 인간의 삶 전체 영역에서 근본적 변화를 가져올 기술적 혁신이라고 할 수 있다. 과거 데스크톱 앞에서만 서로 연결될 수 있었던 사람들은 이제 다양한 모바일 기기(아이폰, 갤럭시S, 아이패드 등)를 통해 언제, 어디서나 실시간으로 전 세계 사람들과 연결될 수 있고, 필요한 정보를 언제 어디서나 손쉽게 주고받을 수 있으며, 위치 정보 등을 통해 사람뿐만 아니라 사물에도 연결될 수 있기 때문이다.

1인 기업이 SNS를 활용하여 퍼스널 브랜드를 만들고 싶다면 반드시 '행동'하고 '참여'해야 한다. 트위터를 하지 않으면 트위터를 이해할 수 없고, 페이스북을 하지 않으면 페이스북을 이해할 수 없다. 책을 읽지 않고는 글을 쓸 수 없는 것처럼, 행동하지 않는다면 배울 수 없고 잘할 수 없다. 아무리 정신없이 돌아가는 인터넷 환경이라 해도 단 한 가지 분명한 것은, 사람들은 페이스북, 트위터, 블로그, 유튜브 등의 소셜 네트워크 서비스social network service: SNS를 이용하고 있고 지금 이 시간에도 기업이나 서비스에 대해 평가하고 있다는 점이다. 다만 그 안에 없는 사람들은 그 빠르고 거대한 흐름을 느끼지 못하고 있을 것이다.

트위터, 페이스북, 구글플러스와 같은 SNS 서비스는 기회와 위협을 동시에 가져오고 있다. 그것이 기회가 될지 위협이 될지 모르지만, 1인 기업이 SNS를 이해하고 활용해야 한다는 것은 명확한 사실이다.

콘텐츠만 있다면 틈새시장을 활용하는 것도 방법이다

사람들은 소파에 누워 태블릿 PC나 스마트폰으로 놀이를 즐기거나 원하는 정보를 얻을 수 있다. 스마트폰과 태블릿 PC 등의 스마트 기기는 데스크톱에서 보던 '웹'을 모바일 '앱'으로 옮겨놓아 일과 놀이를 융합시키고 있는 것이다.

TGIF(트위터, 구글, 아이폰, 페이스북)로 불리는 지금의 디지털 혁명은 사람들에게 피로감을 주는 원인이기도 하지만, 뉴스의 생산과 유통에서 새로운 라이프 사이클을 만들어 냈다는 점에 주목해야 한다. 소비자들이 자신의 블로그, 페이스북, 트위터에서 뉴스나 정보를 생산하고 있고, 이렇게 생산된 정보를 트위터의 리트윗RT, 페이스북의 '좋아요' 형태로 유통하고 있으며, 이렇게 생산되고 유통된 정보를 다시 최종적으로 소비하기도 한다.

2000년 초반 IT 거품 논란이 거세었지만 인터넷이 일시적인 유행으로 그치지 않고 일상이 된 것처럼, 소셜 네트워크와 소셜 모바일 역시 다양한 형태로 진화하며 우리의 행동 양식을 변화시키고 있다.

누구나 퍼스널 브랜드를 만들 수 있는 시대

스마트 기기를 활용해서 언제 어디서나 콘텐츠를 만들어 내고, 이렇게 만든 콘텐츠를 SNS를 활용하여 유통하게 되면 콘텐츠는 다양한 네트워크를 통해 다른 사람들에게 링크되기도 하고, SNS에서 공유되기도 한다. 콘텐츠에 만족한 사람은 검색 등을 통해 블로그나 SNS에 추가로 방문을 하게 되고, 이를 통해 1인 기업은 자신의 이름과 서비스를 자연스럽게 알릴 수 있게 되는 것이다. 초기에는 그 효과가 미약하지만 시간이 지나고 다양한 사람과 연결되면서 효과는 기하급수적으로 증가하게 된다.

1450년대 요하네스 구텐베르크 Johannes Gutenberg 의 인쇄술은 지난 천년 동안 인간 세계를 획기적으로 바꾼 발명이었지만 컴퓨터 자판에 의해 영향력이 약해지고 있으며, 20세기 대표 미디어인 TV도 인터넷에 의해 영향력이 예전만 하지 못하다. 실제 우리나라의 신문 구독률은 1996년에 69.3%에 달했지만, 한국광고주협회가 발표한 미디어 리서치 조사 결과에 의하면 신문 구독률이 30% 밑으로 내려간 것이 오래전이다. TV 시청률은 60%를 상회하던 것이 전설로만 기억되고 있으며, 최근에는 20%만 넘어도 성공했다는 평가를 받고 있다.

구텐베르크의 인쇄술 이후 신문, 잡지, 사진, 라디오, TV 등으로 진화한 미디어는 최근 인터넷 웹에서 선線으로부터 자유로운 모바일 애플리케이션으로 진화하고 있다. 인터넷 웹과 모바일 앱의 문법을 따라가지 못하고 있는 TV, 신문, 잡지는 점점 더 힘들어지고 있다. 소비자는 더 이상 TV, 신문, 잡지 등에서 전달하는 정보를 일방적으로 받아들이고 있지 않기 때문이다.

소셜 미디어와 롱테일

TV와 신문은 각각 시간과 지면의 한계를 가지고 있어 모든 사람에게 공평하게 이야기할 기회를 주기 어려운 구조였다. 이런 이유로 전문가로 불리는 교수, 박사, 기자 등에게 더 많은 기회를 줄 수밖에 없었다. 교수, 박사, 기자는 아니지만 전문적인 식견을 갖고 자신의 생각을 표현하고 싶은 사람이나, 사회 구성원 80%의 다양한 이야기를 전달하고 싶은 사람에게는 기회가 없었던 것이다.

그러나 블로그, 페이스북, 유튜브와 같은 소셜 네트워크 서비스가 일반화되면서 사람들은 자신들의 이야기와 정보를 다른 사람에게 손쉽게 전달하고 이야기할 수 있게 되었다. 또 신문을 찍어내던 인쇄기부터 영화와 음악을 편집하는 스튜디오 기능까지 컴퓨터로 통합되면서 이전에는 전문가들만 했던 일들을 이제는 일반인도 손쉽게 할 수 있게 되었다. 롱테일 콘텐츠가 주목을 받게 된 것이다.

롱테일long tail이란 인터넷 등 디지털 기술 혁명으로 소비자들이 검색을 통해 자신이 원하는 정보를 찾아 구매하는 선택이 가능해짐으로써 그동안 무시돼 왔던 틈새 상품이 더욱 중요해진다는 이론이다. 과거에는 긴 꼬리에 해당하는 상품들이 전체 판매량에 상당히 기여한다는 사실을 알더라도 어떤 소비자가 언제 찾을지 모르기 때문에 상품을 무작정 쌓아두기 힘들었다. 그래서 규모가 작은 기업일수록 히트 상품 위주로 물건을 쌓아두고 팔 수밖에 없었던 것이다. 그러나 인터넷이 등장하고, 사람들끼리 손쉽게 정보를 주고받을 수 있는 SNS가 등장하면서 롱테일 콘텐츠도 비즈니스가 가능하게 되었다.

롱테일은 몇 개의 히트 상품이 엄청난 위력을 발휘했던 시장의 법칙, 즉 블록버스터 경제를 추락시키고 있다. 상상도 못할 정도로 깎여나간 유통비와 광고 비용 덕분이다. 온라인으로 콘텐츠를 유통시키는 데 드는 비용은 트럭, 창고, 진열대를 통한 오프라인 유통 비용 대비 100분의 1 수준에 불과하다. 이로써 인터넷은 그래프에서 꼬리 부분에 위치한 시장을 활성화시킨다. 또한 온라인에서는 댓글 기능 등을 통해 소비자가 알고 싶은 정보를 더 많이 전달할 수 있다. 소비자가 원하는 제품을 찾는 비용을 낮추고 결과적으로 수요를 머리에서 꼬리로 이동시키는 것이다.

롱테일이 성립할 수 있는 조건은 소비자의 변화에서 찾을 수 있다. 소비자들의 입맛과 취향은 갈수록 까다로워지고, 산업화 시대에 굳건하던 매스 상품은 경제적 풍요와 다양한 정보에 의해 더욱더 세분화되고 있다. 대중들은 주류의 안정감보다 소수의 감수성에 사로잡히고 있으며, 동일화의 욕구 대신 차별화를 원하고 있다. 이것은 매스mass에 근거한 히트 상품의 가능성을 점점 어렵게 만들고 있다. 무조건 많이 만들어서 많이 판매하는 것을 최고로 여겼던 시대에는 거들떠보지도 않았던 틈새 제품들이 인터넷이라는 매체의 등장으로 빛을 발하고 있는 것이다.

매체가 TV에서 트위터로 바뀌었다뿐이지, 본질적 요소는 변하지 않는다. 우리가 본래 미디어에서 기대했던 것처럼, 트위터나 페이스북에서도 '콘텐츠의 질'과 그 '진실성'이 중요한 것이다. 페이스북, 카카오톡 등은 더 많은 사람과 커뮤니케이션을 하는 도구일 뿐이다. 이 도구에 무엇을 담을 것인가에 따라, 그리고 어떻게 사용하느냐에 따라 유용할 수도 있고 그렇지 않을 수도 있다. 본질을 이해하지 않고 일방적 정보 전달을 가지고 '마케팅이다', '기업 홍보다', '지지층 확보다'라는 명분으로 한쪽으로 치우치는 전략과 방법을 구사한다면 답은 뻔할 것이다.

비즈니스는 '아는 사람'으로부터 시작된다

영국 인류학자인 옥스퍼드대학교의 로빈 던바Robin Dunbar 교수는 개인이 유지하는 안정적인 친구의 수는 150명 내외라는 흥미로운 연구 결과를 발표했다. 아무리 사교적이고 발이 넓은 사람이라도 온전한 친분 관계를 유지할 수 있는 한계가 150명인 것이다. 150명 이외의 사람을 우리는 통상적으로 '아는 사람'이라고 부른다. 그러나 아이러니한 사실은 대부분의 일은 가까운 사람이 아니라 '아는 사람'을 통해 이뤄진다고 한다.

이를 뒷받침할 수 있는 것이 세계적인 사회학자인 마크 그라노베터Mark Granovetter 가 발표한 "약한 연대의 힘 The Strength of Weak Ties"이라 는 논문이다. 그라노베터는 새롭게 직장을 구한 사람들 을 대상으로 그들이 새로 일 하게 된 직장의 일자리 정보 를 준 사람과 어떤 사이였는 지, 얼마나 자주 만나는 사 람이었는지를 직접 만나서

확인했다. 연구 결과 일자리 정보를 준 사람은 자주 만나고 친한 사람이 아닌 어쩌다 보거나 거의 보지 못했던 '아는 사람'이 가장 많았다. 그러노베터의 실험처럼 가까운 사람들을 만나면 마음이 편하기는 해도 비즈니스적으로 보면 나에게 큰 도움은 되지 못한다고 한다.

물론, 가까운 사람과의 깊은 정서적인 교류는 한 사람의 인생을 더욱 풍족하게 만든다. 다만, 여기에서는 관점은 '아는 사람'을 활용한 페이스북과 같은 SNS가 퍼스널 브랜드를 구축하고 1인 기업의 비즈니스를 전개하기에는 매우 효과적일 수 있다는 점이다. 가족과 친구처럼 깊은 정서적인 관계는 아니지만 블로그, 페이스북, 유튜브 등을 통해 서로의 소식과 하는 일을 이야기하다 보면 신뢰 관계가 형성되고 오래전부터 알아왔던 것과 같은 느낌이 들기 때문이다.

블로그, 페이스북, 카카오톡 등 각각의 서비스를 활용하기 위해서는 사고의 전환이 필요하다. 한번도 만나보지 않은 사람들과 자신의 일과 생각을 공유하는 것이 낯설고 부담스러울 수 있지만 일정 정도는 가볍게 생각할 필요도 있다. 사람들이 자신

의 비즈니스를 알리기 위해 홈페이지를 개설하고, 명함을 제작해서 뿌리고 다니는 점을 생각하면 블로그와 페이스북 등에 자신의 일과 생각이 공유되는 것이 그렇게 부담스러운 일만은 아니다. 소셜 네트워크 서비스가 가지는 몇 가지 가치를 바탕으로 기본적인 활용 방법을 알아보자.

얼마 전까지는 '식스픽셀six pixels 법칙'이라 해서 최대 여섯 명만 거치면 누구와도 연결될 수 있다고 했지만, 이제는 누군가를 통해 접촉할 필요가 없이, 검색과 클릭 몇 번으로 만나고 싶은 사람과 정보에 직접 연결할 수 있다. 디지털 세계에서는 사람들 사이에 다리 자체가 존재하지 않으며, 인터넷과 수많은 소셜 네트워크가 연결 다리를 제거하면서 온·오프라인 네트워킹의 패러다임 자체가 바뀌고 있다. 트위터의 경우 평균 4명만 거치면 어떠한 사용자들과도 소통이 가능해 많은 이에게 콘텐츠 전파가 가능하다고 한다.

과거에는 정보를 외부로 노출하지 않고 혼자서 정보를 가지고 있는 사람이 능력 있는 사람으로 평가받았지만 소셜 미디어에서는 누가 고급 정보를 빨리 줄 수 있느냐가 중요해진다. 고급 정보를 얼마나 많은 사람이 볼 수 있도록 가공해 올릴 수 있느냐에 따라서 특정 분야에서 전문가로 인정받을 수 있는 시대가 되었다. 이렇게 형성된 네트워크는 오프라인의 네트워크로 이어져 비즈니스와 생활에도 큰 도움이 된다. 인터넷과 SNS에서 이뤄지는 작은 세계 네트워크에서는 소유보다는 공유의 가치가 크다.

다양한 사람들과 대화하고 전파한다

두산그룹의 박용만 회장은 회의하는 장면을 사진 찍어 올리기도 하고 지방 공장을 방문해서 인증샷을 찍어 올리기도 한다. '아내가 무섭다'든지 사적인 이야기도 올린다. 두산베어스 김경문 감동의 경질설이 있을 때는 어떤 팔로어의 질문에 "구단에 확인해 보니 사실무근입니다"라고 답변을 주기도 했다. 그의 트위터 멘션은 곧 스포츠 뉴스로 생산되었고, 김경문 감독의 경질설은 곧 수그러들었다.

소셜 미디어는 김연아, 이외수, 김제동, 신세계 정용진 부회장, 두산그룹 박용만 회장이나 일반인, 유명인, CEO, 신입사원, 외국인 등 계층의 경계를 넘어서 다양한 사람과 대화를 하고 전파할 수 있다는 특징이 있다. TV에서 방송되고 신문에 보도되는 내용은 보통 그 나라 사람들만 보게 되는 반면, 소셜 미디어는 다양한 국가의 사람들에게도 전파된다. 실제 트위터와 페이스북 등은 중동 시위를 중동 지역 국가 전체로 확산시키는 역할을 했다. 소셜 미디어를 이용하면 다양한 사람과 소통이 가능하다. 기존의 입소문 마케팅은 대상이 한정적이었던 것에 비해, 소셜 미디어는 지구촌 누구나 대상이 될 수 있는 방식으로 진화하고 있다.

인터넷과 SNS가 등장하기 이전에는 사람들 간에 서로 소식을 주고받기 어려워서 대부분 비슷한 사람들과만 교류했다. 택시기사 모임에 가면 모두 다 택시기사였고, 공무원 모임에 가면 모두 공무원이었다. 그러나 페이스북과 같은 SNS가 일반화되면서 손쉽게 다른 집단의 사람들과도 대화할 수 있는 장이 마련되었다. 그리고 얼굴을 드러내놓고 대화를 하기 때문에 신뢰감이 형성된다. 소셜이 가지는 가장 큰 특징 중 하나가 바로 다양성이다. 내가 알고 있는 사람들과 깊은 관계를 형성하는 것도 필요하지만, 관심사가 비슷한 다른 사람들과도 교류하는 것이 필요하다. 비즈니스는 이들에게서 이뤄질 가능성이 높기 때문이다.

진솔한 목소리는 친근하게 만든다

소셜 미디어는 TV, 신문 등에 비춰지는 인위적인 모습이 아닌 마음을 담은 인간적 소통 도구다. 그래서 소소한 일상 이야기를 진솔하게 전달하고 1인 기업의 인간미를 표출함으로써 인간적인 관계를 형성하는 것이 가능하다. 1인 기업을 운영하는 사람들의 진솔한 목소리는 SNS상에서 사람들에게 친근성을 갖도록 해준다.

소셜상에서 개인의 신변 잡기를 이야기하는 것은 비즈니스적으로 큰 도움이 되지 않지만, 사람들에게 친근함을 느끼게 하는 효과가 있다. 스타벅스의 경우 트위터를 통해 "이번 주말 오후에 스타벅스 디지털 팀에서 파티를 열 거예요"라는 식의 일상

생활을 공유하고 있으며, 펩시의 경우 '더 좋은 친구'를 위한 리프레시 프로젝트Pepsi Refresh Project를 기획하고 문화·교육·식품·건강·이웃 등을 주제로 하는 아이디어를 공모해 인간미 있는 펩시 알리기에 성공했다. 이렇게 1인 기업도 소셜 미디어를 통해 인간적인 면을 보여주면서 대화에 참여하면 사람들은 1인 기업에 더욱 친근함을 느끼게 될 것이다.

쌍방향 커뮤니케이션과 신뢰성

소셜 미디어를 통한 적극적인 쌍방향 커뮤니케이션은 1인 기업의 평판을 올리는 데도 효과적이다. 블로그, 페이스북, 트위터 등을 통해 한번이라도 대화를 나누어봤던 사람들은 서로 우호적이며, 부정적인 사건이 발생할 때 크게 사건이 확대되지 않도록 보호해주기도 한다. 즉, 소셜 미디어 활동을 통해 1인 기업은 충성도 높은 고객을 끌어모을 수 있는 것이다.

세상사의 많은 일은 인지상정人之常情이다. 원활한 커뮤니케이션을 위해서는 친구관계를 맺은 페이스북 친구의 글에 '좋아요'나 '댓글'을 달기도 해야 하며, 블로그 등에서 얻은 유용한 정보에는 '링크'와 '댓글'은 남기는 활동이 필요하다. 자신은 아무런 커뮤니케이션 활동도 없이 일방적으로 받기만 원한다면 이에 응할 사람은 없을 것이다.

소셜 미디어가 마케팅적으로 가치가 높은 이유

게시판 중심으로 운영되었던 홈페이지에서는 사람들이 서로 연결되기 어려웠고, 글을 작성하는 사람이 자신의 신분을 노출하지 않는 익명성이 넘치는 공간이었다. 그에 비해 페이스북, 카카오톡 등은 사람을 중심으로 온라인과 오프라인의 경계를

무너뜨리고 있다. 소셜 미디어는 과거의 웹처럼 익명성이 넘치는 곳이 아니라 한 사람 한 사람의 일상을 공유할 수 있도록 하는 공간으로 바뀌고 있다.

이제 더 이상 온라인은 오프라인에서 다루지 못했던 신변 잡기를 공유하는 공간이 아니다. 1인 기업은 '온라인 마케팅을 할 것이냐'가 아니라 '온라인 마케팅을 어떻게 할 것이며, 고객과의 소통을 위해 무엇을 해야 하는가'를 고민해야 한다.

커뮤니케이션에서 SNS 서비스는 크게 횡적 방식과 종적 방식으로 분류할 수 있다. 트위터 같은 서비스는 횡적 방식의 커뮤니케이션 수단으로 다수의 사람과 빠른 공유를 가능하도록 해준다. 서비스의 특성상 개인적 감정보다는 시사적인 메시지가 많으며 정보의 휘발성이 높다. 페이스북, 카카오톡과 같은 서비스는 종적 방식의 커뮤니케이션 수단으로 친구와 사생활을 중심으로 커뮤니케이션이다. 트위터에 비해 확산성은 느리지만, 친구들이 이야기하는 정보에 대한 신뢰성이 높으며, 트위터에 비해 오랜 기간 정보가 유지된다는 특징을 갖고 있다. 페이스북과 같은 SNS는 자기 표현, 사람 간의 연결, 소속감에 대한 욕구에 호소하며 인터넷을 인간적인 곳으로 느끼게 한다.

마케팅 환경의 변화와 소셜 미디어

현재의 소비자들은 스마트폰 등의 IT 기기와 카카오톡, 페이스북 등의 소셜 네트워크 서비스를 친숙하게 사용할 수 있는 사람들이다. 그래서 인터넷을 통해 제품과 서비스에 대해 손쉽게 정보를 얻고 불만이나 개선 사항 등은 기업에 적극적으로 요구하는 프로슈머[1]이며, 이와 관련된 모든 활동을 자신의 블로그에 포스팅하거나 카카오톡, 페이스북 등을 통해 친구들과 공유하는 등 독립적 미디어이기도 하다.

블로그, 유튜브, 페이스북, 카카오톡 등의 소셜 미디어로 인해 기업의 미디어 통제권한은 고객에게 넘어갔다. 기업에는 투명성과 진정성을 요구하며 자신의 아는 사실이 긍정적이든, 부정적이든 주변 사람들과 SNS에서 공유한다. 소비자들은 전문가나 기업에서 이야기하는 광고보다 같은 소비자나 친구들의 의견을 더 중요시하고 신뢰한다. 이는 기회인 동시에 위협이기도 하다. 1인 기업의 마케팅 활동은 이 같은 소비자의 역할을 아는 데에서 출발해야 한다.

1인 기업에게 소셜 미디어가 마케팅적으로 가치가 높은 이유는 첫째, 모든 마케팅 활동을 통합해서 운영할 수 있다는 점이다. 유튜브에 동영상을 업로드한 후 해당 동영상을 트위터로 확산시키고, 페이스북에서 친구들과 공유하며, 블로그에서 콘텐츠 소스로 재활용할 수 있다.

두 번째로 고객과의 쌍방향 의사 소통이 가능하다는 점이다. 콘텐츠를 접한 고객들은 카카오스토리 공유하기와 트위터상에서의 트윗, 리트윗, 멘션, DM(쪽지) 등으로, 페이스북에서는 '좋아요'와 댓글 형태로, 블로그에서는 트랙백, 댓글, 소셜 댓글 형태로 자신의 의견을 말한다. 1인 기업은 다양한 소셜 미디어 채널을 통해 고객의 의견을 빠르게 파악할 수 있고 그에 따라 고객의 의사를 신속하게 반영할 수 있다.

세 번째로 소비자의 행동을 유발하는 효과적인 매체라는 점이다. 소셜 미디어는 매스미디어에 비해 공감대 형성이 쉽다. 카카오톡, 페이스북 등은 비슷한 관심사를 가진 사람들과 관계를 맺게 해주는 서비스로, 한 사람의 의견이 직접적으로 다른 사람에게 영향을 주고 행동에 영향을 미친다. 그래서 소셜 미디어는 새로운 고객층 또는 팬을 확보할 수 있는 기회가 되기도 한다.

네 번째로 저렴한 투자비를 들 수 있다. 1인 기업은 사용할 수 있는 시간과 돈이

---

[1] 생산자인 프로듀서producer와 소비자인 컨슈머consumer를 합성어로, 기업의 제품이나 콘텐츠를 직접 사용하기도 하고, 스스로 콘텐츠를 제작하기도 하는 소비자들을 통칭한다.

많지 않아 TV와 신문을 이용하기가 현실적으로 어렵다. 하지만 소셜 미디어라면 이야기는 달라진다. 티스토리, 워드프레스 등으로 손쉽게 콘텐츠를 만들어 낼 수 있으며, 트위터, 페이스북을 통해 콘텐츠를 퍼트리고 고객과 커뮤니케이션을 할 수 있다. 콘텐츠 생산에 필요한 '시간'이라는 자원이 소요되기는 하지만, 기존의 마케팅 방식보다 투자비가 저렴한 것은 분명한 사실이다.

마지막으로 시간과 공간의 제약을 받지 않는다는 점도 중요하다. 모바일 기기의 대중화로 인해 고객은 언제 어디서나 1인 기업의 콘텐츠를 이용할 수 있다. 또한 언제든지 검색을 통해 고객이 다시 볼 수 있다.

검색은 앞으로도 중요할 것이다

카카오톡과 카카오스토리는 전화번호를 기반으로 하기 때문에 가까운 사람들과 이용하는 경향이 많고, 페이스북은 자신의 프로필을 기반으로 하기 때문에 친구나 그의 친구와 이용하는 경향이 많으며, 트위터는 관심사가 비슷한 사람들을 기반으로 해서 불특정 다수와 이용하는 경향이 많다. 그러나 다양한 소셜 네트워크 서비스를 활용한 사람들과의 교류 못지않게 네이버, 다음, 구글 등의 검색 엔진을 통해 정보에 접근하는 사람이 더 많다는 사실을 놓치면 안 된다. 소셜 미디어에서도 검색은 여전히 중요성을 갖고 있는 것이다.

카카오스토리, 페이스북, 트위터 등의 서비스에서 오고가는 대화는 대부분 실시간이고 휘발성과 파급력이 강하다. 실제 지하철이 고장 났을 경우 사람들은 카카오스토리, 페이스북, 트위터 등으로 정보를 공유해 많은 사람이 혼잡을 피할 수 있는 통로가 되고 있다. 기존의 신문이나 뉴스는 이 사건을 다루지 않거나 다루더라도 사건이 종료된 이후여서 죽은 정보를 전달했던 것에 비하면 놀라운 일이다. 그러나 실시간적인 서비스의 특징은 시간이 흐르면 더 이상 찾지 않게 되는 특징도 갖고 있다. 나중에 해당 정보를 찾기 위해 사람들은 페이스북을 보기보다는 검색을 통해 접근할 것이다.

검색되지 않으면 없는 것이다

정보가 많지 않았던 1990년 말에는 야후와 같은 디렉토리 방식을 소비자들이 선호했다. 정보가 어디에 있는지 몰랐기 때문에 클릭, 클릭하면서 따라가는 방식이 편했던 것이다. 그러나 정보의 양이 폭발적으로 늘어나면서 사람들은 디렉토리 방식보다는 검색을 통해 본인이 원하는 것을 찾아가기 시작했다. 지식 검색과 통합 검색으로 소비자 입맛에 맞도록 검색 서비스를 했던 네이버가 결국은 인터넷 생태계에서 승자가 된 것이다. 홈페이지, 쇼핑몰, 블로그 등에서 아무리 좋은 콘텐츠가 있어도 네이버에 검색되지 않으면 의미가 없는 것이 국내의 현실이다. 물론 트위터, 페이스북 등의 SNS 사용자가 폭발적으로 많아지고 있지만, 소비자는 하루아침에 그동안 사용해 왔던 방식을 변화시키지 않는다는 점에서 검색은 여전히 중요하다.

네이버에서 '페이스북'이라고 검색을 해보면 블로그에서만 100만 건이 넘는 검색 결과가 나온다. 그럼 '100만 건 중 왜 1등이 있고, 왜 꼴등이 있는 것일까?' '검색 결과에 따른 순위는 누가 결정해주는 것일까?' '검색 결과를 노출해주는 원칙이 있는 것은 아닐까?'라는 의문이 생긴다.

검색을 해주는 기본적인 원칙은 있다. 실제 구글은 더 중요한 페이지는 더 많은 다른 사이트로부터 링크를 받는다는 기준으로 검색 순위를 결정해준다. 구글은 이러한 방식을 페이지랭크PageRank라고 하며, 네이버, 다음 등에도 페이지랭크와 같은 검색 원칙이 기본적으로 있다.

웹상에서 콘텐츠를 생산할 경우 사람과 검색 엔진을 생각해야 한다. 사람을 위해서는 사진을 예쁘게 찍고, 포토샵으로 편집을 하며, 유익하고 재미있는 형태로 만든다. 그러나 사람보다 중요한 것이 네이버, 구글과 같은 검색 엔진이다. 돈을 주고 광고를 하지 않는 이상 검색 엔진이 검색해주지 않으면 소비자와 만날 수 있는 길이 없기 때문이다.

우리가 검색 엔진이라고 부르는 네이버, 다음, 구글 등에는 사람처럼 눈이 달려 있지 않다. 검색 엔진은 기계일 뿐이다. 검색 엔진이 이해할 수 있는 것은 웹페이지를 만드는 기본적인 언어인 HTML과 텍스트뿐이다. 사람처럼 사진과 동영상을 보면 그게 어떤 사진인지 어떤 동영상인지 알지 못한다.

구글은 검색 엔진 최적화 가이드를 보다 쉽게 콘텐츠를 수집하고 색인을 생성할 수 있도록 하고 있다.

검색 엔진에는 내부 검색 엔진과 외부 검색 엔진이 있다. 내부 검색 엔진은 말 그대로 포털 내부의 콘텐츠를 검색하고, 외부 검색 엔진은 다른 사이트의 콘텐츠를 검색한다.

내부 검색 엔진이 좋아하는 콘텐츠를 만들기 위해서는 타이틀 태그를 잘 붙여야 한다. 이곳은 제목에 해당하는 곳으로 소비자가 많이 찾는 키워드가 배치되어야 한다. 제목을 작성할 때는 쓸모없는 인사말이나, 그럴싸한 문구, 특수 기호 등을 넣는 것은 좋지 않다. 물론 네이버, 다음 등 국내 검색 포털들은 자체 편집 인력을 두고 인위적인 편집 과정을 거치기도 한다.

글을 쓸 때는 검색되고자 하는 키워드가 제목과 본문에 자연스럽게 배치되는 것이 좋다. 하나의 글을 작성할 경우 처음에 글의 주제를 언급하고, 중간에 글에 대한 설명한 후, 마지막에 요약한다. 이때 글 주제와 연관성이 있는 키워드를 중간중간에 자연스럽게 배치하는 것이다. 이렇게 하면 그 페이지는 키워드가 골고루 분포되어 검색 엔진에 잘 걸리게 된다.

중요하다고 생각되는 곳에 빨강색과 같은 색깔은 넣는 것도 필요하다. 사람도 책을 읽다가 중요하다고 생각하는 곳에 형광펜을 칠하고 빨강색으로 밑줄을 친다. 색깔 이외에도 중요한 키워드는 굵은체로 표시하고, 글자 크기를 키우기도 하고, 이미지나 동영상을 넣을 경우에는 설명 태크나 문구를 달아주는 것도 필요하다. 한마디로 콘텐츠를 정성스럽게 만드는 것이다.

본문 작성 시 고려해야 할 사항을 정리하면 다음 표와 같다.

위 치	설 명
웹페이지 내용 최초 250글자	본문 내용 중 최초의 250글자를 중요시하므로 동영상, 이미지 등은 내용 설명을 한 후에 업로드하는 것이 좋으며, H1~H6의 글자 크기의 조절과 키워드 반복 횟수, 반복 거리를 조정하여 글을 작성한다.
H1~H6 (글자 크기)	텍스트 단락의 제목으로 적절한 크기로 글자의 중요도를 표시하면 검색될 확률이 높아진다.
strong (글씨 크기, 색상)	웹페이지에서 강조하고 싶은 글씨를 강조할 때 사용하는 태그로 글씨 크기, 색깔 등을 바꿔서 웹 페이지를 작성하면 검색될 확률이 높아진다.
키워드 반복 횟수	핵심 키워드의 반복 횟수로 1인 기업, 1인 창조 기업처럼 '1인 기업'이라는 키워드를 반복해서 사용하는 것이다.
복합 키워드 거리	2개 이상의 단어로 구성된 키워드에서 각 단어 간 거리를 의미
img alt (이미지 설명)	사진을 설명하는 태그로 검색 엔진은 이미지를 읽을 수 없기 때문에 이미지 업로드 시 설명 문구를 필히 삽입해야 한다.
내부 링크 인기도	작성하는 글과 연관된 글을 적절한 곳에서 링크를 통해 안내하는 것으로 방문자를 더 오래 머물도록 하는 효과와 함께, 검색에도 긍정적인 영향을 미친다.
다른 사이트 링크	글과 관련된 다른 사이트의 글을 링크시키는 것으로 검색에 긍정적인 영향을 미친다.

➡ 내부 검색 엔진 최적화 주요 지표

외부 검색 엔진이 콘텐츠를 좋아하는 요소에는 최신 페이지 여부, 페이지 나이, 링크 인지도, 클릭 인기도, 포털 내부에 있는지 여부 등이 있다. 구체적인 사항은 다음 표와 같다.

표에서 설명한 검색 엔진 최적화 기법은 일반화되었을 정도로 많은 사람이 사용하고 있다. 검색 엔진 최적화는 광고비를 들이지 않고 1인 기업을 홍보할 수 있다는 점에서 중요성이 높다. 검색의 기본적인 원리를 이해하고 인터넷 마케팅 활동을 하다 보면 더 높은 효과를 얻을 수 있을 것이다. 그러나 검색 엔진 최적화는 일종의 스킬일 뿐이다. 스킬보다 더 중요한 것은 소비자에게 도움이 되는 양질의 콘텐츠라는 점이다. 네이버가 제시한 웹 문서의 검색 수집 및 반영과 관련한 기본 가이드라인에 따르면 원본 글을 우선 시 하는 등 양질의 콘텐츠가 뒷받침 되어야 함을 알 수 있다. 스킬에 너무 집중한 나머지 콘텐츠에 소홀해서는 안 된다.

위 치	설 명
최신 페이지	최신 정보를 선호하는 네티즌의 성향에 따라 최신 웹 페이지일수록 유리하다. 네이버, 구글 등은 검색 옵션을 통해 최신글 위주로 볼 수 있도록 해주고 있다.
페이지 나이	웹 페이지가 얼마나 오래전부터 있어 왔는가를 평가하는 것으로 사이트 운영 기간이 오래되었다면 검색에 유리하다.
링크 인지도	다른 웹사이트에서 내 사이트를 링크를 걸어둔 정도를 말한다. 검색 엔진에 등록된 이후에 시간이 흐르면 흐를수록 페이지의 나이와 링크 인기도가 영향을 미친다.
클릭 인기도	검색 엔진 검색 결과 페이지에서 실제로 사람들이 클릭을 많이 할수록 검색에 유리하다.
포털 내부 여부	똑같은 내용의 블로그 페이지라 할지라도 네이버의 검색 엔진에서는 네이버 블로그가 다음의 검색 엔진에서는 다음의 블로그가 유리하다.

외부 검색 엔진 최적화 주요 지표

소셜 미디어는 양질의 콘텐츠가 정답이다!

많은 기업은 홈페이지와 블로그 등을 운영하면서 소비자들과 직접 소통하거나 홍보하고 있었다. 여기서 만들어진 콘텐츠들이 카카오톡, 페이스북, 유튜브, 밴드 등과 연결되면서 사용자들을 통해 확산되고, 정보가 재생산되는 과정을 거친 다음 다른 SNS를 통해 다시 퍼트려진 것이다.

1인 기업에 SNS는 활용 가치가 높지만 서비스별 특징을 이해하고 활용해야 하고, 사전에 SNS를 통해 달성하고자 하는 목표가 무엇인지를 명확히 해야 한다. 목표는 구체적이어야 하며 달성 가능한 현실적인 것이어야 한다. 또한 SNS 활동은 측정할 수 있어야 하고, 단기적 효과에 집착하기보다는 장기적으로 생각하는 것이 필요하다.

소셜 미디어는 전략 및 계획 수립 단계, 구축 단계, 마케팅 단계, 운영 단계로 실행된다. 전략 및 계획 수립 단계는 SNS를 해야 하는 목적을 분명히 하는 단계로, 사실상 가장 중요한 단계다. SNS를 하는 이유가 단순한 홍보인지, 고객 관리인지, 신규 고객 유치인지 등 목적을 명확히 할수록 실행 방법도 구체적으로 나오게 된다. 어떤 목적이냐에 따라 운영 조직이나 인력 구성이 달라지고, 성과 지표도 달라진다. 생각보다 많은 1인 기업이 명확한 목적 없이 홍보 채널을 늘린다는 개념으로 SNS을 활용하는 경우가 있는데 이는 실패로 이어질 확률이 높다.

목표에 적합한 서비스를 선택하는 것도 필요하다. 너무 많은 계정을 운영하기보다는 2~3개의 SNS를 선택하여 집중하고 통합적으로 연결하여 관리하는 것이 효과적이다.

여러 개의 SNS를 운영하게 되면 고객과 만날 수 있는 기회가 많아진다고 생각할 수 있지만 그 만큼의 시간과 돈을 써야 하기 때문에 모든 플랫폼에 대응하기보다는 적합한 SNS를 선택해서 집중하는 전략이 필요하다.

구축 단계는 트위터, 페이스북, 블로그 등에 사용될 네이밍naming,[2] URL 등을 결정하고 실제 구축 작업을 하는 것이다. 가급적 SNS에서 사용되는 네이밍과 URL은 하나로 통일하는 것이 좋다. 고객에게 일관된 느낌을 줄 수 있기 때문이다.

마케팅 단계는 SNS를 다양한 방법으로 홍보하는 것이다. 이를 위해 지금까지 다져온 1인 기업의 네트워크를 활용하거나, 보도 자료 발송, 홈페이지 홍보, 이벤트, 광고 등을 활용할 수 있다. 유의할 점은 SNS의 가치가 단순히 많은 사람과 연결되는 것에 있지 않다는 점이다. 외부의 영향력 있는 사람들과의 연결을 통해 1인 기업

---

[2] 네이밍: 상품, 서비스, 회사 등에 이름을 붙이는 것을 말한다. 네이밍은 제품차별화에서 중요하다.

자체가 그들의 인맥 풀 안으로 들어갈 수 있어야 한다.

운영 단계는 실제적으로 SNS를 운영하는 것을 말한다. 스케줄 표에 따라 정해진 콘텐츠를 포스팅하고, 댓글, 쪽지, 멘션, 담벼락 글 등에 응대하는 것이다. 운영 단계에서는 구글 로그분석 서비스 등을 활용하여 성과분석을 실시한다.

블로그는 모두가 글을 쓰고 콘텐츠를 유통할 수 있는 시대를 열었다. 관심사, 취미, 리뷰, 정보, 사소한 일상 등으로 만들어진 블로그를 사람들은 RSS로 구독하고, 댓글을 달고, 링크를 걸고, 트랙백을 걸고, 트위터로 확산하고, 페이스북으로 의견을 교환한다. 이렇게 성장한 블로그는 적게는 수십 명, 많게는 수천, 수만 명의 방문객을 거느리며 엄연한 미디어로 위상을 갖췄다.

사람들이 블로그의 필요성을 알지만 쉽게 시작하지 못하는 것은 계속 새로운 콘텐츠를 만들어 내야 한다는 부담감 때문이다. 하지만 블로그가 SNS 시대에 다시 조명을 받고 있는 이유는 사람들과 이슈에 대해 이야기할 수 있고, 트위터나 페이스북과 함께 소셜 미디어 효과를 높일 수 있기 때문이다.

핵심은 콘텐츠다!

사전적 의미의 콘텐츠란 "인간을 위해 구성된 메시지로서 미디어와 결합되어 사람들에게 전달되는 상품"을 의미한다. 콘텐츠는 광범위하게 사용되는 용어로 블로그의 거의 모든 내용물(디자인, 제목, 카테고리, 포스팅 내용, 대화 톤 등)을 포괄하는 개념이다.

퍼스널 브랜드를 위해 블로그를 운영한다면 콘텐츠는 블로그 콘셉트를 기반으로 결정된다. 콘셉트는 블로그 주제라고도 할 수 있으며, 사람들에게 이야기하고자 하는 것이 무엇인가에 따라 달라진다. 결국 '왜 블로그를 하려고 하는가?', '블로그를 통해 무엇을 얻으려는 것인가?', '경쟁자와 차별화된 콘텐츠는 무엇인가?', '블로그를 이용하는 소비자를 이해하고 있는가?', '블로그를 활용해 고객과 의사 소통할 수 있는가?' 등의 원론적인 질문을 던져볼 수밖에 없다.

블로그 콘텐츠 아이디어가 확보되었다면 해당 아이디어에 대한 분류 작업을 거쳐야 한다. 아이디어의 분류 기준은 크게 여섯 가지가 있을 수 있다.

첫 번째는 통일성과 연계성이다. 블로그의 콘텐츠는 블로그 콘셉트와 맞아야 하며, 메뉴 간에는 상호 연계성이 있어야 한다. '유머 게시판'이나 '최신 인기 검색어' 등 블로그 성격과 일치하지 않는 콘텐츠는 방문자에게 혼란을 줄 뿐이다. 블로그 운영자 개인이 취미로 하는 활동이 아니라면 소비자 입장에서 콘텐츠가 통일성과 연계성을 가져야 한다.

두 번째는 방문자가 원하는 것이어야 한다. 일정 시점이 되면 블로그 소재가 부족하게 된다. 이때 블로그 운영자는 콘텐츠 다양화의 유혹을 경험하게 된다. 그러나 블로그 운영자 입장에서 콘텐츠를 바라보고 있지는 않은지 검토되어야 한다. 블로그 방문자가 좋아할 것 같지 않는 콘텐츠는 과감히 포기하는 것도 시간과 돈의 낭비를 막는 방법이다.

세 번째는 목표 고객에 맞는 콘텐츠여야 한다. 1인 기업의 특징 중 하나는 특정 분야에 한정된 비즈니스라는 점이다. 애플리케이션 개발에 대한 블로그가 육아에 관심이 있는 주부에게 노출된다거나, 서울에서 식당을 하는 사람의 블로그가 부산 사람에게 노출된다면 목표 고객에 대한 설계가 부족한 것이다. 목표 고객이 누구인지 분석하고 해당 고객층을 블로그에 유입시킬 수 있는 콘텐츠를 만들기 위해 고민해야 한다.

네 번째는 차별화된 콘텐츠다. 웹디자인에 대한 블로그라면 비슷한 형태로 운영되고 있는 블로그를 모방만 해서는 안 된다. 다른 곳에서 접하기 어려운, 나만의 차별화된 콘텐츠를 만들어야 한다. 어디에나 있는 정보를 시간을 할애하면서 읽어줄 소비자는 많지 않다.

다섯 번째는 꾸준한 포스팅이다. 블로그는 지속적으로 좋은 콘텐츠가 포스팅될 때 성장할 수 있기 때문이다. 블로그 운영 초기에 올린 몇 건의 포스팅으로는 소비자의 선택을 받기 어렵다.

마지막으로 블로그 콘텐츠는 저작권에 문제가 없어야 한다. 블로그에 올릴 내용이 없다고 신문 기사를 무단으로 포스팅하거나, 다른 사람의 블로그를 펌질하는 것은 올바르지 않다.

블로그 포스팅을 위한 벤치마킹

블로그를 운영하다 보면 방문자 수, 댓글, 트랙백 등에 신경이 쓰일 수밖에 없다. 블로그 운영자는 더 많은 방문자와 트래픽을 얻기 위해 매일매일 포스팅 소재를 찾아 나선다. 파워블로거의 경우 평균 하루에 한 개, 일주일에 다섯 개 정도 포스팅을 하고 있다. 처음 블로그를 시작하는 사업자는 파워블로거의 포스팅 스타일을 들여다볼 필요가 있다.

파워블로거들은 제품이나 서비스 자체에 초점을 맞추기보다는 다양한 일상 속에서 제품을 간접적으로 나타내는 형태를 취하고 있다.

하지만 블로그 포스팅만을 위해 소재를 찾아 나선다면 한 달도 가지 못해 지치고 말 것이다. 이렇게 되면 블로그가 일을 위한 일로 느껴져 스트레스를 받게 된다. 블로그는 장기간의 싸움으로 부담감을 덜어야 한다. 매일매일 글을 올리면 좋지만, 소재가 없다고 해서 스트레스를 받지는 말라는 것이다.

블로그 포스팅 소재는 일상생활 속에서 찾는 것이 좋다. 심혈을 기울인 대하소설도 좋지만 주변에서 일어나는 소소한 일상 이야기도 나쁘진 않다. 결국 소소한 일상들이 사람 살아가는 이야기이며 이것이 모여 대하소설이 된다. 사람은 잠을 자는 시간을 제외하곤 끝없는 경험을 한다. 손님을 만나기도 하고, 주변 사람과 이야기를 하기도 하며, TV도 보고, 인터넷도 하고, 책도 읽는다. 이 과정에서 일어나는 직·간접적인 경험을 블로그에 올려보는 것이다.

블로그를 과거 사고 방식으로 해석하고 또 다른 홈페이지 정도로 생각하는 사람들이 있다. 블로그에 제품 카탈로그를 스캔해서 올려놓거나, 홈페이지에 있는 내용을 그대로 복사해 놓기도 한다. 이는 고객과 의사 소통은 없고 일방적으로 정보를 전달하는 행동이다. 블로그를 개설한 후 효과를 제대로 올리지 못하고 있는 곳은 고객보다는 제품 자체에 초점이 맞춘 경우가 많다. 고객이 무엇을 궁금해 하는지보다는 제품이나 서비스가 가지고 있는 장점만을 이야기하려는 것이다.

시각적인 효과를 활용하라

아무리 좋은 내용을 담고 있더라도 표현 방식이 적합하지 않으면 소용이 없다. 콘텐츠의 내용도 중요하지만, 그 표현도 못지않게 중요하다. 글을 작성할 때 시각 효과를 활용하면 효과적으로 메시지를 전달할 수 있다. 굵은 글씨체나 이탤릭체 등 다양한 글씨체를 사용하고, 폰트 크기와 색상도 적절하게 사용한다. 아이콘, 차트, 그래프, 표, 클립아트, 삽화, 사진, 지도, 만화, 애니메이션, 동영상 등도 활용할 수 있다. 이미지와 동영상은 사실 수천 마디의 설명보다 효과적이다. 시각적 효과는 텍스트보다 훨씬 더 빠르고 강력하게 의미를 전달하는 효과가 있으며 기억하기도 쉽다. 그러므로 만일 전달해야 할 메시지가 길다면 더 많은 시각 자료가 있어야 한다. 장황한 메시지보다 시각적인 자료가 더 효과적일 수 있다.

타이포그래피는 제품을 설명하는 문자이기도 하며 시각적인 도구이기도 하다. 여러 가지 구성 요소 중에서도 가장 중요한 것은 폰트이며, 폰트의 종류와 크기, 폰트의 길이, 폰트 간의 간격, 폰트사이의 간격 등이 고려되어야 한다. 전체 페이지에서 중요도에 따라 적절한

종류의 폰트, 크기의 선택이 중요하다.

글을 작성하면서 놓치는 것 중 하나가 여백이다. 한 페이지 내에 많은 정보를 전달하려는 운영자의 욕심 때문에 여백은 좀처럼 아름다운 모습으로 남지 못한다. 그렇지만 여백이 있어야 블로그가 숨을 쉬게 되며 조화가 생겨난다. 여백은 시각적인 안정감을 주며, 전체적인 통일감을 주고 시선을 유도하는 역할을 한다. 그러므로 여백은 다른 구성 요소들을 배치하고 남은 공간이 아니라, 다른 요소들과 같은 비중으로 취급되어야 한다.

SNS 다루기 실전 전략!

소셜 네트워크상의 이름과 닉네임 결정 방법

'비=정지훈', '송승헌=송승복', '황신혜=황정만', '설운도=이영춘', '서태지=정현철', '강타(HOT)=안칠현', '전진(신화)=박충재' 모두 연예인의 예명과 본명이다. 이렇게 이름이 달라지자 사람도 달라 보인다. 연예인 이름이 저렇게 촌스럽다니 싶다. 아무래도 이 사람들은 예명을 쓰길 백번 잘한 것 같다.

이름은 상대방에 대해 아무것도 모를 때 그 상대방의 이미지를 결정하는 간판이다. 멋진 이름을 가지고 있으면 왠지 그 사람이 멋있어 보이고, 촌스러운 이름을 가지고 있으면 그 사람도 촌스러울 것이라는 착각을 일으키기 때문이다. 블로그, 트위터, 페이스북, 카페 등 웹상에서 활동하는 이름과 닉네임도 마찬가지다. 소비자가 카페나 소셜 네트워크 서비스 등에서 이름과 닉네임을 접하고 부정적인 이미지가 떠오른다면 아무리 좋은 제품이나 콘텐츠를 판매하고 있어도 소비자는 좋지 않은 선입견을 갖게 될 것이다.

퍼스널 브랜드로 바라봐야 한다

블로그, 카페, 트위터, 페이스북 등에서 사용하는 이름, 닉네임, ID 등을 정할 때는 세 가지 방법이 있다. 첫째, 실명을 사용하거나. 둘째, 나에게 의미 있는 것을 사용하거나. 셋째, 새롭게 만든 자신만의 브랜드를 사용하는 것이다.

물론 정답은 없다. 그러나 놓치지 말아야 할 것은 이름, 닉네임, ID 등을 자신을 퍼스널 브랜드로 생각하고 결정해야 한다는 것이다. 1인 기업의 퍼스널 브랜드는 그 사람의 콘텐츠, 외모, 목소리, 행동, 성격, 직업 등 모든 것과 연결되어 있고, 모든 것을 표현하는 것이다. 이름은 그 가운데 가장 중요한 요소가 될 수도 있다.

개인 정보 누출에 대한 염려로 실명을 사용하기를 꺼려하는 사람들도 있다. 그러나 자신을 브랜딩하려는 1인 기업에는 실명 사용이 좋다. SNS와 웹상에서 만들어진 브랜드가 현실 세계로 연결될 수 있기 때문이다.

페이스북은 실명을 사용하고 개인에 대한 정보를 사용자 스스로가 프로필에 올린다. 그것을 바탕으로 친구를 검색하고 관계를 확장해 나간다. 트위터에서 내가 다른 사람에게 쓴 댓글은 나와 그 사람만 보는 것이 아니라 그 사람의 팔로어와 나의 팔로어도 보게 된다. 이렇게 SNS 시대에는 모든 것이 오픈되어 있다.

즉, 1인 기업에 웹, 모바일, SNS는 가상 세계가 아닌 현실 세계다. 그러므로 현실 세계의 아이덴티티는 일치해야 한다. 그래야 자신을 온·오프라인 양쪽에서 브랜딩할 수 있다.

예컨대 '김호의 쿨 커뮤니케이션', '김국현의 낭만 IT', '서명덕 기자의 人터넷세상'과 같이 실명으로 운영되는 블로그는 신뢰감을 준다. 오마이뉴스 정윤수 편집위원이 운영하는 '정윤수의 BOOK...ing 365(blog.ohmynews.com/booking)' 역시 마찬가지다.

서비스로 네이밍을 결정하는 방법

서비스와 관련된 이름도 생각해 볼 수 있다. '리바이스 스토리', '여주고구마' 등이 이에 해당하며 기억하기 쉽다는 장점이 있다. 상품 이미지로 이름을 만들 수도 있다. 상품 스타일, 추구하는 이미지, 상품과 연상되는 이미지 중심으로 네이밍한 것은 '오렌지키즈', '캔디팻'처럼 기억하기 쉽고 판매 정보를 적절하게 전달할 수 있다는 장점이 있다.

트위터, 페이스북 등의 SNS 서비스는 실명을 사용하는 것이 좋고, 콘텐츠를 생산하는 블로그는 주제와 부합된 이름이 좋다. 콘텐츠가 모이고 모이면 블로그의 이미지가 결정된다. 그 이미지를 좀 더 쉽게 사람들에게 어필할 수 있는 것이 바로 '블로그 이름'이다.

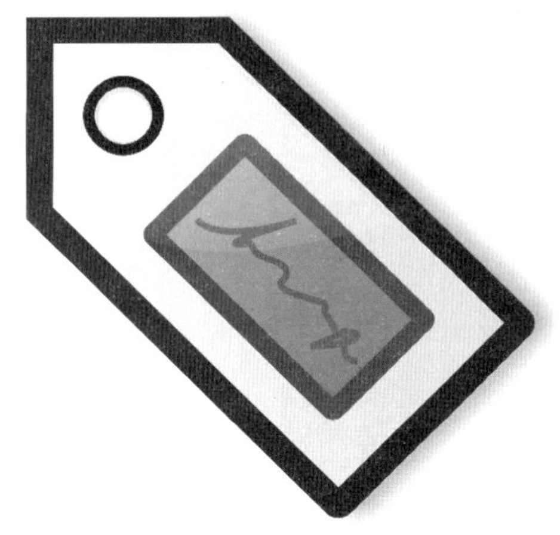

블로그 이름은 종합적인 분석을 통해 담아야할 내용을 압축적인 문장으로 표현해야 한다. 블로그 주제(콘셉트)가 강조되어야 하고 타깃 고객에게 어떻게 어필한 것인지, 그들에게 무엇을 말할 것인지 생각해야 한다.

블로그 이름을 만들기 위해서는 시장분석, 제품분석, 경쟁자분석, 타깃분석을 먼저 해야 한다. 분석 자료를 바탕으로 후보안을 만들어 목표한 사람들과 주변 사람들의 조언을 듣는 것도 좋은 방법이다. 블로그 이름은 한 번 결정되면 바꾸기 쉽지 않으므로 즉흥적으로 결정하기보다는 장기적으로 생각해 보고 결정해야 한다.

블로그 이름이 '핑크애플', '레인보우', '잡동사니'라고 하면 무엇이 연상될까? 이름만으로는 블로그의 성격을 유추하기가 쉽지 않다. 그럼 '강대훈의 무역일기', '블로거팁닷컴', '문성실의 이야기가 있는 밥상'은 어떤가?

강대훈의 무역일기는 무역과 관련된 내용이, 블로거팁닷컴은 블로그에 대한 유용한 정보가, 문성실의 이야기가 있는 밥상은 요리와 관련된 것들이 있을 것으로 유추된다. 이렇듯 이름만으로도 블로그의 속성을 알 수 있도록 하는 것이 좋다.

사람들에게 친숙함을 줄 수 있는 이름도 좋다. 티스토리 우수 블로그로 선정된 '한밤의 연예가 섹션(entertainforus.tistory.com)'은 SBS '한밤의 TV 연예', KBS '연예가 중계', MBC '섹션 TV 연예통신' 프로그램 이름을 섞어서 사람들에게 친숙함을 주고 있다.

사이트 주소와 닉네임의 통일성

사이트 주소와 닉네임은 블로그, 페이스북, 트위터 등을 방문하는 고객과의 최접점에서 콘텐츠의 성격과 사업 형태를 전달하고 고객의 인지도를 향상시키는 중요한 수단이다. 제품과 서비스에 걸맞은 사이트 주소는 소셜 마케팅을 위한 기본적인 사항이다. 한 사람이 블로그, 페이스북, 트위터, 카카오톡 등 다양한 서비스를 이용하게 되지만, 가급적 사이트 주소와 닉네임을 통일해서 사용하는 것이 일관된 메시지를 전달할 수 있는 방법이다. 사이트 주소와 닉네임은 '나'를 표현할 수 있는 요소 중 하나임을 간과해서는 안 된다.

사이트 주소를 잘 결정하는 방법

요즘은 검색을 통해 방문하는 사람들이 증가하면서 사이트 주소를 직접 입력해서 방문하는 사람은 상대적으로 적다. 그러나 블로그, 페이스북, 트위터 등은 활동한 것에 비례해서 즐겨찾기나 도메인 직접 입력을 통한 방문자 수가 늘어나게 된다.

사이트 주소를 잘 짓는 첫 번째 방법은 쉬워야 한다. 사이트 네이밍 시 사용했던 직관력을 활용하여 누가 봐도 한 번에 인식될 수 있는 것이 좋은 주소다. 직관적인 주소는 1인 기업이 판매하는 제품이나 서비스가 연상될 수 있는 단어를 중심으로 도메인을 정하는 것으로 아동/유아는 'kids', 유아 'baby', 수영복은 'swim', 신발은 'shoes' 등을 사용하는 방법이다.

두 번째 방법으로는 네이밍과 동일하게 하는 것이다. 사이트 이름과 도메인이 일치하지 않는다면 소비자에게 수수께끼를 내는 것과 같다. 어렴풋이 기억나는 도메인을 기억을 더듬어가며 입력을 하려 할 때, 블로그 이름과 혼동이 된다면 어렵사리 찾아오는 방문객을 쫓아버리는 결과를 만들어 내는 것이다.

세 번째 방법은 소비자에게 혼동을 주지 않도록 해야 한다. 영문 'l'은 숫자 '1'과 비슷하며, 영문 'O'는 숫자 '0'과 비슷하여 혼동을 줄 수 있다. 보통은 자신의 생일이나 본인에게 의미 있는 숫자를 부여하여 주소를 결정하는 경향이 있으나, 이것이 본인에게는 의미 있을지 모르지만 비즈니스적으로는 아무런 의미가 없다. 나에게 의미 있기보다는 고객에게 의미가 있도록 해야 한다.

네 번째 방법은 글자 수를 너무 길지 않도록 해야 한다. 웹사이트 순위를 가르쳐주는 랭키닷컴의 분류 기준으로 상위 20개의 사이트를 분석해 보면 숫자나 기호가 사용된 도메인은 없으며 글자 수는 7자를 넘지 않는다. 사람이 한 번에 기억할 수 있는 글자 수는 7자를 넘지 못한다고 한다. 따라서 사이트 주소의 글자 수가 너무 길지 않도록 주의해야 한다.

다섯 번째는 유사 도메인이나 상표권에 대한 분쟁의 소지도 점검해야 한다. 도메인 등록과 관련해서는 'first come, first served' 원칙이 있다. 즉, 동일한 도메인이 등록되어 있지 않은 상태에서는 먼저 신청한 사람에게 우선순위가 있다는 것이다. 그러나 최근에는 '상표법' 및 '부정경쟁 방지 및 영업비밀 보호에 관한 법률' 등에 의해 특정한 상표와 동일, 유사한 상표를 도메인 네임에 포함시켜 사용하는 행위를 넓은 의미의 상표 사용으로 보고 있다. 따라서 상표권자가 아님에도 불구하고 이미 등록된 상표와 동일하거나 유사한 명칭의 도메인을 선점하여 사용하게 되면 상표권 침해로 취급되는 것이다.

가입형 블로그와 설치형 블로그의 차이

블로그를 이야기하면 빠지지 않고 나오는 것이 가입형과 설치형 블로그다. 가입형은 뭐고, 설치형은 뭐야? 블로그 아무데서나 하면 되는 것 아니야? 이런 질문들을 하게 된다. 가입형과 설치형은 각각 장점과 단점을 가지고 있고, 서비스를 제공하는 회사도 많이 있다. 자영업자의 능력과 상황에 따라 가입형이 좋을 수도 있고,

설치형이 좋을 수도 있다.

간단하게 설명하면 가입형은 대형 건설사가 다 지은 후 분양하는 아파트와 같고, 설치형은 내가 직접 집을 짓는 것과 같다. 각각이 장단점이 있지 않은가? 아파트는 사람들이 살기 편하도록 지어진 것에 비해 비슷한 구조를 가지며, 공공의 이익을 위해 운영 방침을 준수해야 한다. 반면 내가 직접 단독주택을 짓고 산다면 내가 원하는 형태로 집을 만들 수 있고, 공공의 이익보다는 내가 편한 방식으로 살아가면 된다.

블로그 서비스도 각각 장단점이 있다. 네이버, 다음, 티스토리 등에서 제공하는 블로그를 아파트라고 생각하면 되고, 텍스트큐브, 텍스타일에서 제공하는 블로그를 내가 직접 짓는 방식이라고 생각하면 된다.

일반인에게 익숙한 블로그는 가입형이다. 네이버, 다음, 야후, 티스토리 등에서 제공하는 것으로 회원 가입 후 블로그를 생성하면 누구나 쉽게 사용할 수 있다. 가입형은 다시 포털 블로그와 전문 블로그로 구분된다. 포털 블로그는 네이버, 다음, 구글 등 검색 포털에서 제공하는 블로그를 말하고, 전문 블로그는 블로그를 전문적으로 서비스하는 티스토리(다음 서비스), 이글루스(SK서비스)에서 제공하는 서비스다.

설치형 블로그란 컴퓨터에 프로그램을 설치해서 사용하는 것과 유사한 형태로 워드프레스, XEXpress Engine와 같은 프로그램을 인터넷상에서 다운로드하여 웹상에서 직접 설치해 사용하는 방식이다. 국내에서 가장 많이 사용된 설치형 프로그램은 구글에 인수된 테터툴즈이다.

설치형 블로그의 가장 큰 장점은 레이아웃 및 디자인을 운영자 마음대로 설정할 수 있다는 것이다. 블로그에 광고를 삽입할 수도 있고, 배너도 달 수 있다. 하지만 검색 포털에서 제공하는 가입형 블로그와 달리 고객을 아무도 데려다주지 않는다. 오로지 운영자 혼자 블로그 홍보를 해야 한다. 또한 설치형 블로그는 웹에 대한 지식이 있어야 하고, 호스팅 비용 등이 발생하는 단점이 있다.

단기적으로는 네이버가 유리

가입형 블로그와 설치형 블로그 중 어떤 것이 1인 기업에게 적합할까? 큰 틀에서 보면 네이버 블로그와 티스토리가 국내에서는 가장 유리하다.

네이버 블로그는 검색과 다양한 콘텐츠, 많은 사용자에 기반해 국내 사용자가 가장 많으며, 70%를 넘는 압도적인 검색 점유율을 기반으로 더 많은 사용자를 끌어모으고 있다. 티스토리는 다음에서 서비스하고 있는 블로그로 가입형과 설치형의 장점을 모두 가지고 있는 형태로 국내의 많은 파워블로거들이 사용하고 있다.

1인 기업이 블로그를 한다면 단기적으로는 네이버가 유리하고, 장기적으로는 티스토리가 좋다. 처음 네이버에 둥지를 틀게 되면 무엇보다 고객 유입 측면에서 강점이 있다. 네이버도 블로그 콘텐츠를 검색 결과 상단에 노출시키는 등 블로그 우대 정책을 지속적으로 유지할 것으로 보인다. 적은 비용으로 목표 고객을 가장 많이 접할 수 있는 곳이 네이버다. 반면 블로그 콘텐츠는 네이버에 항상 종속적일 수밖에 없다. 네이버의 정책에 따라 울고 웃게 될 것이다.

티스토리는 장기적인 측면에서 네이버보다 유리하다. 티스토리는 다음에서 제공하는 서비스로 다음에 노출되는 효과와 함께 블로그 운영의 자율성이 높다. 설치형 블로그와 유사한 형태로 블로그에 광고도 삽입할 수 있고, 로그분석 코드를 삽입하여 방문자 행동도 측정할 수 있다. 티스토리를 활용하면 초기에는 방문 고객이 많지 않지만, 일정 정도 시간이 흐른 후 블로그 방문 고객이 많아지고 인지도가 상승한다면 검색 포털에 의존하는 비율이 낮아질 수 있다.

단순 홍보면 네이버, 전문 홍보면 티스토리

블로그 홍보를 하는 목적에 따라서도 블로그 툴을 결정할 수 있다. 블로그를 꾸준히 할 시간도 없고, 양질의 콘텐츠를 생산할 자신이 없다면 네이버 블로그가 좋다. 소비자에게 선택 받는 것은 둘째 치고, 일단은 많은 소비자에게 노출될 수 있기 때문이다. 네이버는 2000년대 초 검색 포털 1위로 등극한 후 흔들림 없이 시장 선두를 유지하고 있으며, 블로그 내 광고 시스템 도입, 별도 도메인 기능, 통계 기능 등의 서비스를 강화하며 블로그 운영자를 지원하고 있다.

반면 전문 블로그로 인정받고 장기적 관점에서 고객과 의사 소통 하고 싶다면 티스토리를 활용하는 것이 좋다. 다음에서 서비스를 하고 있어 안정적이고 설치형 블로그에서 제공하는 높은 확장성과 자율성을 가지고 있기 때문이다. 또한 네이버는 시장 선두 지위를 이용해 계속해서 블로그를 단속하는 반면, 시장 2위인 다음은 네이버에 빼앗긴 시장 선도자 위치를 재탈환하기 위해 어느 정도까지는 눈감아주기 때문이다.

네이버 콘텐츠가 아닌 티스토리, 다음, 구글, 워드프레스 블로그일지라도 네이버 내에서 검색될 수 있도록 신청을 할 수 있다. 네이버 통합 검색 결과 중 블로그 탭을 선택하면 우측에 '외부 블로그 RSS 등록' 코너가 있다. 티스토리나 다른 곳에서 블로그를 운영 중일 경우에는 이곳에 검색 등록을 요청해야 한다. 물론 같은 콘텐츠라면 네이버 데이터를 우선적으로 검색해주지만 네이버의 검색 점유율을 감안할 경우 어쩔 수 없는 선택이다.

블로그는 콘텐츠 허브다

1인 기업은 '안정' 대신 '자유', '부', '명성', '행복' 등을 추구한다. 위 사항을 이룰 수 있도록 돕는 핵심 중 하나는 '퍼스널 브랜드'라고 할 수 있다. '나는 남 앞에 나서기 싫은데', '조용히 내가 할 일만 하고 싶은데'와 같은 소극적인 방식으로는 퍼스널 브랜드를 구축할 수 없다. 퍼스널 브랜드가 구축되지 않으면 수입도 적어지게 되고, 이것은 자유로운 삶과 행복에도 영향을 준다. 1인 기업에게 퍼스널 브랜드는 선택의

문제가 아니다.

기업은 고유 브랜드를 통해 제품을 알리고 소비자와 소통하는 것과 같이 1인 기업도 '나'를 알리고 나의 생각을 표현할 수 있어야 한다. 자신의 이름이 브랜드화되지 않으면 고객이 생기지 않고 서비스도 선보일 길이 없다.

1인 기업의 브랜딩을 도울 수 있는 방법으로 '블로그'를 들 수 있다. 블로그는 TV, 신문, 잡지, 라디오와 달리 교수, 박사, 기자가 아니어도 이야기할 수 있는 곳이다. 노트북, 디지털 카메라, 휴대폰 등으로 정보라는 제품을 생산할 수 있고, 블로그를 통해 생산한 제품을 유통할 수 있다. 이 과정을 성공적으로 수행하면 1인 기업으로서 자신만의 브랜드를 가질 수 있게 된다. 잘할 수 있는 하나의 분야에 집중해서 전문성 있는 콘텐츠를 생산해서 블로그에 유통한다면 큰돈을 들이지 않고도 많은 사람들을 만날 수 있고, 이것은 다시 오프라인의 네트워크 활동과 이어져 비즈니스에 도움이 되게 된다.

블로그가 소셜 미디어의 중심이다

페이스북은 친구 관계를 맺기 이전까지는 상대방의 담벼락 글을 확인할 수 없으며, 카카오톡은 지인 중심의 커뮤니케이션으로 정보 확산에 한계가 있다. 또한 소셜

상에서 작성한 콘텐츠는 검색 포털에서 검색되지 않는다는 한계가 있다. 반면 블로그는 검색 포털에 검색이 잘되는 구조를 가지고 있으면서 누구나 사용할 수 있고, 웹페이지 갱신, 관리, 운영에 들어가는 시간과 돈이 적다. 기술적인 면에서는 에이작스(Ajax), 맞춤형 정보 배달(RSS), 응용 프로그램 인터페이스(API) 등 최신의 인터넷 신기술들이 모두 적용되어 있는 서비스다.

블로그는 소셜 미디어 중에서 콘텐츠를 만들고 관리할 수 있는 곳으로 적합하다. 사진, 동영상 등의 멀티미디어 활용도 자유롭고, 티스토리 블로그의 경우 용도에 따라 변경할 수 있으며, 검색 엔진과 메타블로그 등을 통해 방문자 확보에도 도움이 된다. 또한, 트위터, 페이스북, 구글플러스 등의 소셜 네트워크 서비스와 자유자재로 연결이 가능하여 콘텐츠 허브 역할로 적합한 플랫폼이다. 블로그는 1인 기업의 소셜 미디어 전략의 중심 매체로서 다음과 같은 일반적 특징을 가지고 있다.

- 블로그에서 작성한 콘텐츠는 검색 엔진이 좋아한다.
- 블로그 콘텐츠는 포스트로 나뉘어 기사와 비슷하다.
- 최근에 작성한 포스트가 맨 처음에 게시된다(콘텐츠는 역시간 순으로 게시된다).
- 회원 가입을 하지 않아도 누구나 댓글을 남길 수 있다. 이는 상호작용과 팬덤 현상에 탁월한 요소다.
- 블로그에 작성한 콘텐츠는 RSS Really Simple Syndication 피드를 통해 사람들이 손쉽게 블로그를 구독할 수 있다.
- RSS 피드는 동일한 콘텐츠를 하나 이상의 장소에 배포할 수 있게 해준다. 동일한 콘텐츠를 트위터, 페이스북, 구글플러스 등에도 게시함으로써 검색 포털 이외의 방문자를 확보할 수 있다.

"블로그 하면 효과가 있을 것 같은데~ 어떻게 해야 하나요?"라며 블로그에 관심을 보이는 사람들이 있다. 그러나 블로그를 문의하는 대부분은 블로그의 특성을 이해하려 하지 않고, 기존의 세계관 속에 블로그를 집어넣으려고 한다. 블로그를 또 하나의 홍보 수단 정도로 생각하고 있는 것이다.

블로그는 많은 웹 서비스 중의 하나일 뿐이다. 그러나 다른 웹 서비스와 다른 점은 한 가지 주제를 가지고 자신의 전문성을 열정적으로 이야기하는 공간이라는 점이다. 블로그에 대한 정의는 다양하지만 다음과 같이 정의할 수 있다.

블로그 = 열정 + 콘텐츠

블로그는 한 가지 주제를 가지고 더 깊고, 더 넓게, 다양한 시선으로, 재미있게, 멀티미디어적 요소를 가미해서 운영되어야 하며, 무엇보다 열정이 있어야 한다. 몇 개의 포스팅과 광고성 콘텐츠로는 소비자와 커뮤니케이션할 수 없다. 소비자와의 커뮤니케이션을 위해서는 양질의 콘텐츠와 열정이 필요하며, 어디서나 얻을 수 있는 정보, 아무런 의미가 없는 가십성 콘텐츠는 고객 입장에서 쓰레기일 뿐이다.

소비자는 바쁘고, 접해야 할 정보 또한 많다. 정보의 홍수에 빠져 있는 소비자를 붙잡기 위해서는 양질의 콘텐츠를 줄 수 있어야 한다. 양질의 콘텐츠를 위해서는 자신이 고객이 되어보면 된다. 고객 입장에서 만든 콘텐츠는 소비자에게 비밀의 방을 열어줄 수 있는 열쇠다. 그러나 이때 자신의 서비스만 언급된다면 소비자는 실망하고 해당 페이지를 이탈할 것이다.

가치 있는 콘텐츠가 최고다

블로그는 어느 누구나, 어떤 내용이라도 받아들이는 스펀지 역할을 하며, 즉흥적이며 감정에 휩쓸리기 쉬운 기존 게시판의 댓글과 달리 지식의 정확성과 신선도를 높일 수 있다. 또 특정인에게만 보이고, 특정 장소에 가야 볼 수 있는 기존의 인터넷 커뮤니케이션 수단과 달리 파급 효과 면에서 타의 추종을 불허한다.

블로그는 지금까지 나온 웹 서비스 중 검색 면에서 가장 우수하다. 블로그는 홈페이지, 트위터, 페이스북보다 검색이 잘되는 구조를 가지고 있어 네이버, 다음, 구글 등의 검색 엔진에 별도의 광고비를 지출하지 않고 1인 기업을 노출할 수 있다. 블로그 콘텐츠가 또 다른 소비자를 연결시켜주는 장이 되는 것이다.

기존의 HTML로 작성했던 웹페이지는 링크 형태로 서로를 연결했지만 블로그는 고유의 주소 값인 퍼머링크permalink[3]가 생성되고, 트랙백TrackBack[4]을 활용하면 서로 다른 사이트 간에도 연결이 가능하다. 즉, 웹이 가져야 할 가장 기본적인 속성인 '연결성'을 완성시키고 있는 것이 블로그다.

블로그를 통해 특정 분야에서 전문가로 포지셔닝하고자 하는 1인 기업이라면 전문적인 정보를 전달할 수 있어야 한다. 물론 이것이 직접적이며 단기적인 성과를 가져오지는 않는다. 그러나 자신이 찾고자 하는 정보를 얻은 소비자는 다음에 또 해당 블로그를 찾아줄 것이며, 이런 활동을 통해 1인 기업은 보이지 않게 자신의 브랜드가 축적되는 효과를 얻을 수 있다.

1인 기업은 블로그에서 가치 있는 콘텐츠에 집중해서 고객의 신뢰를 얻어야 한다. 이를 위해 정확한 목정성과 일관된 목소리, 꾸준한 업데이트, 고객과의 공감대 형성, 활발한 피드백, 솔직한 태도, 고객들에게 질문, 차별화에 대한 연구, 운영 가이드 설정 및 준수, 다양한 관심 표명, 자신만의 콘텐츠 생성, 온·오프라인 연계 등의 활동이 필요하다.

자신의 관심사를 스크랩하는 공간 정도로 블로그를 생각하고 있는 사람들도 있지만, 적극적이고 비판적인 콘텐츠를 생산해내는 블로거가 증가하면서 SNS에서 블로그의 중요성은 갈수록 증가하고 있다. 1인 기업이 자신의 블로그에 양질을 콘텐츠를 생산하고, 트위터, 페이스북, 댓글 등을 통해 소비자와 커뮤니케이션 활동을 한다면 신뢰도가 높아지는 것에 도움을 주는 등 개인 미디어로서의 역할을 충실히 수행할 수 있다.

---

[3] 퍼머링크: Permanent(영구적인)와 Link(주소)를 줄여 만든 말로 인터넷에서 특정 페이지에 영구적으로 주어지는 URL 주소를 뜻한다. 고유 링크나 고유 주소라는 이름으로 광범위하게 사용된다.
[4] 트랙백: 내가 작성한 글을 다른 사람에게도 알리는 기능이다. 댓글보다 길면서 이미지 등을 포함해 자신의 의견을 남에게 전달하고자 할 때 사용되는 블로그의 시스템 중 하나다.

블로그 주제 선정과 독한 마음가짐

1인 기업이 블로그를 통해 마케팅 활동을 하려고 할 때 가장 중요한 것은 세 가지다. 첫째, 양질의 콘텐츠. 둘째, 좋은 콘텐츠. 셋째, 훌륭한 콘텐츠다. 그렇다. 콘텐츠, 콘텐츠가 블로그의 핵심이다. 더 많은 방문자를 유입시키기 위해 검색 엔진 최적화(SEO)와 같은 스킬 등을 사용할 수는 있지만 이것이 블로그 운영의 핵심은 아니다. 변치 않는 진리는 '좋은 정보'다. 양질의 콘텐츠를 생산해야 소비자에게 선택받을 수 있고, 더 많은 검색 결과에 노출될 수 있다.

자그마한 이탈리안 레스토랑을 경영하는 이선미 씨는 '무조건 예뻐야 돼'라는 생각으로 홍보 블로그를 꾸몄다. 디자이너를 고용해 아름다운 로고와 멋진 홍보용 이미지를 만들고, 최대한 우아하며 고급스러운 분위기를 내기 위해 며칠의 고심 끝에 핵심 컬러를 톤다운된 보라색으로 정했다. 하지만 블로그를 연 지 세 달째가 되는 지금, 하루 방문자는 열 명이 채 안 된다.

우리나라 사람들은 화려한 것을 좋아해서 홈페이지, 쇼핑몰, 블로그 등을 운영할 때 콘텐츠 기획보다는 메인 페이지 디자인 등 외적인 요소에 더 신경 쓰는 경향이 있다. 디자인을 간과할 수는 없지만 중요한 것은 콘텐츠다. 소비자는 콘텐츠를 보고 방문하는 것이지 블로그가 예쁘다는 이유로는 방문하지 않는다. 사람이나 블로그나, 외모보다는 내면적 아름다움을 갖추기 위해 노력해야 한다.

이선미 씨가 블로그 운영에 실패한 이유는 디자인에만 신경 쓰고 흡족해 한 뒤 포스팅과 댓글에는 별달리 신경 쓰지 않고 방치했기 때문이다. 물론 이선미 씨도 처음에는 의욕적으로 포스팅을 했다. 다만 그 의욕이 보름을 채 못 갔다는 게 문제였다.

블로그를 활성화하려면 블로그를 사랑해야 한다. 하루에 두세 차례는 로그인해서 블로그를 살펴봐야 하고, 댓글이나 트랙백을 건 사람들에게 감사의 표시와 성의 있는 댓글을 남겨야 한다. 무엇보다, 꾸준한 포스팅은 검색 결과와 고객 방문에 큰 영향을 미친다. 문제는 양질의 콘텐츠를 꾸준히 생산해 낸다는 것은 생각처럼 쉬운 일이 아니라는 것이다. 블로그를 운영하다 포기하는 대부분은 포스팅 소재가 고갈되었기 때문인 경우가 많다. 포스팅 횟수가 줄어든 만큼 내 블로그를 찾아오는 고객들도 적어지고, 방문 고객이 적어지니 블로그에 대한 흥미도 점차 줄어든다. 따라서 늘 새로운 소재거리를 찾을 수 있는 주제를 선정해야 지속적인 포스팅이 가능하다. 포스팅 주제 선정을 위해서는 LG전자, 농심, 풀무원, 삼성전자 등에서 운영하는 블로그를 참조하면 유용하다. 대기업이 운영하는 블로그를 유심히 들여다보면 제품 자체를 포스팅하기보다는 특정 주제를 바탕으로 제품을 노출하는 형식을 취하고 있다.

예를 들어 블로그를 가장 성공적으로 운영하고 있는 LG전자(social.lge.co.kr)는 최초에 블로그를 론칭하면서 블로그스피어를 지켜보고 듣는 것부터 시작했다. 론칭 시에는 LG전자라는 기업을 드러내기보다는 20대 여성 운영자를 앞세우는 전략을 취했다. 블로그 필진은 12명의 사내 직원들로 LG전자만의 스토리와 직원들이 직접 자신의 관점과 의견을 제시하는 등 기업의 목소리를 좀 더 가깝고 생생히 들을 수 있도록 했다. 주요 주제는 디자인을 중심으로 한 고객 대화 플랫폼과 차별화된 이야깃거리였다. 포스팅은 '캐주얼casual', '휴먼 터치human touch', '유니크unique'를 기본적인 형식으로 정했으며, 포스팅 등록 시에는 10여 단계의 커뮤니케이션을 거치도록 했다. 댓글은 기본적으로 글쓴이가 처리하도록 하고, 동영상 블로깅도 매월 2편 이상씩 발생하고 있다. 블로깅은 기본적으로 대화형 콘텐츠가 되도록 작성하고 솔직함과 책임감, 비판도 겸허히 수용하는 태도를 취했다. 장점만을 보여주기보다는 관계를 형성하는 것에 포커스를 두었으며, 제품 리뷰, 문화 마케팅 행사 초청, 테마 워크숍 실시, 감담회 등 블로그 관계 프로그램도 운영하고 있다.

블로그를 처음 시작할 때는 의욕이 높아 블로그에 할애하는 시간이 많지만 점차 할애하는 시간이 줄어들게 된다. 사람인지라 당연한 일이다. 그러나 우리는 블로그를 취미 생활로 하거나 시간이 남아서 하는 것이 아니다. 블로그를 통해 1인 기업을 홍보하는 등 브랜딩 활동을 하는 것이다. 그 과정은 6개월, 혹은 1년, 2년의 시간이 걸릴 수도 있다. 중간에 포기한다면 그동안의 수고는 물거품이 되는 것이다. 블로그를 통해 1인 기업 마케팅 활동을 전개하고 싶다면 인내심을 가져야 한다. 많은 방문자를 확보한 블로그는 인내심이 가져다준 결과물이다.

열심히, 꾸준히 블로그를 운영한다 해도 난관은 여기저기서 나타난다. 운영 중인 블로그에 모든 사람이 호감을 표시하지 않을 수도 있는 것이다. 때로는 비난하는 사람도 있고, 때로는 의심하는 사람도 있을 것이다.

그렇다고 할지라도 무응답으로 응수하거나, 상대 블로거와 싸우는 일은 삼가야 한다. 비난은 관심의 표현이다. 비난 섞일 글에도 예의를 다하자. 블로그 콘텐츠를 100% 사실에 근거해 운영할 필요는 없지만, 감정적이거나 비논리적 대응은 올바르지 않다. 그것을 지켜보고 있는 다른 블로거가 있다는 걸 꼭 기억하자.

어떤 콘텐츠를 전달할 것인가?

블로그의 주제를 선정할 때는 심혈을 기울이자. 주제가 좋아야 지속적인 포스팅과 양질의 콘텐츠 생산이 가능하고, 이를 통해 꾸준히 독자들의 방문을 기대할 수 있기 때문이다.

주제는 물론 '내가 잘 아는 것'으로 해야 한다. 블로그에 포스팅한 콘텐츠로 소비자들의 공감을 이끌어내려면 전문성이 느껴져야 하는데, 내가 잘 알지 못하는 분야에서는 어쩔 수 없이 아마추어의 냄새가 물씬 풍길 것이기 때문이다. 물론 전문성을 나타내기 위해 공부를 하거나 이론적으로 접근할 필요는 없다. 해당 분야에 대한 다양한 시선과 논리적 접근만으로도 충분하다.

다양한 주제를 다루기보다는 한두 개의 한정된 주제가 좋다. 블로그 주제를 다양하게 하면 더 많은 사람에게 노출할 수 있지 않을까라고 생각할 것이다. 하지만 운영자 혼자 많은 주제를 가지고 콘텐츠를 생성하기도 어렵고, 여러 주제를 함께 다루다 보면 블로그의 정체성도 모호해질 수 있다. 그래서 주제가 다양한 블로그는 많은 사람에게 노출되더라도, 그 누구도 설득할 수 없게 된다.

내가 약사고, 점점 매출이 떨어지는 약국을 일으켜 세우기 위해 블로그를 열었다고 가정해 보자. 이때 주제는 물론 '약과 건강'이다. 하지만 블로그에서 모든 종류의 약을 다룰 수는 없다. 어려운 약 이름과 성분, 사람들이 잘 찾지 않는 약에 대해 설명해 보았자 아무도 관심을 가지지 않을 것이다. 그렇다면 더 세부적이고 흥미로운 주제를 잡아야 한다. 예컨대 '건강보조제', '비타민과 미네랄' 등이 더 대중적이고 집중적인 주제가 되지 않을까.

바로 그러한 블로그가 '애플트리 김약사네'(http://blog.naver.com/appletreelk) 네이버 블로그다. 이곳은 비타민과 미네랄 등 미량 필수 영양소를 주제로 잡았고, 그러한 상품이 어째서 사람들에게 필요한지 흥미로운 내용으로 꾸준히 포스트를 작성해 올리고 있다. 덕분에 애플트리 온라인 쇼핑몰은 호황을 누리고 있다.

주제를 선정한 후에는 이에 맞게 블로그 메뉴를 구성하도록 한다. 메뉴는 기본적으로 주제를 벗어나지 않아야 한다. 예를 들어 '디자인'을 중심으로 운영되는 블로그에 '맛집'이나 '가보고 싶은 곳' 등 자신의 관심사에 맞게 메뉴가 구성되어서는 안 된다. 어디에나 있는 정보는 쓰레기다. '디자인'을 검색해서 방문한 사람이 '맛집'이나 '가보고 싶은 곳'의 메뉴를 이용해줄 확률은 매우 낮다. 게시판이 좀 적어도 특정 주제를 가지고 양질의 콘텐츠를 만들어 내는 것이 성공적인 블로그 운영 방법이다.

블로그 메뉴를 정할 때는 사람들이 검색을 많이 하는 대표 키워드 위주로 해주는 것이 검색에 유리하다. 이때 '+:+ 디자인 정보 +:+'와 같이 메뉴를 돋보이게 하기 위해 특수 문자를 넣는 경우도 있으나, 검색 엔진 입장에서는 특수 문자일 뿐이다. 가급적이면 대표 키워드 위주의 단어로 메뉴명을 정하도록 한다.

주제를 잡고 카테고리를 결정했다면 이제 본격적으로 글을 작성할 때다. 이때 우리는 소비자의 눈길을 잡아채는 제목을 써야 한다. 본문에 아무리 좋은 내용이 있더라도 제목에서 소비자를 설득하지 못하면 글은 읽힐 가능성이 낮아진다.

<우리 건강에 좋은 엽산제> (X)

<임산부, 엽산제와 절친 맺기> (O)

첫 번째 예시처럼 너무 딱딱한 제목이나 모호하고 추상적인 제목은 좋지 않다. 제목은 최대한 명확하고 알아듣기 쉽도록, 구체적으로 작성되어야 한다. 검색을 고려해서 소비자가 많이 찾는 키워드 역시 제목에 적절히 삽입하자. 또 글을 작성할 때는 텍스트와 함께 이미지나 그래프 등을 삽입하는 것이 필수다. 책을 볼 때도 이미지 없이 글만 주르륵 나열된 책은 어쩐지 어렵고 재미없을 것처럼 느껴지지 않던가.

실제 파워블로그나 기업 블로그 등을 보면 글과 연관 있는 이미지를 적절히 사용함으로써 방문자의 눈길을 사로잡고 있다. 물론 이때 사용되는 이미지는 저작권에 주의해야 한다. 상업적 용도로 사용하지 않을 경우 이미지 공유 사이트인 플리커(flickr.com)를 활용하는 것도 좋은 방법이다.

각각의 포스트 밑에 연관 글을 나오도록 하는 것도 잊지 말자. 방문자가 많은 블로그의 대표적인 특징 중 하나는 연관 글을 같이 보여준다는 것이다. 예를 들어 '이사'와 관련된 글을 포스팅한다면, '이삿짐 포장 방법', '이사하기 좋은 날'과 같은 연관성 있는 글을 포스트 아래쪽에 보이도록 함으로써 독자가 다른 글도 읽을 수 있도록 배려해준다. 그러면 결국 독자는 내 블로그 안에서 더 오랜 시간 머물게 된다.

유튜브를 활용하면 '싸이'처럼 될 수 있다

사람들은 일반적으로 자신이 아는 사람들의 말을 더 신뢰한다. TV에서 접한 광고보다는 주변 사람들의 이야기를 더 신뢰하는 것이다. 최근에는 페이스북, 카카오톡 등에서 유튜브에서 보았던 동영상을 친구들과 쉽게 공유할 수 있게 되면서 한 사람의 의견은 이제 의견에 머무르지 않고 주변 사람들에게 영향력을 미치기 시작했다.

동영상 공유 서비스인 유튜브를 통한 마케팅은 단순하게 광고비 절감을 가져오는 것이 아니라, 목표 고객이 능동적으로 광고에 노출됨에 따라 제품에 대한 관심을 증폭시킨다. 이는 이웃 소비자 입소문과 본인의 직접 구매로 이어지는 효과를 일으킨다. 포레스터 리서치의 조사에 따르면 동영상 콘텐츠의 경우, 일반적인 텍스트 기반 콘텐츠에 비해 검색 결과 첫 페이지에 나올 확률이 50배 이상 높은 것으로 나타났다.

동영상 시장의 대중화를 이끈 것은 유튜브와 페이스북 같은 SNS 때문이다. 유튜브에서 동영상 콘텐츠를 업로드한 후 해당 콘텐츠를 다른 SNS로 손쉽게 확산이 가능하다. 유튜브상에서는 현재 요리하는 방법, 춤추는 법, SNS 활용 방법 등 다양한 콘텐츠가 동영상 형태로 생산되고 있다.

1인 기업이 유튜브를 주목해야 하는 이유는 첫째, 텍스트 중심에서 이미지와 동영상 중심의 트렌드가 변하고 있기 때문이다 스마트폰과 테블릿 PC 등이 보편화되면서 사람들은 언제 어디서나 콘텐츠를 소비할 수 있게 되었고, 이동 중이라는 특성상 텍스트보다는 이해하기 쉬운 이미지와 동영상을 선호하게 된다.

두 번째로 간편한 콘텐츠 공유 기능을 들 수 있다. 유튜브 동영상은 어떤 채널이든지 쉽게 공유가 가능하다. 페이스북, 트위터, 카카오톡을 비롯한 여러 블로그에 유튜브 동영상을 간편하게 추가할 수 있다.

세 번째로는 메시지의 내용 전달이 쉽다는 점이다. 동영상은 텍스트가 아니기 때문에 짧은 시간 안에 많은 내용을 효과적으로 담을 수 있다. 똑같은 5분 동안 블로그의 텍스트를 읽는 것과 유튜브의 동영상을 보는 것은 전달하고자 하는 내용의 양과 이해에서 차이가 크다.

가장 인기 있는 동영상 커뮤니티

유튜브YouTube는 2005년 2월에 설립된 세계에서 가장 인기 있는 온라인 동영상 커뮤니티다. 웹사이트 트래픽 정보 사이트 alexa.com에 따르면 유튜브는 구글, 페이스북에 이어 3번째로 가장 많은 방문자 수를 기록하고 있으며, 분당 24시간 분량의 동영상이 업로드되고 있다.

국내에서는 유튜브를 단순히 동영상 공유 사이트로 생각하는 경향이 있지만, 페이스북이나 트위터, 블로그 등 다른 SNS를 통해서도 동영상 공유가 가능한 만큼, 해외에서는 폭발적인 바이럴 효과를 갖춘 파급력 강한 소셜 미디어로 여겨지고 있다.

최근 스마트폰의 이용 증가에 따라 모바일에서의 이용도도 급속도로 증가하면서 그 확산력은 더욱 커질 것으로 예상된다. 유튜브는 이미 자체적으로 다양한 광고 상품을 가지고 있다. 광고주가 직접 동영상을 제작하고 브랜드 페이지를 만들어 노출시킬 수도 있으며, 인기 동영상 내에 광고를 삽입하거나 동영상 옆에 광고를 노출시킬 수도 있다. 또한 특정 브랜드만을 위한 동영상 콘테스트를 집행하는 등의 마케팅 프로그램도 있다.

동영상으로 돈을 버는 사람들

1인 제작자인 홍해라홍 픽쳐스의 김호근 대표는 '1루수가 누구야'라는 야구 소재 코믹 애니메이션을 유튜브에 올려 돈을 벌고 있다. 1루수, 2루수, 3루수의 이름이 각각 '누구야', '뭐야', '몰라'여서 생기는 해프닝을 다룬 이 동영상은 아이돌 가수를 제치고 2012년 상반기에 국내 유튜브에서 1위를 차지하기도 했다. 김호근 대표는 유튜브에서 제공하는 광고 프로그램을 활용하여 이 동영상에 광고를 붙였고 여기에서 대기업에서 근무하는 대리 정도의 돈을 벌었다고 한다.

국내에서는 시장 규모가 작아 김호근 대표와 같은 사례가 많지 않지만 미국에서는 1인 제작자로 웬만한 사업가 못지않게 돈을 버는 사람이 많다고 한다. 과거에는 동영상이 단순히 보고 즐기는 것이었다면 이제는 이를 통해 돈도 벌 수 있게 된 것이다. 이것이 쉽게 이뤄질 수 있는 것은 유튜브에서 제공하는 '파트너 프로그램' 때문이다. 유튜브는 동영상 콘텐츠를 보유한 개인이 유튜브와 파트너십을 통해 수익을 창출할 수 있도록 하고 있다. 현재 전 세계에서 약 2만 명 이상의 파트너가 프로그램을 통해 수익을 올리고 있다. 동영상과 함께 관련 광고가 표시되게 하거나 동영상 스트리밍을 통해 대여할 수 있도록 하는 방식이다.

국내 유튜브 개인 사용자 파트너 수는 50여 명 수준으로 아직은 시장이 본격적으로 형성되지는 않아 가능성이 매우 높다. 대표적인 사례로 기타 신동으로 유명한 정성하 군을 들 수 있다. 정성하 군은 국내 최초 기타 연주만으로 유튜브 1억 조회 수를 달성한 주인공이다. 현재 그의 유튜브 채널(www.youtube.com/jwcfree)은 구독자가 무려 114만 명 이상이며, 누적 조회 수가 6억 회에 이르고 있다. 자신이 좋아하는 기타 연주를 유튜브를 통해 홍보하면서 적지 않은 수익도 올리고 있는 것이다.

유튜브도 방법이 있다

1인 기업이 유튜브를 활용하여 마케팅을 한다면 매력적인 콘텐츠 개발, 유튜브 특성을 고려한 단계별 진행, 영향력 있는 사람 활용, 성과 측정의 단계를 거쳐야 한다.

첫째로 매력적인 콘텐츠 개발은 고객에게 의미 있는 서비스, 콘텐츠, 경험을 줄 수 있어야 한다는 것을 말한다. 무조건 많은 사람에게 노출되기보다는 목표 고객과 지지층에게 노출시키는 것이 중요하다. 이를 위해서는 입소문을 내야 한다는 강박관념을 버려야 한다. 대부분의 유튜브 동영상이 조회 수 500회 미만이라는 것을 감안하면 실제로 입소문을 타게 되기도 어렵거니와, 소문이 나서 많은 사람이 동영상을 보게 되더라도 서비스를 구입하는 것과는 별개이다. 따라서 입소문보다는 기업에서 하고자 하는 이야기에 초점을 맞추는 콘텐츠 전략이 바람직하다. 물론 동영상 콘텐츠를 제작할 때는 '재미'와 '정보성' 중 하나 이상은 만족시켜야 한다. 재미와 정보는 사람들의 기본 심리 중 하나로 시간이 흘러도 변하지 않는 요소이기 때문이다.

둘째, 유튜브 특성을 고려해서 마케팅은 단계별로 진행되어야 한다. 유튜브는 정기적으로 콘텐츠를 업로드하는 것이 한번에 많은 영상을 올리는 것보다 효과가 높다. 이를 위해서는 고객과 소통할 수 있는 스토리텔링 포인트를 활용해 지속적으로 연결되는 콘텐츠 전략이 필요하다.

동영상을 업로드할 때는 검색 엔진에 노출될 수 있도록 제목, 태그, 설명, 섬네일 활용에 유의한다. 가장 신경 써야 하는 부분은 제목title이다. 제목은 유튜브와 같은 동영상 사이트나 구글과 같은 검색 엔진에서 사람들이 검색했을 때 가장 먼저 노출되는 부분이다. 동영상을 잘 표현할 수 있으면서도 고객의 클릭을 유도할 수 있는 강렬한 제목을 필요로 한다.

태그Tag는 사전적으로 학생들의 이름표, 수하물의 딱지, 제품의 상표 등을 뜻하며, 웹 문서에서부터 이미지, 동영상 등과 같은 멀티미디어 데이터에 이르기까지 폭넓게 적용되고 있다. 태그는 게시물의 작성자가 작성한 글과 관련된 일련의 키워드를 게시물 하단에 위치한 텍스트 박스 안에 쉼표나 따옴표 등의 기호로 구분지어 기록된다. 예를 들면, 스마트폰과 관련된 동영상을 업로드한다면, '아이폰', '앱스토어', '화이트', '애플 스마트폰', '사진' 등의 태그를 달 수 있다. 입력한 태그는 사람들이 '아이폰 사진', '애플', '스마트폰' 등으로 검색했을 때 도움이 된다.

설명description은 몇 개의 문단과 URL로 구성되어 있다. 이것을 적절히 활용하면 블로그 등으로 유입되는 트래픽을 늘릴 수 있다. 설명 부분에는 동영상 설명을 구체적으로 작성하고, 링크 등을 잘 설정해야 한다.

섬네일thumbnail은 동영상 재생 버튼을 누르기 전에 표시되는 이미지를 말한다. 유튜브가 지원하는 기본 섬네일은 화질이 떨어져 동영상의 속성을 정확히 표시하지 못하는 경우가 많다. 따라서 대표 섬네일 3개를 전략적으로 선정하는 것이 필요하다. 유튜브에서는 임의로 다른 이미지는 사용할 수 없으며, 업로드한 동영상 중에서 섬네일 이미지를 결정할 수 있다.

셋째, 동영상을 올린 후에는 영향력 있는 사람을 활용하면 좋다. SNS에서도 오프라인과 같이 영향력 있는 사람들이 있다. 다수의 개인보다 영향력 있는 한 사람의 의견이 더 큰 파급 효과를 가질 수 있다. 1인 기업이 영향력 있는 사람들과 친해지기 위해서는 일반적으로 친구를 사귈 때와 마찬가지의 과정이 필요하다. 상대방에 대한 기본적인 이해와 서로 친해지기 위한 시간이 필요하다. 단기적으로 영향력 있는 사람을 마케팅 활동에 활용하려는 조급함은 진정한 관계를 구축하는 데 도움이 되지 못한다. 영향력 있는 사람은 장기적인 차원에서 마케팅에 꼭 필요하다. 이를 위해서는 가장 기본적으로 진정성을 보여줘야 한다. 소셜 미디어에서는 모든 기회를 활용해서 특별히 기억할 만한 방식으로, 고객에게 관심을 갖고 있다는 사실을 보여줘야 한다. 고객에게 질문을 하기도 하고 대답을 하기도 하고 공유하기 등 관심을 보이면서 친해지는 과정을 필요로 한다. 상대방에게 가치를 주지 못한다면 관계가 지속될 수 없다. 지나치게 홍보성 멘트만 날린다거나 일방적으로 기업 정보만 이야기한다면 진정한 소셜 미디어 관계를 구축하기는 쉽지 않다.

이와는 달리, 기업에서 유튜브 동영상을 홍보하기 위해 이벤트나 프로모션을 하는 경우가 있으나 이것으로는 자발적 참여자를 끌어들이기 어렵다. 실제 대부분의 참여자는 이벤트나 프로모션이 끝나면 자취를 감춰버린다. 이벤트나 프로모션을 통해 일부 잠재 고객을 확보할 수는 있겠지만, 인터넷에는 체리 피커cherry picker[5]와 같은 이벤트족들이 넘쳐난다.

넷째, 이 모든 과정을 마쳤다면 성과를 측정해 보자. 유튜브와 같은 인터넷 매체의 가장 큰 특징은 성과가 눈에 보인다는 것이다. 웹에 접속한 사람은 자신의 형태를 로그Log라는 형태로 남기고 떠난다. 이 로그 파일을 분석하면 그 사람이 어디서 들어왔는지, 어떤 키워드를 이용했는지, 들어와서 어떤 페이지를 보다 갔는지, 얼마나 머물다 갔는지, 최종적으로 고객이 빠져나간 페이지 어디인지 등 방문자 행동 데이터를 얻을 수 있다.

---

[5] 체리 피커: 기업의 상품이나 서비스를 구매하지 않으면서 자신의 실속을 차리기에만 관심을 두고 있는 소비자를 말한다.

유튜브를 통해 홍보를 하는 사람이 로그분석을 하지 않는 것은 그야말로 눈을 감고 사업을 하는 것과 같다. 암흑 속에서 어디로 가야 할지 방향을 잡지 못한 채 불빛이 보이기만 바라면서 열심히 달리는 것이다. 웹서비스의 의사 결정과 방향 설정을 감感으로 하기보다는 데이터에 기반해서 해야 한다. 열심히 하는 것도 중요하지만 잘하는 것은 더 중요하다.

예를 들어 화장품을 판매하는 1인 기업이 유튜브 마케팅의 최종 성과 지표를 구매로 잡았다면, 그전 단계로 볼 수 있는 매장 방문, 할인 쿠폰 내려받기 등을 구현한 홈페이지나 애플리케이션을 준비하고, 새로운 매체 활동을 성과 지표와 연동해 마케팅 활동 간 영향 관계를 밝히며, 최종 성과 지표인 구매에 미친 영향을 분석하고, 마지막으로 각 매체에 투자된 돈에 비해 효과가 어떻게 나타났는지를 따져서 향후 마케팅 활동을 효율적으로 높이도록 해야 한다.

1인 기업을 위한 동영상 콘텐츠 제작 방법

1인 기업에게 동영상 콘텐츠는 자신을 알릴 수 있는 데 유용한 수단이지만, 제대로 된 콘텐츠가 아니라면 효과를 거두기 어렵다. 많은 사람이 단순히 동영상을 만들고 유튜브에 올리면 우연히 그 동영상을 보게 된 모든 사람이 처음부터 끝까지 시청할 것이라고 생각한다. 그러나 튜브모굴TubeMogul에서 발표한 시청 습관에 따르면 이와는 전혀 다른 결과가 나오고 있다는 것을 알 수 있다.

- 동영상의 첫 10초 이내에 시청자의 10.39%가 떠난다.
- 동영상의 첫 30초 이내에 시청자의 33.84%가 떠난다.
- 동영상의 1분이 재생될 때까지 시청자의 53.56%가 떠난다.
- 동영상의 2분이 재생될 때까지 시청자의 76.29%가 떠난다.

1인 기업이 유튜브 등에 동영상 콘텐츠를 활용하여 브랜딩 활동을 하기 위해서는 동영상의 길이가 5분이 넘지 않도록 하는 것이 좋으며, 예능 프로그램이 그렇듯 멈추어 있는 것보다는 계속적으로 움직이는 콘텐츠가 좋다. 콘텐츠 주제는 1인 기업이 가지고 있는 전문성을 중심으로 해서 화면 뒤에 있는 자신의 삶이나 비즈니스를 보여주는 것이 효과적이다. 그렇다면 유용한 콘텐츠를 만들기 위해 어떤 것들이 고려되어야 할까?

첫째, 누가 동영상을 보게 될 것인지를 결정해야 한다. 같은 이야기라도 20대가 공감하는 포인트가 다르고 40대가 공감하는 포인트가 다르다. 남성과 여성이 다르고, 어떤 일을 하고 있느냐에 따라 또 다르다. 가지고 있는 시간과 돈을 효율적으로 사용하기 위해서는 내가 잡아야 할 고객과 포기해야 할 고객을 정확히 선별할 줄 알아야 한다. 소비자는 냉정하다. 가치 없는 콘텐츠에 자신의 시간과 관심을 투자할 만큼 한가한 사람은 없으며, 또한 자신에게 도움이 되는 콘텐츠는 검색을 통해 얼마든지 손쉽게 찾아낼 수 있다.

둘째, 재미있거나 정보를 가지고 있어야 한다. 1인 기업이 유튜브에 콘텐츠를 올리는 것은 궁극적으로 소비자들의 주목과 관심을 받기 위해서다. 재미도 없고 내용도 별 것 없다면 주목과 관심을 받기 어려울 것이다. 일러스트, 애니메이션 등 창작성이 높은 분야는 재미를 추구하는 것이 좋고, 강의나 컨설팅 등 지식을 서비스하는 사람은 유익한 정보를 제공하는 것이 좋다. 이때 화질과 음성은 불편하지 않은 수준에서 만들어져야 한다. 가급적이면 외부 소음이 차단된 곳을 활용하고, 화면에서 산만한 느낌을 주지 않도록 카메라가 흔들리지 않아야 한다.

셋째, 유튜브 정책을 이해하고 활용해야 한다. 유튜브에서 저작권이 있는 동영상(방송사 로고 등)은 강제 삭제될 수 있으며, 삭제 동영상이 3개 이상이 되면 계정이 삭제되므로 주의가 필요하다. 또한 동영상에 자사 또는 타사의 임직원 및 고객의 모습이나 정보를 사전 허락 없이 공개해서는 안 된다. 패러디 동영상이나 악성 댓글이 나왔을 때는 관련 부서 및 책임자와 협의하도록 하고 너무 부정적으로 대응하지 않도록 한다.

측정해야 관리할 수 있다!

유튜브에 동영상을 올리면 누가 나의 동영상을 보고 있는지 궁금해진다. 이를 위해 유튜브는 동영상을 업로드 한 사람을 위해 '유튜브 인사이트'라는 웹로그 분석툴을 제공하고 있다. 유튜브 인사이트는 유튜브의 사용자, 파트너, 광고주를 포함해 유튜브에 동영상을 올리는 모든 사람이 자신의 동영상에 대한 트래픽 분석 자료를 무료로 확인할 수 있는 서비스이다.

유튜브에 계정을 두고 있는 사람이라면 누구든 이 손쉬운 시청 분석 툴을 사용해 자신의 동영상을 누가, 언제, 어디서 시청했는지, 어떠한 동영상을 즐겨 보는지 확인할 수 있다. 동영상 제작자들은 유튜브 인사이트를 통해 얻은 정보로 최신 동영상 트렌드를 파악해 더 많은 사람이 찾고, 즐길 수 있는 인기 동영상을 만들 수 있다. 또한 이는 유튜브의 파트너사 혹은 광고주에게도 그들의 동영상을 전달하고자 하는 타깃의 성향을 좀 더 정확하게 파악해 효과적인 콘텐츠를 제작하고 마케팅 활동을 정교화 하는 데 도움을 줄 수 있다.

유튜브 인사이트에서는 먼저 각 동영상의 조회 수 및 시청자 수 데이터를 볼 수 있다. 데이터 필터를 이용해 콘텐츠, 위치 및 기간을 지정하면 이에 따른 데이터를 확인할 수 있다. 조회 수 데이터는 총 조회 수가 300회에 도달할 때까지는 실시간으로 업데이트되며 그 이후에는 하루에 한 번 업데이트된다.

특히 사용자 통계 보고서로 시청자의 연령대와 성별 분포를 파악할 수 있다. 시간과 지역을 조정하면 시청자 통계가 어떻게 달라지는지 상세히 확인할 수 있다. 또 그래프 및 수치 데이터가 포함된 차트로 좀 더 편리하게 볼 수 있으며, 시청자가 각 동영상 콘텐츠를 발견하게 된 경로를 분석해주는 트래픽 소스 보고서를 볼 수 있다. 이를 통해 유튜브에서 추천 동영상 이미지를 클릭했는지 트위터나 페이스북 같은 소셜 네트워킹 사이트의 링크를 클릭했는지 등의 경로를 파악할 수 있으며, 해당 동영상으로 연결된 검색어가 무엇인지, 어떤 사이트에서 동영상 시청자 수를 높이는 데 기여하고 있는지를 알 수 있다.

페이스북은 인간적인 교감이 중요하다!

페이스북은 나만의 공간에 글, 사진, 동영상을 자유롭게 올려 남들과 공유할 수 있는 사이트다. 구글이 검색 엔진을 통해 네트워크 관문 자리를 차지했다면, 페이스북은 사이버 공간에서 휴먼 네트워크의 승자로 자리매김한 것이다. 검색에서 공유로 변화하는 트렌드 부분에서 페이스북이 구글을 앞서나가고 있으며, 스마트폰의 보급과 함께 구글을 위협하는 회사가 되었다.

페이스북이 폭발적으로 성장할 수 있었던 것은 자신의 플랫폼을 개방했기 때문이다. 애플의 앱스토어와 같이 페이스북도 서비스는 물론이고 페이스북 외부에 있는 개발자나 회사가 자신의 서비스로 사업화할 수 있도록 한 것이다. 페이스북 이용자들은 페이스북을 벗어나지 않고 다양한 서비스를 이용할 수 있게 된 것이고, 외부에 있는 개발자는 페이스북 이용자에게 자신의 서비스를 소개할 수 있는 기회를 갖게 된 셈이다.

페이스북은 폐쇄적인 서비스로 로그인하기 전까지는 아무것도 볼 수 없으며, 로그인 후에도 친구로 맺은 사람만 볼 수 있다. 친구로 맺은 사람이 없다면 어떤 정보도 볼 수 없다. 하지만 누군가와 친구가 되면 그룹에 가입했는지, 누구와 어떤 대화를 주고받았는지, 새롭게 맺은 친구는 누구인지와 같은 사생활을 개인의 선택에 따라 공유할 수 있다.

세계적으로 가장 많은 사용자를 가지고 있는 페이스북은 시작부터 네트워킹을 위한 목적으로 구축되었다. 하버드대학 학생이었던 마크 저커버그는 2004년도에 하버드대학교 학생을 중심으로 하는 네트워크 사이트

를 개설했다. 초기에는 주로 정보교환이나 친목 도모, 오락과 방송 등으로 사용했지만 그 실효성이 알려지면서 홍보, 마케팅, 정치, 정책 홍보, 커뮤니케이션, 프로모션 등 다양한 영역에서 활용되고 있다.

페이스북과 같은 소셜 네트워크 서비스는 프로필 및 콘텐츠 생산, 관계 맺기, 커뮤니케이션을 기본 기능으로 하고 있다. 자신의 정체성을 확립하는 과정으로 프로필 및 콘텐츠를 생산하게 되고 이를 통해 다른 사람들과 관계를 맺게 된다.

페이스북의 기본적인 기능들은 주로 텍스트, 사진, 비디오 등을 업로드하면 정보가 친구로 등록한 사람에게 전달되는 구조다. 홈페이지와 같은 자신만의 공간에 사진이나 동영상을 올린다는 개념보다 공유의 목적이 훨씬 강하기 때문에 열려 있는 공간에 자신이 올리고자 하는 콘텐츠를 업로드하는 개념이다.

페이스북 사용자는 자신이나 친구들만이 볼 수 있는 콘텐츠를 직접 포스팅할 수 있으며, 외부 사이트에 포스팅 한 콘텐츠들을 가지고 올 수 있는 기능도 지니고 있다. 또한 내 담벼락에 업데이트된 친구의 새 소식을 발견하면 거기에 댓글을 달거나 '좋아요' 버튼을 클릭하는 식으로 친구에게 안부를 묻거나 의견을 표시할 수 있다.

페이스북의 세 가지 활동

페이스북은 성격상 크게 프로필과 페이지로 나눌 수 있지만, 활동 측면에서 프로필은 친구 활동과 그룹 활동, 페이지는 팬 활동으로 구분할 수 있다. 페이스북을 이용하면 프로필에서 친구를 사귀고 그룹을 만들거나 가입하여 활동할 수 있으며, 페이지에서 팬이 되거나 직접 페이지를 만들어 운영할 수도 있다.

개인 프로필

프로필은 개인을 위한 것으로 하나의 계정당 5,000명까지 친구 추가가 가능하다. 세밀한 개인 정보 보안 설정과 양쪽의 허락에 의해 친구 관계가 성립된다. 따라서 친구들끼리는 '친구 공개'로 설정한 게시물을 볼 수 있다. 최근에는 받아보기 기능을 통해 친구가 아닌 사용자의 공개 게시물도 받아볼 수 있도록 하고 있다.

개인 프로필은 친구 중심의 네트워크로 사람들과 공감을 이끌어 내야 하며 적극적인 '댓글'과 '좋아요'는 기본 에티켓이다. 제품이나 서비스를 판매하려고 하기보다는 '일'을 중심으로 진정성이 묻어나는 태도와 정직하면서 편안하고, 겸손하면서 열성적인 태도가 필요하다. 억지로 꾸민 듯한 커뮤니케이션, 지나친 개인의 사생활 노출, 정치적 이슈, 종교적 강요, 감정적 대응 등은 자제되어야 한다.

이미지로 자신만의 브랜드 정체성을 나타낼 수 있는 커버 포토 활용도 중요하다. 커버 포토를 활용하면 하이라이트로 크게 보기, 맨위 고정하기 등으로 핵심 콘텐츠를 강조할 수 있다. 주의할 점은 '20% 할인', '웹사이트에서 다운로드'처럼 가격이나 직접적인 정보를 제시하거나, '좋아요를 눌러주세요', '공유해주세요'처럼 직접적인 행동을 요청하는 것은 사람들에게 부담감을 줄 수 있다.

그룹

그룹은 개인이 특정 주제에 관련해서 만들 수 있는 커뮤니티로 검색 포털에서 서비스하던 '카페'와 비슷한 형태다. 설정에 따라 공개, 비공개, 허가제 등의 그룹 생성이 가능하고, 관리자가 개인에게 쪽지를 보낼 수 없는 페이지와는 달리 그룹에서는 그룹 멤버들에게 단체 쪽지를 보내는 것이 가능하다.

페이스북 그룹은 검색 포털의 카페와 같이 관심사가 비슷한 사람들이 모여서 대화하는 공간이지만, 내부적으로 들여다 보면 큰 차이점이 있다. 카페는 운영자 중심으로 멤버 등급을 구분하여 운영하지만 그룹은 모든 멤버가 동등한 지위를 같는다. 그룹을 개설한 사람이라고 해서 자신의 글을 상위에 노출시킬 수는 없다. 다양한 게시판을 중심으로 제목과 본문이 구분되는 카페와 달리 그룹은 단일 게시판으로 제목없이 본문만 노출되는 구조이다. 카페에 게시된 내용은 축적성 정보 중심으로 시간 순서와 최근 글이 상위에 노출되지만, 그룹은 이슈 중심으로 과거 글도 상위에 노출될 수 있는 즉시성 정보 중심의 형태를 취한다. 가장 큰 특징은 카페는 회원 등급에 따라 제한받는 폐쇄형인데 반해 그룹은 누구나 쉽게 참여하는 오픈형이라는 점이다. 특정 영역에서 전문가로 포지셔닝하고 싶은 주제로 그룹을 만들어서 활동하면 관심사가 비슷한 사람들과 커뮤니티를 형성할 수 있을 것이다.

페이지

프로필이 개인을 위한 것이라면 페이지는 기관, 회사, 공인, 유명인 등을 위한 공개 프로필로 기관이나 단체의 승인을 받은 대표자만이 페이지의 운영이 가능하다. 페이지는 '좋아요' 버튼을 클릭하는 것만으로도 페이지의 업데이트 등을 받아볼 수 있으며, 팬의 숫자에 제한에 없다는 차이점이 있다.

또한 페이스북Facebook 회원이 아니어도 콘텐츠를 보는 것에는 아무 지장이 없으며, 검색에도 반영 되며, 애플리케이션으로 맞춤 탭을 꾸미는 것이 가능하고, 인사이트라는 통계 기능을 이용할 수 있다. 또한, 페이지 관리자의 신원이 페이지의 '좋아요'를 클릭한 사용자에게 밝혀지지 않으며, 복수의 관리자 지정이 가능하다.

개인으로 페이지를 가장 잘 운영하고 있는 곳으로 야생화꽃차(www.facebook.com/

NANAnNAMU)의 정용화 씨를 들 수 있다. 정용화 씨는 이제 한 가구밖에 남지 않은 강원도 오지에서 어머니, 동생과 함께 야생화차를 만들어 가며 살아간다. 서울에서 잘 나가는 직장인으로 승승장구하다 건강상의 이유로 강원도에 살게 된 정용화 씨는 외로움을 달래기 위해 페이스북 페이지를 시작하게 되었다. 이렇게 시작한 야생화꽃차 페이스북 페이지에서는 매일 달라지는 동강 자연 생태계의 모습, 야생화를 채집하고 차로 만들어 가는 과정, 가끔 강에 나가 고기 잡는 이야기, 소와 닭을 키우는 이야기, 동강변 텃밭에서 농작물을 키워가는 이야기 등을 하고 있다.

야생화꽃차는 페이스북 페이지 속에는 꽃에 대한 그의 감성, 꽃을 채집하고 차를 만들기 위해 쏟아부은 노력과 과정, 야생화차에 대한 사람들의 반응이 상세히 기록돼 있다. 야생화꽃차는 페이스북에서 과정을 보여줌으로써 사람들의 신뢰감을 얻고 있는 것이다. 그 어디에서도 야생화꽃차를 사라는 이야기를 하지 않지만 사람들은 자신이 아는 거래처를 소개해주기도 하고, 직접 전화해서 구매를 하기도 할 정도로 비즈니스 활동에 큰 도움이 되고 있다.

페이스북 활용 방안

페이스북은 블로그 등에서 생산한 콘텐츠를 공유(Content Sharing)하고 공감(Engagement)하는 용도로 적합하다. 이를 위해 블로그에 방문하는 사람들이 손쉽게 콘텐츠를 자신의 페이스북에 공유하고 공감할 수 있도록 '좋아요', '공유 버튼', '소셜댓글' 등을 설치하는 것은 가장 기본적인 활동이다. 네이버와 티스토리 등은 관리자 모드에서 손쉽게 SNS와 연동할 수 있도록 지원해주고 있다.

1인 기업이 퍼스널 브랜드를 위해 페이스북을 활용하려면 '친구들이 흥미 있어 하는 콘텐츠는 무엇인가?', '어떤 톤 앤 매너를 사용할 것인가?', '어떤 메시지를 공유할 것인가?', '어떤 사람들의 감정에 호소할 것인가?' 등의 콘텐츠 기획이 사전에 이뤄져야 한다. 나만의 콘텐츠를 확보하지 않은 상태에서 페이스북을 운영할 경우 일정 시점이 되면 더 이상 할 수 있는 이야기가 없음을 경험하게 된다. 날씨나 개인의 일상, 감정 등에 대한 이야기로만은 퍼스널 브랜드가 구축되지 않는 것이다.

두 문장 이상의 글은 사람들이 읽기를 꺼리므로 짧은 문장을 이용해 상태를 업데이트하고, '좋아요' 버튼 클릭을 원할 경우, "공유하는 콘텐츠에 '좋아요'를 클릭해 주세요"라고 함께 행동을 유도하는 문장을 만들어 공유한다.

페이스북 페이지의 경우 너무 잦은 콘텐츠 업데이트는 팬들이 'Unlike'하는 원인이 된다. 팬들이 커뮤니케이션에 지루함을 느끼지 않도록, 너무 많은 콘텐츠를 업데이트하지 말자. 사람들은 다양한 미디어에 노출되어 있으므로 사진과 동영상 등을 활용하여 다양한 콘텐츠를 공유한다. 백 마디 말보다 한 장의 사진이 효과가 높기도 하다.

사람과 사람의 커뮤니케이션은 진정성을 바탕으로 이뤄진다. 단순히 친구나 팬을 늘리려 하기보다는 감성을 자극할 수 있는 인간적인 교감이 필요하다. 또한, '좋아요'와 '댓글'을 아끼지 말아야 한다. 친구들의 질문이나 코멘트에는 꼭 답을 해주고, 친구의 글에 '좋아요'와 '댓글'을 달아 커뮤니케이션하고 있음을 보여줘야 한다. 일방적으로 자신의 이야기만 하거나, 친구의 글에 아무런 반응도 없다면 친구들도 그렇게 할 것이다.

반드시 유용한 정보를 공유하자. 사람들이 관심 있어 하는 주제를 공유하면 자연스럽게 '좋아요'와 '댓글'이 많아질 것이며, 1인 기업의 콘텐츠에 대한 관심도 높아질 것이다.

신변잡기보다는 일을 이야기해라!

'오늘 남자 친구와 100일을 맞아 뮤지컬을 봤어요', '지난주 가로수길에서 먹은 파스타를 직접 만들었습니다.'와 같이 페이스북에 자신이 갔던 맛집, 개인의 일상 등 신변잡기로는 퍼스널 브랜드를 구축할 수 없다. 가까운 사람들과 이야기하는 장소로는 카카오스토리나 싸이월드가 훨씬 적합하다. 페이스북의 콘텐츠는 '좋아요'와 '댓글'을 통해 친구의 친구까지 노출되는 구조이다. 불특정 다수에게 콘텐츠가 보일

수 있는 구조로 개인의 신변잡기보다는 일에 대한 전문성을 이야기하는 것이 효과
적이다. 사람들에게 웹 디자인 전문가로 불리고 싶으면 페이스북에서 맛집 이야기
보다는 웹 디자인을 이야기해야 하고, 마케팅 전문가로 불리고 싶으면 마케팅 이야
기를 해야 하는 것이다. 본인 중심의 개인 일상으로는 퍼스널 브랜딩이 되지 않는다.

특성에 맞는 서비스 활용

　1인 기업으로 좋은 성과를 보이고 있는 사람은 비전, 철학, 성격 등의 인간적인
매력을 표현하고 증명해 나간다. 사람들이 속해 있는 커뮤니티에서 공통의 관심사
와 열정을 가진 멤버로 활동하고 있으며, 투명하게 듣고 진실하게 대화하는 모습도
공통적이다. 이들은 다양한 서비스 중 특정 서비스에 집중하는 모습을 보이기도 한
다. 시간과 자원이라는 제약된 조건을 가지고 있기 때문에 최적의 서비스에 집중하
고 있는 것이다. 기본적으로 페이스북, 카카오톡 등을 활용하면서 유용한 서비스를
클라우드, 문서와 이력 공유, 영상 공유 등으로 분류할 수 있다.

　첫 번째로 클라우드 서비스를 활용하는 것이다. 클라우드 서비스를 활용하면 물
리적인 장소에서 자유로워질 수 있다. 클라우드란 웹에 자료를 저장해놓고 노트북,
스마트폰, 태블릿 PC 등으로 언제든지 자료를 열람하고, 수정할 수 있는 서비스다.
클라우드 서비스를 활용하면 USB 등의 휴대용 저장 매체 없이도 인터넷 환경과 모
바일 기기만 구비되어 있으면 어느 장소, 어느 컴퓨터에서라도 데이터에 접근하여
활용할 수 있다. 아마존, 마이크로소프트, 애플, KT, 네이버, 다음 등 여러 회사가
관련 서비스 사업을 강화하고 있는 중이다. 이 중 가장 글로벌 플랫폼은 드롭박스
다. 드롭박스는 스티브 잡스가 2009년도에 10억 달러에 가까운 금액으로 인수하려고
했지만, 창업자이자 최고경영자(CEO)인 드루 휴스턴은 이를 거절했을 정도로 미래

가 기대되는 서비스다. 스마트폰과 태블릿 PC 등이 대중화될수록 사람들은 더 많은 사진을 찍거나 더 많은 문서 작업을 할 것이고, 이는 클라우드 서비스 이용량 증가로 이어져 드롭박스도 안정적으로 성장할 것으로 보인다. 드롭박스는 윈도우, 리눅스, 맥 등의 다양한 컴퓨터 운영 체제를 지원해주고 있으며, 웹사이트(www.dropbox.com)에서 프로그램을 다운로드하여 설치하면 된다. 드롭박스에 가입하면 최초에 2GB의 데이터 저장 공간을 주며, 친구 초대 등을 통해 18GB까지 확장할 수 있다. 유료 서비스를 활용하면 더 많은 공간을 사용할 수 있다.

여러 가지 장점에도 불구하고 단점도 존재한다. 클라우드 서비스는 언제 어디서든 원하는 이용할 수 있지만, 인터넷 접속이 선행되어야 한다는 제약을 가지고 있다. 모바일 기기로 클라우드 서비스에 접속할 경우 Wi-Fi가 되지 않는 지역에서는 통신망을 사용해야 하기 때문에 동영상과 같은 대용량 데이터를 이용하기에는 한계가 있다. 클라우드 서비스는 초기 투자 규모가 커서 대기업 중심으로 사업이 전개되고 있으며, 애플의 아이클라우드와 같이 특정 기기가 아니면 서비스를 이용하기 어려운 호환성 문제가 존재한다. 또한, 애플, 드롭박스, 구글, 아마존과 같이 특정 기업의 기술 및 서비스 종속성과 함께 보안 문제가 대두되고 있다. 드롭박스와 같은 해외 기업이 국내에서 서비스를 중단하거나 변경할 경우 효과적인 대응이 어렵다는 단점도 있다.

클라우드 기반의 메모 서비스인 에버노트도 편리하다. 스마트폰을 사용하기 시작하면서 종이에 메모를 하거나 다이어리를 사용하는 빈도가 줄어들고 있다. 스케줄은 구글 캘린더를 활용해 스마트폰과 연동해서 사용하고, 해야 할 일은 스마트폰의 알림 기능으로, 메모는 'Evernote' 등을 사용하기 때문이다. 에버노트 (Evernote, www.evernote.com)는 간단한 메모를 텍스트, 사진, 음성 형태로 클라우드 방식으로 저장하는 서비스다. 컴퓨터, 스마트폰, 태블릿 PC와 연동되어 편리성 및 효용성이 높다. 에버노트는 윈도우, 맥, 아이폰, 안드로이드폰, 태블릿 PC 등 다양한 기기를 지원하고 있으며, 인터넷이 끊어진 상태에서 메모(텍스트, 사진, 음성)를 작성하더라도 저장된 후 인터넷이 연결되면 동기화가 되어 다른 기기에서 그 내용을 볼 수 있다. 컴퓨터에 에버노트를 설치하여 사용할 경우에는 웹페이지의 필요한 부분만을 스크랩하여 에버노트에 저장할 수 있어 자료 수집에 유용하다. 이미지 안에 있는 문자 검색도 가능하여 사진으로 텍스트를 저장해 놓아도 검색을 통해 쉽게 찾을 수 있다. 이런 기능을 활용하여 명함 관리를 하는 사람도 많다.

에버노트의 핵심은 기록(capture everything)이다. 언제 어디서나 필요한 내용을 컴퓨터, 스마트폰, 태블릿 PC 등에서 기록할 수 있다. 자신의 생각이나 들은 이야기를 글자, 사진, 소리 등의 형태로 저장할 수 있으며, 저장된 내용은 에버노트 서버에 클라우드 방식으로 저장된다. 이 데이터는 다양한 플랫폼(윈도우, 맥 등)의 다양한 기기(컴퓨터, 스마트폰, 태블릿 PC 등)에서 보거나 수정할 수 있다. 에버노트의 로고가 코끼리인 것은 '코끼리는 잊어버리는 일이 없다'는 격언에 기반한 것으로 사람이 기억해야 할 일들을 에버노트가 해주겠다는 의미이다.

에버노트는 기본적으로 무료로 일반 사용자는 매월 60MB를 업로드할 수 있다. 용량이 부족한 사용자는 한 달에 5달러 또는 1년에 45달러를 내고 매월 1GB를 업로드할 수 있다. 전세계 사용자의 5%가 프리미엄 서비스를 이용하고 있으며, 에버노트를 사용한 지 3년 이상이 된 사용자 가운데 20%가량이 프리미엄 서비스를 이용하고 있다. 에버노트는 저장 공간에 따라 요금을 지불하도록 하는 기본 클라우드 서비스와 달리, 트래픽을 기준으로 요금을 과금한다. 예를 들어 프리미엄 사용자가 6개월 동안 6GB의 콘텐츠를 업로드하고, 무료 사용자로 전환되더라도 열람에는 문제가 없다. 클라우드에 저장된 콘텐츠를 내려받거나 열람하는 것에 대해서는 요금이 과

금되지 않는다. 에버노트는 무료로 이용해도 일반 사용자는 큰 지장이 없다. 하지만 한 달에 5달러 또는 1년에 45달러를 지불하면 더 많은 업로드 용량을 제공하고, 좀 더 다양한 공유 옵션을 제공하는 동시에 노트 변경 내역 등에 대한 액세스 기능을 제공한다. 그뿐만 아니라, PDF 검색, 신속한 이미지 인식, 광고 제거 기능, 오프라인 저장 기능 등이 제공된다. 에버노트를 사용한 지 2년 정도가 지나면 유료 계정으로 이동하는 경우가 많으며, 에버노트의 정책 또한 사용자가 자유롭게 유료-무료 계정을 오갈 수 있게 해놓았다.

두 번째는 문서와 이력 공유 서비스 활용으로 링크드인과 슬라이드쉐어 등을 들 수 있다. 링크드인은 200개국 이상에서 가입한 세계 최대 비즈니스 소셜 미디어다. 가입자의 프로필이 상세히 기록되어 있어 비즈니스 파트너 물색 등에 주로 활용되고 있다. 페이팔 출신인 리드 호프먼이 2003년도에 설립한 링크드인은 페이스북, 트위터 같은 SNS에 비해 화려한 조명을 받지는 못했지만 조용히 내실 있게 성장해 2011년 기업 공개까지 한 알짜배기 회사다. 링크드인은 누구나 자신의 이력과 학력 등 경력을 올리고 자신을 마케팅할 수 있다. 높은 실업률은 역설적이게도 링크드인에게 기회가 되고 있다. 직장 동료나 상사가 프로필에 추천의 글을 쓸 수 있도록 한 점이 차별화 요소가 됐다. 본인이 쓴 이력 이외에 제3자의 추천서를 통해 검증을 할 수 있어 프로필의 신뢰도가 높아진 것이다. 소개 기능도 강력하다. 접촉하고자 하는 사람을 직접 모르더라도 링크드인을 통해 그 사람과 연결되어 있는 내 인맥을 쉽게 찾아내어 그를 통해 소개받을 수 있다. 이런 장점 덕분에 영어권에서는 많은 사람이 링크드인에 자신의 프로필을 등록해 둔다. 링크드인은 이제 세계 최강의 비즈니스 이력 공유 서비스가 되었으며 기업의 채용 담당자에게는 없어서는 안 될 도구가 되었다. 링크드인은 영어권을 중심으로 글로벌하게 세력을 확장 중에 있으며, 한국에서도 사용자가 늘고 있다.

링크드인이 인수한 문서 공유 서비스인 슬라이드쉐어도 마케팅 채널로 효과적이다. 슬라이드쉐어는 2006년 설립 이후 1,000만개 이상의 프레젠테이션 파일이 공유

되었다. 기업이나 개인들은 회사 소개서나 사업 제안서 등을 슬라이드쉐어에 올리기도 하고, 강의 교안 등으로 자신의 전문성을 홍보하기도 한다. 프레젠테이션 파일을 외부 웹사이트에서 공유하는 기능도 지원해 페이스북이나 블로그 등과 연계하여 활용하는 것도 효과적이다. 프레젠테이션은 전문가가 경험과 지식을 파일화하고 공유하는 주된 방법의 하나로, 슬라이드쉐어를 통해 전문가가 새로운 관계를 발견하고 경력에 도움이 되는 통찰력을 얻도록 해준다. 슬라이드쉐어를 통해 전문가가 콘텐츠를 통해 사람을 발견하고, 사람을 통해 콘텐츠를 발견하게 하게 되는 구조다. 이용자가 자기 경력과 이력을 상세하게 공개하고 공유하는 걸 권장하는 링크드인의 특성은 자신이 아는 지식을 파일로 공유하는 슬라이드쉐어와 잘 맞아떨어진다. 자기가 아는 바를 정리해 파일로 만들고, 웹에 공개하고, 공유하는 문화는 자기 이력과 경력을 공유하는 링크드인의 모습과 일치한다.

세 번째는 유튜브와 같은 영상 공유 서비스이다. 영상 공유 서비스는 언어 장벽 해소, 소셜 미디어 채널과의 손쉬운 연동, 텍스트가 아닌 영상 중심의 콘텐츠로 효과적인 커뮤니케이션이 가능하다. 반면 텍스트 콘텐츠에 비해 소요되는 시간과 비용이 높고, 영상 시청자들에게 큰 인상을 남기지 못한다면 조명을 받지 못한다는 단점도 있다. 가장 대표적인 영상 공유 서비스는 유튜브이며 비메오와 유스트림 사용자도 꾸준히 존재하고 있다. 비메오vimeo는 고용량의 영상을 스트리밍해주며, 유스트림ustream은 강의나 콘퍼런스 등 생중계에 주로 사용된다. 비메오의 경우 무료 사용자는 1주일에 최대 500MB까지 업로드가 가능하며 1주일에 최대 하나의 HD 동영상만 올릴 수 있다. 이러한 제한을 해제하기 위해 비메오는 유료 서비스를 사용해야 한다. 유스트림은 생방송 비디오 플랫폼 부문에서 국내 사용자도 꾸준히 증가하고 있다.

트위터로 콘텐츠를 확산시키자

트위터는 2006년 초에 샌프란시스코의 벤처기업에 의해 만들어진 웹사이트로 가입자들은 "What's happening?(무슨 일이 일어나고 있나요?)"라는 질문에 답하는 형식으로 자신의 현재 상황을 텍스트, 이미지, 위치 정보 형태로 간단히 남기고, 다른 이용자들은 특정 사용자가 트윗한 내용을 자신의 타임라인에서 확인하는 서비스다.

한 번에 140자만을 작성할 수 있는 트위터는 서비스 개념이 생소해 초기에는 '마이크로 블로그', '단문 블로그'로 불렸지만, 이제는 트위터라는 이름이 더 친숙할 정도로 대중적인 서비스가 되었다. 트위터는 실시간 대화와 비슷한 방식으로 이야기가 오가는 특징으로 누군가가 시작한 이야기가 급속히 유포되어 세계적인 이슈가 되는 일이 빈번하게 발생하고 있다.

트위터는 텍스트 메시지의 전달을 기본으로 하고 있어 SMS 이용 동기나 목적이 비슷하다. 컴퓨터를 접속하기 어려운 경우에도 스마트폰을 통해 메시지를 남길 수 있어 편의성도 높다. 트위터 이용자들일수록 모바일 기기를 통한 뉴스 및 정보의 습득 비율이 전통적 미디어를 통한 뉴스와 정보의 습득보다 높게 나타나고 있다. 트위터는 140자라는 제한이 있지만, 덕분에 오히려 커뮤니케이션을 간단히 할 수 있어서 메시지 교환에 부담이 없다.

트위터는 기존 온라인 미디어에서 하지 못했던 편안하고 부담 없는 대화의 장場을 만들어주고 있다. 집 소파에 앉아 TV를 보며 주위 사람과 큰 의미 없는 대화들을 주고받는 환경과 유사하다. 이러한 환경에서의 대화는 의미 없거나 중요해 보이지 않는 내용들, 즉 지루하거나 사소하거나 지극히 개인적인 특징을 보이지만 이러한 정보들이 모두 모일 경우 한 사람의 디테일한 감정이나 행위에 대한 정보를 알 수 있고, 이러한 정보는 공식적이고 전문적인 대화가 오고가는 곳에서는 얻을 수 없는 가치 있는 것이 될 수 있다.

트위터의 장점으로 또 하나 제시할 수 있는 것은 정보를 전달하는 그 배포 능력의 탁월함이다. 한 문장으로 표현되는 트위터의 내용은 매우 쉽고 빠르게 전파될 수 있어서 유용한 뉴스와 정보의 전파 수단으로 각광받고 있다. 많은 예로 거론되고 있는 부산 해운대 아파트 화재, 서울시장 선거, 전 세계에서 일어나고 있는 사건들의 경우 트위터를 통해 급속도로 퍼져나갈 수 있고 이미 그 사례는 매우 다양하다. 이러한 특징들은 트위터가 개인과 지인들 간의 네트워킹뿐만 아니라 비즈니스 영역, 고객과의 커뮤니케이션 영역에서도 사용될 가능성이 높다. 트위터 이용자가 개인이 아닌 집단일 경우 해당 집단과 관련한 정보들을 실시간으로 업데이트하는 데 이용될 수 있다. 이러한 기회는 1인 기업들에 대한 내용들이 트위터에서 매우 다양하게 그리고 지극히 개인적인 면에서 끊임없이 이야기 될 수 있고, 거기서 다른 온라인 서비스에서 얻을 수 없는 내면의 목소리를 들을 수 있다는 면에서 다른 기회들과 차별된다.

트윗 관리법 or 트위터로 주목받기

트위터 가입자라면 누구나 자신이 관심 있는 주제에 대해 말하는 사람을 팔로잉following하여 그 사람이 트윗tweet한 콘텐츠를 확인할 수 있다. 따라서 1인 기업이 자신의 아이디어나 메시지를 가능한 많은 사람에게 알리고 싶다면 트위터를 적극 활용해야 한다. 트위터는 관계, 인맥, 네트워크 구축 과정 전체를 활성화하며, 다음과 같은 일에서 가장 쉽고 빠르게 효과를 얻을 수 있다.

- 1인 기업이 교류할 수 있고 배울 수 있다고 생각하는 사람들, 틈새 시장, 커뮤니티 등을 찾을 수 있다.

- 1인 기업이 열정을 가지고 있는 일에 대한 대화에 참여하고 기여할 수 있다. 중요한 것은 발견되기만을 기다리지 말고 적극적으로 찾아 나서야 한다는 점이다.
- 자신을 팔로잉하는 사람들에게 공감할 수 있는 아이디어, 개념, 용어, 링크 등을 발견할 수 있다. 이러한 정보들은 대부분 전통 미디어에서는 얻을 수 없다.
- 트위터를 통해 1인 기업이 운영하는 블로그, 웹사이트 등으로 독자, 소비자, 수신자, 구매자를 유인할 수 있다.

이러한 효과를 얻기 위한 방법으로 최신 뉴스 정보, 유용한 정보 링크, 자신만의 노하우 공유, 중요 행사 및 보도 자료 관련 공지, 친숙한 이미지 심어주기, 평소에 다른 트위터 사용자의 메시지를 리트윗retweet, RT, 직접적인 리트윗 부탁 등으로 트위터를 운영하면 효과적이다.

첫째 1인 기업이 하는 일과 연관된 다양한 최신 뉴스를 트윗한다. 이때 사람들이 궁금해 하고 사회적으로 관심을 끌 수 있는 정보면 더 좋다. 트위터의 속성상, 긴급함을 요구하는 것일수록 확산 속도가 빠르다. 1인 기업에 부정적인 이슈라도 적극적으로 트윗함으로써 전문가의 면모를 보이는 것이 좋다. 주의할 것은 연예인 신변잡기와 같은 것이 아닌 팔로어들에게 공유할 만한 가치 있는 콘텐츠여야 한다.

두 번째는 유용한 정보를 링크하는 것이다. 예를 들어 정책 공감 트위터(@hello-policy)는 주말에 행선지를 못 정한 사람을 위해 금요일에 전혁림미술관(통영시), KT&G 상상마당(논산시), 가회민화박물관 부채그리기 체험(서울시) 등 한국관광공사의 추천 여행지를 소개하는 형태로 고객에게 유용한 정보를 트윗하고 있다. 이처럼 유용한 정보를 계속 링크해준다면 사람들은 1인 기업을 팔로잉하고 싶어할 것이다.

세 번째는 자신만의 노하우를 블로그에 정리하고 공유하는 것이다. 환경부에서는 물사랑 블로그(blog.naver.com/ilove_water)에 관절염이 있는 사람들에게 효과적인 겨울철 운동 '아쿠라로빅'에 대한 내용을 정리하여 공유하고, 이를 다시 환경부 그린히어로(twitter.com/mevpr) 트위터로 확산하는 형태로 의미 있는 정보를 블로그에 정리하여 공유하고 있다. 이처럼 블로그와 트위터를 연결해서 사용해야 한다.

네 번째는 중요 행사 및 보도 자료 등을 알리는 것이다. 이때 트윗 메시지는 팔로워들이 관심을 가질 수 있는 형태로 작성되어야 한다. 단순한 공지 형태로는 리트윗되거나 관심을 끌기 어렵기 때문이다.

다섯 번째는 친숙한 이미지를 심어주는 것이다. 트위터는 140자 이내로 소통하는 소셜 네트워크 서비스 중 하나다. 기계음처럼 딱딱한 메시지보다는 사람이 전달하는 메시지라는 친숙한 느낌을 주는 것도 필요하다.

여섯 번째는 평소에 다른 트위터 사용자의 메시지를 많이 RT하는 것이다. 리트윗도 인지상정人之常情이다. 팔로잉하고 있는 트위터 중 의미 있는 내용이라 생각되는 것은 리트윗을 해줘야 해당 트위터도 내 글을 리트윗해준다. 자신의 메시지만 일방적으로 전달하려는 것은 커뮤니케이션이라 할 수 없다.

일곱 번째는 직접적으로 RT를 부탁하는 것이다. 다만, 매번 RT를 요청하면 팔로어들이 응하지 않을 수 있으므로 적절하게 활용하는 것이 필요하다.

여덟 번째는 업계 전문가 등 존경하는 사람들을 팔로잉하는 것이다. 설사 그들이 나를 팔로우하지 않더라도 그 사람들의 이야기를 들을 수 있다는 것만으로도 의미가 있다.

아홉 번째는 트위터에는 수많은 의견이 있으므로 정치, 종교 등 민감한 사한에 대해서는 의견 표명을 자제하고, 풍자는 신중하게 사용해야 한다.

트위터에서 하지 말아야 할 일

트위터에서 하지 말아야 할 일도 있다. 첫 번째로 공식적인 톤 앤 매너만으로 일관하는 것은 금물이다. 트위터는 커뮤니케이션을 도와주는 툴일 뿐이다. 공식적인 톤 앤 매너만으로 일관하는 것은 기계음과 같다. 때로는 사람의 냄새가 나는 감성적인 트윗으로 대화를 해야 한다. 공식적인 트윗과 감성적인 트윗 중 어느 것에 더 많은 반응이 오는지 테스트해 본다면 이를 확인할 수 있다.

두 번째는 친숙하게 한다는 구실로 잡담만 늘어놓는 것은 금물이다. 한가하게 잡담을 들어줄 사람은 많지 않다. 최신 정보나 유용한 링크 등, 사람들에게 도움이 되는 트윗을 해야 한다.

세 번째는 홍보용으로만 활용하는 것은 금물이다. 대화에는 참여하지 않고 자신의 이야기만 일방적으로 전달하는 트위터는 고객의 관심을 끌기 어렵고, 이를 소통이라고 할 수도 없다. 팔로잉의 글을 리트윗도 하고, 답글도 달아야 한다. 의견을 남겨준 팔로어에게 때로는 멘션과 쪽지를 보내기도 하는 등 고객과 진정한 커뮤니케이션을 시도해야 한다.

네 번째는 무작위로 관심 없는 사람도 팔로어하는 것이다. 트위터를 운영하다 보면 팔로우를 신청하는 팔로어들이 많아지는 경우가 있다. 이는 스팸성 메시지를 보내기 위해 무작위로 팔로우를 신청하는 경우다. 자신이 이야기하고자 하는 대화 주제와 연관된 트위터를 팔로우해야 영향력이 높아진다. 무조건적으로 팔로어를 늘리려하기보다는 양질의 팔로어를 확보할 수 있도록 하자.

다섯 번째는 팔로어들의 대화에 경청하지 않는 것이다. 나의 팔로어들과 어떻게 하면 대화를 유지할 수 있는지에 대한 고민이 필요하다. 멘션이나 쪽지(DM)를 받았을 경우에는 감사의 멘션과 쪽지를 보내도록 하고, 트윗한 글에 답변을 달았다면 추가 답변이나 감사의 글을 남기도록 해야 한다.

전 세계에서 가장 많은 팔로어가 있는 레이디 가가Lady Gaga는 자신의 트위터를 통해 앨범 홍보와 정품 구매 호소, 불법 다운로드에 대한 비판 등의 트윗으로 2011년도에 3,000만 달러가 넘는 수입을 거두었다고 발표했다. 인지도가 낮은 1인 기업에게는 있을 수 없는 일이라고 생각할 수 있지만, 트위터의 속성을 정확히 이해하고 사용한다면 레이디 가가와 같은 효과를 거두지 말라는 법도 없다. 트윗 계정을 만들고, 대화에 동참하자!

소셜 미디어,
1인 기업에 얼마나 효과적일까?

1인 기업의 퍼스널 브랜딩과 온라인 평판 관리

최근 남성용 화장품을 개발한 다움코스텍(주)은 인터넷 마케팅 활동을 강화하기 위해 지인으로부터 윤철수 박사를 소개받았다. 혹시 싶어 윤철수 박사를 검색해 보니 페이스북, 트위터, 블로그 등 다양한 계정이 나타났다. 다움코스텍(주)은 SNS를 통해 윤철수 박사의 출신 학교와 경력, 과거 실적, 사람들의 평판을 손쉽게 확인할 수 있었다. 그러나 SNS에서 윤철수 박사에 대한 평가는 '실력보다 액션이 많은 사람'이라는 평가가 많았다. 지인의 소개라 인터넷 마케팅 컨설팅을 의뢰하고자 했던 다움코스텍(주)은 다른 전문가를 찾기로 했다.

이처럼 인터넷 공간이 개인의 사생활뿐 아니라 사회 생활까지 비춰주는 공간으로 진화하면서 '온라인 평판'이 중요해지고 있다. 페이스북, 트위터, 카카오스토리 등의 SNS나 블로그, 홈페이지 등을 통해 특정인을 속속들이 알기 쉬워진 탓이다. 이제 SNS는 자신의 브랜드와 이미지를 만들어 나가는 데 중요한 수단이 되고 있다.

한 출판사가 채용하기로 했던 입사자의 트위터 글을 보고 채용을 철회하면서 온라인상에서 논쟁이 되었던 적이 있었다. 사건은 3명으로 구성된 소규모 출판사에서 서류 전형과 면접을 통해 합격한 사람이 트위터에 트윗을 날린 것으로부터 시작됐다.

최종 합격을 통보받은 정모 씨가 자신의 트위터에 "○○○출판사에서 편집일을 하게 됐다"는 트윗을 했고, 트윗을 통해 출판사 관계자가 우연히 정모씨의 트위터에 들어오게 된다. 트위터의 속성상 상대방의 승인 없이도 팔로어가 되면 트윗 내용을 볼 수 있어 출판사 관계자는 정모씨의 트윗 내용을 읽게 된다. 그러던 중 "면접 보러 간다니까 친구가 '성격 반만 죽이라'고 조언했다. 난 지금까지 '내 성격 니들이 못 받아줄 것 같으면 어쩔 수 없고'란 생각을 하고 있다. 가장 보통의 성격 파탄자 혹은 반사회적 존재"라는 글을 발견하게 된다. 이후 정모 씨의 트위터에서 여러 글을 읽어본 결과 관계자는 정모 씨가 회사와 맞지 않을 것 같다며 채용을 취소하게 된 것이다.

다음날 정씨는 자신의 블로그와 트위터에 SNS 사찰에 따른 부당 해고라고 반발했

고, 이 글을 읽게 된 사람들이 논란에 참여하면서 확산되기 시작한 것이다. 네티즌과 트위터리안들의 항의가 이어지자 해당 출판사는 블로그에 "정씨의 트위터를 사찰했다는 것과 정씨의 정치적 신념을 문제 삼았다는 것은 사실과 다르다"는 해명 글을 올렸고, 네티즌들은 "개인적 공간인 SNS에 올린 글을 보고 채용을 번복하는 것은 문제가 있다"는 반응과 "정씨가 트위터에 올린 글을 보니 나 같아도 채용하고 싶지 않을 것 같다" 는 의견 등을 나타내고 있다.

위 논쟁은 SNS상에서 개인의 평판 관리가 중요하다는 점을 일깨워준 사건이다. 본인 실명과 신분, 오프라인의 인맥을 기반으로 운영되는 SNS에서는 자기 정체성이 자연스럽게 노출된다. 업무를 수행하기에 적합한지 판단하기 위해 자기소개서, 경력증명서, 이력서, 면접 등을 보지만 그 사람이 어떤 사람인지는 객관적으로 판단하기 쉽지 않은 기업의 입장에서 SNS는 좋은 평가 도구가 되어준다. SNS에 방문하면 성격, 인격, 조직 적응력, 성실성, 협동심 등이 훤히 보인다. SNS는 개인의 가치관, 생각, 일상 등을 자유롭게 공유할 수 있는 곳이지만, 자신의 평판 관리를 하지 않으

면 이것이 오히려 독이 될 수도 있는 것이다.

평판 관리와 기업의 위기 관리

산업화 시대에는 천연자원, 돈, 공장, 기계와 같은 실물 자산을 기반으로 경쟁적 우위가 형성되었지만, 지식기반 사회에서는 인적 자산, 지식 자산, 사회적 자산과 같은 무형 자산을 통해 경쟁적 우위가 형성된다. 신뢰와 평판은 가장 중요한 무형 자산 가운데 하나로 졸업한 학교, 자격증, 토익 점수 등으로 판단할 수 있는 부분이 아니다. 그래서 기업에서는 돌발적인 미션을 주거나 술집에서 면접을 보는 등, 다양한 방법으로 면접을 본다. 또한 비즈니스상에서는 누군가와 같이 일을 하기 이전에 주변 사람들에게 그 사람이 어떤지 묻는다.

SNS에서는 사실이든 아니든 감정적으로 내용이 확산되는 경향이 있다. 위에서 예를 든 '출판사 채용 취소사건', 직원이 임산부를 발로 차며 폭행했다는 루머가 순식간에 퍼진 '채선당 사건', 식당에서 아이에게 부딪혀 된장국물을 쏟고 자신도 화상을 입었는데 아이에게만 화상을 입히고 도주한 사람으로 내몰린 '된장국물녀' 등이 대표적이다. 소셜 미디어상에서 사람들은 대부분이 약자의 편을 들고, 회사와 개인으로 나누자면 개인의 편을 드는 경향이 높다. 진실을 규명하려 하기보다는 감정적으로 반응하기 때문에 소문이 확대된다. 나중에 사건의 진실이 밝혀져도 당사자는 심각한 정신적, 물질적 상처를 받은 후이며, 아무도 이것에 대해 책임을 지지 않는다.

출판사 채용 취소사건과 채선당 사건처럼 정확하지 않은 사실에 대해서는 초기에 해명을 하고, 사실에 대한 교정을 해야 한다. 감정적으로 확산되는 SNS 소문의 특성상 침묵하는 것은 좋은 방법이 아니다. 이때 주의할 것은 상대방의 감정을 상하게 해서는 안 된다는 것이다. 단어 하나하나의 선택에 주의를 기울여야 한다. 초기 위기 관리의 핵심은 대중들의 감정에 맞춰 그 감정을 완화시키는 것이다.

소셜 미디어 시대의 1인 기업 평판 관리

1인 기업은 여러 가지 형태로 자신의 평판을 형성한다. 그러나 평판은 1인 기업이 주도하여 만든다기보다는 외부 이해관계자들이 만들게 된다. 즉, 1인 기업의 평판은 자신이 포지셔닝하고자 하는 특성과 달리, 지나온 과거 및 경력에 기반하여 이해관계자 및 일반인들이 내리는 평가이고, 더 나아가 1인 기업의 미래 행동에 대한 기대까지 포함되는 특성을 지니고 있다.

'인간은 사회적 동물이다'라고 했던 아리스토텔레스의 말처럼 사람은 집단을 이뤄 산다. 트위터, 페이스북 등이 인기를 끌면서 많은 사람이 이야기하고 있는 '소셜네트워크'는 사실 인간 공동체가 형성되면서부터 있어 왔던 것이다. 혈연, 학연, 지연, 직연(직장)을 바탕으로 어떤 일을 도모하고 추진하는 것처럼 연連과 맥脈은 공동체가 작동하는 기본 원리이며, 이것이 바로 소셜 네트워크다.

소셜 네트워크 시대에는 인맥이 최대 자산이 되며, 아는 사람의 숫자보다는 나를 바라보는 시각, 즉 평판과 신뢰가 중요해진다. 손쉽게 정보를 생산할 수 있는 모바일 기기와 트위터, 페이스북 등의 정보 유통 채널의 발달로 세상은 점점 더 좁은 사회가 되어가고 있기 때문이다.

이런 사회에서 1인 기업의 경쟁력은 자신의 능력을 의미하는 노하우(Know-how) 뿐만 아니라, 노후(Know-Who), 즉 누구를 통하면 해결되느냐에 있다. 중요한 것은 당신이 무엇을 아느냐와 함께 누구를 아느냐다. 특히 누가 당신을 아느냐가 중요하다. 노후는 단순히 아는 것만이 아니라, 평판과 신뢰에도 영향을 미친다.

평판은 제품이나 서비스의 품질, 서비스 대응 시간, 슬로건, R&D 예산처럼 기업의 힘으로 통제할 수 있는 것이 아니다. 이것은 고객, 직원, 협력업체, 주주, 규제 기관 등이 어떻게 생각하느냐에 달린 문제다. 1인 기업이 하는 모든 일 또는 하지 않는 일이 평판에 영향을 미친다. 평판 자산이 클수록 어려운 순간이 와도 견뎌낼 수 있으며, 반대로 평판 자산이 적을수록 중대한 실수를 저질렀을 때 맹비난을 받을 확률이 높다. 소셜 네트워크에서는 기업이나 그곳에서 일하는 사람들의 평판 때문에 눈 깜짝할 사이에 돌이킬 수 없는 손해를 입기도 한다. 트위터, 페이스북 등을 통해 개인들의 정보와 견해가 폭발적으로 증가하면서 몇 번의 마우스 클릭만으로 1인 기업의 평판이 생겨날 수도 있고 망가질 수도 있게 되었다.

1인 기업의 평판 관리

그렇다면 평판 관리를 위해 어떠한 일을 해야 할까? 기본적으로는 가까운 주변 사람들로부터 좋은 평판을 얻어야 한다. 모르는 사람과 같이 일을 하게 되면 사람들은 주변 사람들에게 그 사람에 대해 물어본다. 만약 영향력 있는 사람하고만 친하게 지내려고 한다거나, 실제로는 그렇지 않으면서 성실한 척, 능력 있는 척 하는 등의 얕은 수를 쓴다면 아무리 속이려고 해도 주변 사람들은 정확히 알고 있을 것이다. 자신의 이미지와 평판은 직장 동료나 동창과 같은 주변 사람으로부터 시작되는 것이다. 평판은 행동에 바탕을 둔 관계이며, 오랜 기간의 행동을 통해 쌓이는 실체다.

실력과 성과도 중요하다. 기업들이 신입 직원보다 경력 직원을 선호하는 이유는 시시각각 변하는 현장에 즉시 대처할 수 있기 때문이다. 그만큼 자기 분야에 대해 정통해야 하며, 상대방이 기대하는 성과를 만들어 낼 수 있어야 한다. 맹자는 "과분한 명성이나 평판이 자기의 실력이나 실정보다 이상 되는 것을 군자는 오히려 부끄러워해야 하는 것이다. 실력이 없으면서 허명虛名을 얻는 것은 삼가야 한다"고 했다.

실력이 없으면 좋은 사람은 될 수는 있어도 같이 일하고 싶은 사람은 될 수 없다. 비즈니스는 경쟁이 기본이기에 1인 기업에게 일을 주는 기업, 기관, 개인 등은 실력과 성과를 가장 중요하게 생각한다.

그리고 정직해야 한다. 링컨 대통령은 "몇 사람을 오래 속일 수 있다. 많은 사람을 잠깐 속일 수 있다. 그러나 많은 사람을 오래 속일 수는 없다"고 했다. 인터넷을 통해 스마트해진 고객은 예전보다 훨씬 까다로운 사람들이다. 제품이나 서비스 구매하기 위해 가격 비교 사이트와 소비자 리뷰를 꼼꼼하게 확인하며, 자신이 느꼈던 사항들을 카페, 블로그, 트위터, 페이스북 등에서 아무렇지도 않게 공유한다. 기업의 마케터가 배제되고 소비자와 소비자 간에 커뮤니케이션을 하는 상황에서 좋은 평판을 유지하려면 '정직'은 필수적인 사항이다.

사람들은 여전히 오프라인에서 살고 있다

제품이나 서비스를 판매하는 사람들에게 인터넷은 오프라인의 물리적 공간을 완전히 대체하기보다는 보완하는 역할을 한다. 구글에 올라오는 검색어 중 1/5은 위치와 관련된 질문이라고 한다. 사람들은 컴퓨터나 스마트폰을 이용해 매장 위치를 찾거나, 특정 제품을 구매하기 위해 다른 상품의 가격, 특성, 다른 사람들의 평가 등을 알아보기 위해 인터넷을 활용하는 것이다.

몇 년 전만 해도 유용한 정보를 접하면 수첩에 메모를 하거나 기억을 하는 형태를 취했으나, 스마트폰 사용이 일상화되면서 이제는 그 자리에서 직접 검색하고 확인해 본다.TV, 컴퓨터, 노트북에 이은 제4의 화면인 스마트폰은 소비자와 기업을 연결시키고 있어 사람들의 사전 검색 활동은 앞으로도 이어질 것이다.

모바일 기기의 위치정보 서비스 활용이 일반화되면서 기업은 개인의 실시간 위치를 기반으로 마케팅을 전개할 수 있는 시대가 열렸다. 모바일 기기의 위치정보를 활용하면 불특정 다수에게 메시지를 노출하는 것이 아니라 목표 고객에게만 메시지를 노출할 수 있다. 강남에 위치한 식당은 점심 시간에 반경 500m 내에 있는 고객만을 대상으로 메시지를 보낼 수 있게 된 것이다.

스마트폰 등을 통해 기업은 언제든 특정 장소에 있는 소비자를 대상으로 마케팅 활동을 전개할 수 있게 되면서 메시지의 효율성과 효과는 향상될 것이다. 소비자 입장에서도 쌍방향으로 커뮤니케이션이 가능한 모바일 기기를 활용하면 "지금 강남역 3번 출구에서 맛있는 식당을 찾고 있어요"라는 의견을 전할 수 있게 된다. 소비자 개개인에 맞는 맞춤형 시장이 형성되기 시작한 것이다. 스마트폰과 같은 휴대용 모바일 기기는 다른 기기에 비해 가장 개인적인 매체이며 항상 'ON' 상태에 있고, 어디를 가든 항상 휴대한다는 특징을 지닌다. 스마트폰은 개인의 일부와도 같으며 일상생활에서 없어서는 안 될 필수 요소가 된 것이다.

모바일 시장이 확대될 것이라고 가정한다면 마케터는 이를 효과적으로 이용할 수 있는 방법을 알아야 한다. 여기에는 한 가지 주의 사항이 있다. 소비자들은 언제 어디서나 콘텐츠를 소비할 수 있는 모바일 기기를 가지고 다니지만 스팸메일 증후군을 일으켜서는 안 된다. 아무 때나 광고를 보고 싶어 하는 사람은 없다. 소비자에게 필요한 콘텐츠를 제공하고, 콘텐츠를 바탕으로 유기적인 커뮤니케이션이 이뤄져야 한다는 것이다.

오프라인은 여전히 중요하다

사람들이 인터넷을 이용하는 이유는 여러 가지가 있지만 그 중 많은 부분은 소비 활동과 관련되어 있다. 다음 주에 있을 식사 장소를 찾아보거나, 상품이나 서비스를 구매하기 위해 인터넷을 사용하는 것이다. 카카오스토리, 페이스북 등 소비자가 인터넷상에서 소셜 미디에 참여하는 비중이 점차 늘고 있으며, 이러한 소셜 미디어는 입소문이나 광고 등 제품 정보의 출처로 이용되고 있다.

온라인이 오프라인을 대처할 것이라고 급진적 주장을 펼치는 사람도 있으나, 온라인은 오프라인을 연결시켜주는 통로 역할이 더 크다. 페이스북, 카카오스토리와 같은 소셜 네트워킹의 가장큰 매력 중 하나는 새로운 친구를 사귈 수 있고 언제 어디서든 물리적 위치에 상관없이 친구들과 연결될 수 있다는 점이다. 하지만 아마너드 렌하트Amanad Lenhart와 메리 마덴Mary Madden의 연구에 따르면, 페이스북 친구의 절반은 같은 대도시권에 속해 있으며 십대 사용자의 경우에는 90%에 이르는 친구가 동일 지역에 살고 있었다고 한다. 또한 니콜 엘리슨Nicole B. Ellison 등의 연구에 따르면 사람들은 지리적으로 멀리 떨어진 사람들과 새로운 관계를 맺거나 관계를 지속시키기 위해서가 아니라 기존의 관계나 지리적으로 가까운 관계를 좀 더 돈독하게 다지기 위해 페이스북을 사용한다고 한다. 대부분의 사람이 소셜 네트워크를 통해 전혀 모르는 친구를 사귀기보다는 여전히 지역을 기반으로 친구를 사귀고 있는 것이다.

소셜 네트워킹상에서 사람들이 지역을 기반으로 친구를 사귀고 있다는 점은 근접성 패턴을 활용한 마케팅이 필요함을 의미한다. 소비자들은 소셜 네트워크를 통해 맛집에 대한 선호도, 제품 평가, 온라인 판촉 활동 등을 지속적으로 공유하기 때문에 친구 연결 관계가 지리적으로 한데 모여 있다면, 사는 지역을 기준으로 타깃 고객을 정하고 온라인과 오프라인 프로그램이 조직적으로 이뤄지도록 조정하는 일이 한결 수월해질 것이다.

인터넷상에서 기업과 적극적으로 소통하는 사람들은 별로 없다. 웹을 이용하여 음악, 이동전화, 주택을 검색하거나 구입하는 소비자를 대상으로 실시한 퓨Pew의 한 조사 결과에 따르면, 구매 후 온라인 제품 평가를 올리는 비율은 5% 미만이라고 한다. 인터넷과 소셜 네트워크의 피로감을 보여주는 증거들도 나타나고 있다. 인터넷을 소셜 커뮤니케이션의 기본 수단으로 사용하는 사람은 7퍼센트이지만 이들은 상호 연결성에 대해 엇갈리는 갈등을 느끼고 있다. 이들은 주로 20대 후반의 남성으로, 전자기기를 오락 수단으로도 사용하지만 "인터넷 사용을 잠시 중지하는 것이 좋다고 여기는 사람들이 많다." 이러한 피로감이 커질 경우 그리 놀랄 일도 아니지만 이들은 가장 먼저 일방적으로 제품이나 서비스에 대한 광고를 진행한 기업과의 관계부터 끊을 것이다.

사람들은 오프라인상에서 소비 활동을 하기 위해 온라인은 이용하는 경우가 현재로서는 더 많다. 그렇다면 기업은 온라인상에서 시각과 촉각에 대한 정보, 사업체에 대한 신뢰도, 선택 범위, 구매의 편리성, 양방향 대화, 호감이 가는 환경 등에 대한 정보를 제공하거나 관리할 수 있어야 한다.

오프라인의 장점을 활용

인터넷과 스마트폰으로 소비자가 모든 정보를 알아낼 수 있을 것 같아도 실상은 그렇지 못한 경우가 더 많다. 또한 소비자가 언제나 합리적으로 소비를 할 것 같지만 정작 그렇지 못한 경우가 더 많다. 오프라인에서 판매원과 눈은 마주치고 제품 설명을 듣는 등 고객 서비스를 경험하면 온라인보다 비싸다고 할지라도 구매하는 것이 소비자다. 오프라인에서의 만남이 온라인보다 좋은 점은 직접 만났다는 것이고, 여기에서 그 사람의 특징을 파악할 수 있다는 점이다.

오프라인이 온라인에 비해 비효율적인 것처럼 보이기도 하지만 실상 그런 것만은 아니다. 소비자는 흥미로우며 예측하기 어려운 존재다. 어떤 때는 네이버, 옥션 등을 돌아다니면서 제품에 대한 정보를 알아보고 가격을 비교해 보는 등 합리적인 소비를 하다가도, 어떤 때는 전혀 이해가 되지 않는 소비를 한다. 사람은 본질적으로 이성적이기도 하지만 감성적이기도 한 존재이기 때문이다.

오프라인의 경험은 온라인에 비해 저렴하게 판매할 수는 없어도 그 밖의 다양한 경험을 제공할 수 있다. 만나는 사람에게 친절하게 인사도 할 수 있고, 궁금해 하는 것을 설명해줄 수도 있으며, 고객이 편안하게 이야기할 수 있는 편의시설도 제공할 수 있다. 사람들은 더 바쁘게 살아가지만 이에 비례해서 사람들은 인간적인 것을 더 그리워하고 있다. 인터넷과 다양한 모바일 기기로 인해 오프라인이 매력 없는 것처럼 보이지만 오프라인의 장점과 IT 기술 등을 접목한다면 위기는 기회가 될 수 있다.

1인 기업이 상대적으로 효율성이 높은 온라인에 집중하는 것은 좋으나 오프라인을 등한시하는 우를 범해서는 안된다. 페이스북 등을 통해 손쉬운 교감이 가능해졌다고는 하지만 실제 한 번 만나서 차 한 잔 하는 것만은 못하다. 온라인의 중요성은 분명 높아지고 있지만 사람들은 여전히 오프라인에서 살아가고 있고 앞으로도 그럴 것이다.

1인 기업이 온라인에서 형성한 인맥을 오프라인에서 만날 수 있는 방법은 온오프믹스(onoffmix.com)와 토즈 등을 활용하는 것이다. 온오프믹스는 온·오프라인 행사·이벤트 관리 서비스이다. 업무회의, 비즈니스미팅, 교육, 세미나, 전시회와 같은 공적인 만남부터 동호회, 모임, 파티, 취미 활동, 공연 등에 이르는 사적인 만남까지 사람과 사람이 만나는 수 많은 모임들을 온라인 상에서 만들고 관리할 수 있도록 해준다. 토즈는 오프라인 모임 공간을 제공하는 곳이다. 세미나, 스터디 등의 목적에 따라 소형 부스부터 대형 부스까지 다양한 모임에 맞춘 공간을 시간 단위를 활용할 수 있다.

토즈 등과 같은 오프라인 모임 공간을 예약하고, 온오프믹스에 세미나를 개설한 후, 블로그, 페이스북 등의 소셜 미디어를 활용하여 사람들을 모으는 것이다. 블로그나 페이스북을 통해 인지도를 확보한 사람이라면 초기 참가자는 어렵지 않게 모을 수 있다. 오프라인의 만남이 유익했다면 소셜 미디어를 통해 확산될 것이고 거기에서 또 다른 기회가 만들어질 것이다.

소셜 미디어를 통한 퍼스널 브랜딩 효과 측정

　1인 기업의 마케팅 활동이 얼마나 효과적인지, 어떻게 확인할 수 있을까? 가장 쉽게 확인할 수 있는 것이 매출액이다. 매출이 올라가면 마케팅 활동이 성공했다고 볼 수 있다. 그러나 매출액은 더 많은 비즈니스를 의미할지는 몰라도 더 나은 비즈니스를 하고 있는지는 평가하기 어렵다. 그렇다면 1인 기업의 마케팅 활동 효과를 더 자세히 측정할 수 있는 방법에는 무엇이 있을까? 그것은 앞으로 하게 될 일이 1인 기업의 실력을 발전시키고 경쟁력을 키울 수 있는지를 스스로 평가해 보는 것이다. 자신이 갖고 있는 역량, 관계, 명성에만 의존하는 비즈니스는 1인 기업을 머지않아 무방비 상태로 만들어 놓을 것이다. 새로운 역량, 관계, 명성만이 1인 기업을 장기간 번성하게 하는 유일한 방법이다.

　1인 기업으로 성공적인 비즈니스를 하기 위해서는 매번 아래와 같은 질문을 스스로에게 던져볼 필요가 있다. 지속적인 점검과 피드백은 양질의 1인 기업으로 성장할 수 있도록 해줄 것이다.

🌐 프로젝트 질質 평가 방법

- 이번 일로 새로운 역량을 배울 수 있는가?
- 이번 일로 중요한 새로운 고객에게 노출될 수 있는가?
- 기존의 중요한 고객과의 관계를 증가시킬 수 있는가?
- 과거에 비해 신입 직원(파트너)을 활용하여 더 많은 일을 해낼 수 있는가?
- 과거에 비해 더 높은 수수료를 청구할 수 있는가?
- 이번 일이 더 '높은' 이들과 일하게끔 하는가?
- 우리에게 새로운 산업을 접하게끔 하는가?
- 이 고객에게 다른 비즈니스를 연결해줄 수 있는가?

1인 기업은 단순한 '매출액'보다는 비즈니스 재발생률, 제안서 예산, 성공-실패율, 신규 고객율, 신규 서비스율과 같은 지표로 마케팅 활동을 측정해야 한다. 대부분의 1인 기업은 이러한 논리에는 동의하지만, 실제 비즈니스에 적용하기는 쉽지 않다고 한다. 그러나 1인 기업이 새로운 역량을 축적하지 않고, 기존 고객과의 관계를 두텁게 만들지 않으며, 새로운 고객을 발굴하지 않는다면 미래는 밝지 않다. 성공을 위해 1인 기업은 '매출액', '생산성', '수익성' 등의 평가 지표 외에 아래의 지표를 포함하여 마케팅 효과를 측정할 수 있어야 한다.

🌐 1인 기업 마케팅 활동 측정 지표

- 비즈니스 재발생률: 당신의 매출 중 몇 %가 노력 없이 내년에도 재발할 것인가?
- 수용량: 당신의 인력-시간으로 계산된 총 마케팅 수용량은 얼마인가?
- 제안서 예산: 평균적인 제안서에 얼마만큼의 인력-시간을 사용하는가?
- 성공-실패율: 당신이 제안하는 프로젝트의 몇 %를 계약하는가?
- 프로젝트 규모: 당신의 평균 프로젝트 과제의 크기는 얼마인가?
- 침투율: 당신의 분야에서 고객이 지불한 총금액의 몇 %가 당신에게 지불되었는가?
- 단독 제안: 당신의 비즈니스 중 몇 %가 경쟁 없이 독점적으로 확보되었는가?
- 신규 고객율: 올해의 매출의 몇 %가 당신이 이전에 전혀 일해 보지 않은 고객으로부터 발생했는가?
- 고객 유지: 당신의 10대 고객 중의 몇 %가 3년 내지 5년 전에 10대 고객이었나?
- 신규 서비스율: 당신의 매출 중 몇 %가 3년 내지 5년 전에 하지 않은 서비스로부터 발생하는가?

SNS 활동 성과 측정

블로그, 페이스북 페이지 등에서 활용되는 로그분석[6] 자료는 장기적으로 '기업의 브랜드 상승 효과와 매출 증가'를 위해 활용되며, 단기적으로는 소셜 마케팅 방향 설정에 사용할 수 있다. 방문객의 로그분석 데이터는 방문객의 목적을 알 수 있는 중요한 단서다. 방문객이 어떤 검색어로 유입되었는지, 어느 지역에서 유입되었는지, 어떤 검색 엔진을 사용했는지, 사이트와 특정 키워드와의 일치 정도는 얼마나 되는지, 어떤 페이지에 오래 머물렀는지 등을 파악할 수 있기 때문이다. 그 때문에 로그분석 데이터를 살펴보는 것은 소셜 마케팅 활동을 위한 첫 걸음이라고 할 수 있다.

로그분석을 활용할 때 유의할 점은 '1인 기업의 브랜드 상승과 매출 증가'와 같은 거시적인 목표를 선정하면 안 된다는 것이다. 기업의 브랜드 상승과 매출 증가는 단기적 효과를 측정하기가 어렵고, 소셜 마케팅 활동만으로 목표 달성 여부를 평가하기 어렵기 때문이다. 예를 들어 세일sale 행사, 언론사 홍보 활동, 오프라인 판매 활동을 하면서 소셜 마케팅 효과를 측정한다면 어떠한 이유 때문에 매출이 증가했는지 객관적으로 평가하기 어렵게 된다. 따라서 소셜 마케팅 활동을 측정하기 위해서는 소셜 마케팅 활동만의 명확한 목표가 필요하다.

목표는 기업 내부적으로 정하기 나름이다. 판매량이 증가하기를 원하는가? 고객 지원을 하고 싶은가? 더 많은 사람이 웹 서비스를 방문하기를 원하는가? 명확한 목표를 선정했다면 이 목표들을 월별로 달성할 수 있도록 계획을 세우고 적절한 시간, 사람, 돈을 배분하자.

---

[6] 로그분석: 사람들이 블로그, 홈페이지 등의 웹사이트에 접속하게 되면 자신의 흔적을 로그Log라는 형태로 남기게 된다. 이 파일로 방문자 정보를 분석하는 것을 로그분석이라고 한다. '구글 로그분석' 서비스는 로그분석 서비스를 무료로 제공해주고 있다.

무료 구글 로그분석 서비스 활용

현재 많이 사용되고 있는 로그분석 방법은 크게 로그파일 분석 방식과 스크립트 삽입 분석 방식으로 구분된다. 로그파일 분석 방식은 웹 서버에 쌓인 로그파일을 분석하는 방식으로 스토리지 부담이 크고, 별도 운영 인력이 필요해 대기업이 아니면 사용하기 어려운 방식이다. 반면 스크립트 삽입 분석 방식은 웹사이트에 분석용 스크립트를 삽입하는 방식으로 실시간 분석이 용이하고, 스토리지 부담이 없으며, 가격도 저렴하여 많은 기업과 쇼핑몰에서 선호하는 방식이다.

로그분석은 방식도 다양하고, 유료/무료로 제공하는 회사도 여러 곳 있지만 1인 기업에 가장 적합한 서비스로 '구글 웹로그 분석'을 추천할 수 있다. '구글 웹로그 분석(google.com/intl/ko/analytics)'은 구글 계정이 있는 사람이라면 추가 회원 가입 없이 서비스를 활용할 수 있다. 구글 계정으로 로그인한 후 사용하고자 하는 계정 이름, 분석하고자 하는 사이트 URL, Time zone, 접속 지역, 서비스 약관 등에 대한 사항을 입력하여 새로운 계정을 생성한다. 새로운 로그분석 계정을 만들면 분석하고자 하는 사이트

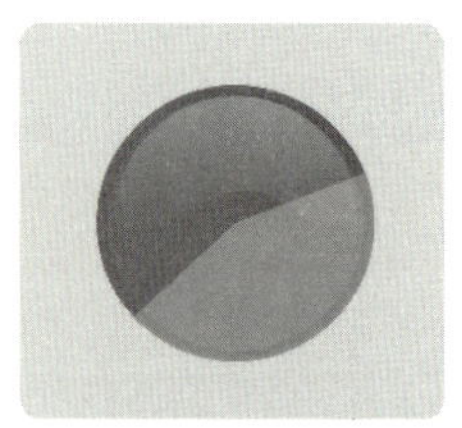
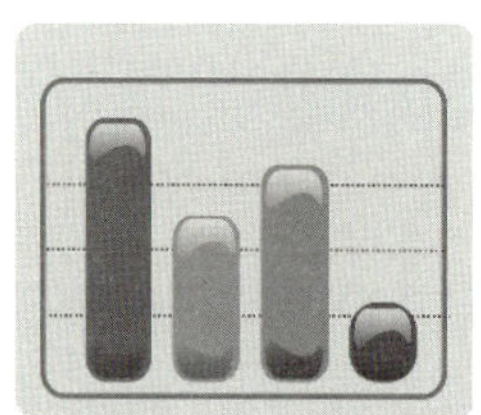
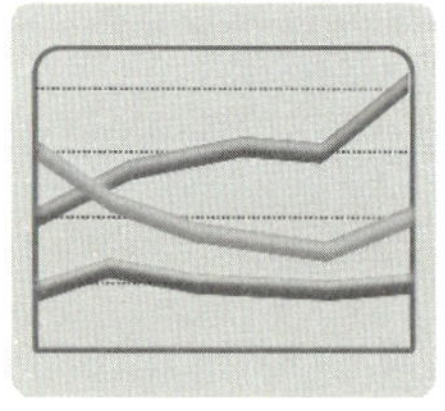
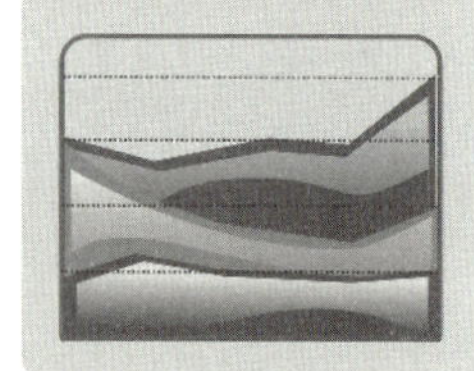

의 추적 코드가 생성된다. 이 코드를 복사하도록 한다. 추적 코드를 복사한 후 분석하고자 하는 웹사이트에 추적 코드를 넣어주면 된다. 일반적으로 홈페이지, 인터넷 쇼핑몰, 블로그의 경우 하단 회사 정보가 있는 곳의 </body> 전에 삽입한다.

추적 코드가 정상적으로 삽입되었다면 하루 정도의 시간이 흐른 후부터 구글 로그분석 사이트에서 로그분석 자료를 확인할 수 있다. 로그분석 데이터를 활용하면 접속지역 분석, 방문자 성향 분석, 유입 경로 분석, 검색 키워드 분석, 내비게이션

분석, 페이지 분석, 시스템 분석 등 100여 개 이상의 다양한 정보를 얻어낼 수 있다. 이렇게 얻어낸 로그 데이터를 활용하여 미래 운영 전략을 수립해야 하는 것이다.

주의해서 살펴야 할 사항

블로그, 홈페이지, 페이스북 페이지 등을 운영하는 1인 기업에 방문객 분석 데이터는 사이트 전략 수립 및 고객 관리전략 구현, 지속적인 마케팅 평가모델 수립 및 고객 관계 유지, 효율적인 시스템 관리 및 안정적이고 신뢰성 있는 서비스 제공, 사용자 중심의 인터페이스, 웹 아이덴티티Identity 구축 등을 위해 필요하다. 로그분석 데이터는 방문자의 성향과 웹 서비스 활용 실태를 파악하여 현 시장 환경 및 고객의 반응을 예측함으로써, 비즈니스에 전략적으로 활용할 수 있도록 한다.

분석된 로그 데이터 중 주의를 기울여야 하는 점은 '누가 방문했는가?', '방문 시간은', '어디를 통해 방문하게 되는가?', '주요 검색 엔진은 어디인가?', '주로 방문하는 콘텐츠는 무엇인가?', '검색 엔진 방문 키워드는 무엇인가?', '사이트 내부에서는 어떤 키워드로 검색되는가?', '사이트 이탈 페이지는 어디인가?', '클릭률이 높은 콘텐츠는 어디인가?' 등이다. 로그분석을 통해 웹 서비스의 방문자, 방문 경로, 방문 행위, 사이트 활용 등의 방문자에 관한 심층적인 정보들을 분석하여 서비스의 운영 및 마케팅 전략에 활용할 수 있다. 로그분석은 일반 분석과 통제 분석으로 구분할 수 있으며 일반 분석은 로그 데이터를 기반으로 서비스 현황을 분석하는 데 활용하는 반면 통제 분석은 메뉴 및 디렉토리 데이터 연동에 따른 마케팅 및 전환율 분석에 활용한다.